Paul Lendvai

MEIN VERSPIELTES LAND

Paul Lendvai

MEIN VERSPIELTES LAND

Ungarn im Umbruch

ecoWIN

Paul Lendvai
Mein verspieltes Land
Ungarn im Umbruch

FSC
Mix
Produktgruppe aus vorbildlich bewirtschafteten Wäldern
und anderen kontrollierten Herkünften

Zert.-Nr. SGS-COC-004295
www.fsc.org
© 1996 Forest Stewardship Council

Das für dieses Buch verwendete FSC-zertifizierte Papier
EOS lieferte Salzer, St. Pölten

Umschlagidee und -gestaltung: kratkys.net ✕

1. Auflage
© 2010 Ecowin Verlag, Salzburg
Lektorat: Dr. Arnold Klaffenböck
Coverfoto: Martin Vukovits
Gesamtherstellung: www.theiss.at
Gesetzt aus der Sabon
Printed in Austria
ISBN 978-3-902404-94-7

1 2 3 4 5 6 7 8 / 12 11 10

www.ecowin.at

Für meine Frau Zsóka Lendvai,
die mit kritischer Solidarität die Fertigstellung dieses Buches
ermöglicht hat.

Inhaltsverzeichnis

Einleitung

Was ist zwischen 1990 und 2010 in Ungarn geschehen? Wie und warum wurde das Land, das in den siebziger und achtziger Jahren als Bahnbrecher unter den Reformern der kommunistischen Welt, als Schrittmacher des Wirtschaftsumbaues und als Hort der kleinen Freiheiten betrachtet worden war, zum kranken Mann Mitteleuropas? Wie und warum wurde Ungarn zum wirtschaftlichen Krisenherd und zugleich zum Hoffnungsträger einer starken rechtsradikalen Partei?

Manche fragen sich, ob es sich bei der verblüffenden Wandlung des Ungarnbildes im Ausland bloß um das Ergebnis von Schnellschüssen der launischen und oberflächlichen Medien handelt. Werden die Mordanschläge auf die Roma, die fremdenfeindlichen und antisemitischen Töne in einem Teil der Print- und elektronischen Medien sowie die Huldigung der umstrittenen Politiker und Ideologen aus einer unseligen Zeit von linksliberalen Journalisten im In- und Ausland, bewusst oder aus Ignoranz, maßlos aufgebauscht?

Was sind die Gründe für die immer wieder aufflammenden Spannungen und Kontroversen mit der Slowakei, Rumänien und Serbien über die Minderheitenrechte der fast zweieinhalb Millionen Ungarn in diesen Staaten? Werden die Konflikte ausschließlich von den slowakischen, rumänischen oder serbischen Nationalisten vom Zaun gebrochen oder bestehen auch berechtigte internationale Bedenken wegen des Vormarsches von radikalen Nationalisten in Ungarn?

Für ausländische Historiker und Beobachter war und ist der Widerspruch zwischen genialen individuellen Leistungen und dem wiederholten kollektiven Scheitern der Nation einer der faszinierendsten Züge der turbulenten Geschichte des einstigen Nomadenvolkes. Die Einsamkeit der Magyaren, mit einer einzigartigen Sprache und Geschichte, ist, zusammen mit der Angst um den langsamen Tod einer kleinen Nation, seit der Landnahme um 896 der bestimmende Faktor in der ungarischen Geschichte geblieben. Im Vorwort zu meinem 1999 erschienenen Werk über „Die Ungarn" schrieb ich: „Es gibt kaum eine Nation, deren Bild im Lauf der Jahrhunderte und Epochen von so vielen und einander dermaßen widersprechenden Klischees umwoben ist wie das der Magyaren". Diese spiegeln auch heute die Wechselwirkung zwischen Kosmopolitismus und Nationalismus, zwischen Einsamkeitsgefühl und Sendungsbewusstsein, zwischen Todesangst und Aufbegehren gegen die Stärkeren wider.

Die vergangenen zwei Jahrzehnte, so scheint es mir, bestätigen meine damals ausgesprochene Warnung, dass die Überwindung des Bruches zwischen Patriotismus und Liberalismus, zwischen nationalem Gedanken und gesellschaftlichem Fortschritt die eigentliche Schicksalsfrage für die „Sieger in Niederlagen" bleibt. Dies gilt auch für den ungarischen Beitrag zur Europäisierung der Minderheitenfrage im Rahmen der Europäischen Union – maximale Gleichberechtigung ohne Grenzänderungen. Die über Jahrhunderte hinweg verbreiteten Feindbilder und Stereotypen, Sagen und Legenden bei allen Volksgruppen im Karpatenbecken verdecken und verzerren bis heute die Realitäten.

All das beeinflusst auch in Ungarn selbst die leidenschaftlichen und leider immer gehässiger gewordenen Debatten über den Systemwechsel. Um den in den letzten Jahren so offenkundigen Hass in den politischen und gesellschaftlichen Auseinandersetzungen zu begreifen, müssen wir den Übergang vom friedlichen Zusammenbruch des Einparteiensystems zur parlamentarischen Demokratie, von der zentral verwalteten Wirtschaft zur Marktwirtschaft mit maßgeblicher Beteiligung des Auslandskapitals ebenso unter die Lupe nehmen wie den Rollen- und Maskenwechsel der maßgebenden Politiker und Parteien.

Seit dem Ungarnaufstand 1956 und der folgenden Massen-flucht von fast 200.000 Ungarn, seit dem Umbruch und der Grenzöffnung 1989 und der späteren Erweiterung der Euro-päischen Union ist Ungarn politisch und wirtschaftlich, kulturell und touristisch noch enger mit Österreich verbunden. Was die Sympathie für die Ungarn betrifft, nimmt das Nachbarland bei den Österreichern stets einen der vordersten Plätze auf der Rang-liste ein. Ähnliche Eindrücke vermitteln die Umfragen in Deutsch-land und in der Schweiz.

Dieses Buch ist, ebenso wie meine früheren Werke über Un-garn und Osteuropa, eine Mischung aus Dokumenten der Zeit-geschichte und aus Erfahrungen, gewonnen aus persönlichen Ge-sprächen, Begegnungen und Erlebnissen. Als Korrespondent der Londoner „Financial Times", Chefredakteur der ORF-Ostredak-tion und politischer Kommentator konnte ich, wenn auch lücken-los überwacht und bespitzelt, bereits in den siebziger und achtzi-ger Jahren den verschlungenen Weg zur Wende von 1989/1990 verfolgen. Während der letzten zwei Jahrzehnte habe ich auf häufigen Reisen, und seit Jahren dank auch eines Zweitwohn-sitzes in Budapest, die meisten maßgeblichen Persönlichkeiten in Politik und Wirtschaft, Wissenschaft und Medien Ungarns ken-nengelernt.

In diesem Werk versuche ich als ein nach einem halben Jahr-hundert in Wien zum Österreicher gewandelter gebürtiger Ungar und als völlig unabhängiger, von keinen Interessengruppen beein-flusster Beobachter, den deutschsprachigen Lesern die wechsel-volle, zuweilen verblüffende Geschichte meines Heimatlandes seit dem Umbruch ohne Tabus und ohne Vorurteile näherzubringen.

Wien, im Sommer 2010

11

1. Kapitel

Ein Begräbnis als Ende und Anfang

„Die Geschichte ist das Reich der wahren Lüge."
Antal Szerb

Der Budapester Heldenplatz ist nicht nur der weitaus größte Platz in der Hauptstadt Ungarns. Er ist auch der Stein gewordene Traum von historischer Größe, ein einzigartiges Denkmal des nationalen Ruhmes und der romantischen Verherrlichung der eigenen Geschichte. Hier wurde am 16. Juni 1989, einem warmen Frühsommertag, vor 250.000 Menschen bei einer zutiefst symbolträchtigen Feier ein kommunistisches Regime zu Grabe getragen und die unwiderrufliche Weichenstellung Richtung Demokratie besiegelt.

Dieser Platz des kollektiven nationalen Gedächtnisses wirkt allein wegen seiner Lage sehr beeindruckend. Vor dem Stadtwäldchen und am Ende der fast drei Kilometer langen breitesten Straße in Budapest, der an die Champs-Élysées erinnernden Andrássy-Straße gelegen, steht in der Mitte des Platzes die anlässlich der Feierlichkeiten zum tausendjährigen Jubiläum der Landnahme der Magyaren errichtete 36 Meter hohe Säule, die eine rund fünf Meter große Figur des Erzengels Gabriel trägt. Dieser hält in der einen Hand die ungarische Krone, in der anderen das apostolische Doppelkreuz.

Das eigentliche Heldendenkmal und die halbkreisförmige Säulenreihe der beiden Kolonnenbögen mit Standbildern zur Erinnerung an 14 Könige und Helden der ungarischen Geschichte wurden allerdings erst 1929, also 33 Jahre später, vollendet. Die zwei auch vor der Jahrhundertwende im klassizistischen Stil entworfenen Bauten der Gründerzeit, rechts die Kunsthalle und links das Museum der bildenden Künste, schließen die architektonische Einheit des Heldenplatzes ab.

„Temetni tudunk" heißt kurz und bündig ein oft zitiertes ungarisches Sprichwort, das auf Deutsch etwa so umschrieben werden muss: „Was wir können, ist Menschen begraben", oder anders ausgedrückt, „Begräbnisse veranstalten". Die Begräbnisinszenierung vom 16. Juni 1989 war monumental. Vor den sechs mit schwarzen Fahnen drapierten korinthischen Säulen ragte der samtschwarze Katafalk empor. Obenauf lagen auf den Treppen die fünf Särge der vor 31 Jahren bei einem Geheimprozess zum Tode verurteilten und sofort hingerichteten Märtyrer: des Ministerpräsidenten Imre Nagy und seiner vier Schicksalsgefährten. Der sechste leere Sarg symbolisierte die 300 ermordeten Freiheitskämpfer des Volksaufstandes von Oktober/November 1956.

Die Grenze zwischen Erinnern und Vergessen ist immer schwer zu bestimmen. In Ungarn bedeutete die Konsolidierung des Kádár-Regimes nach der blutigen Niederschlagung der Revolution im November 1956 durch die sowjetische Armee[1] die „Verdammung des Gedächtnisses". Alles, was an die triumphalen und tragischen Tage der Revolution erinnerte, war verpönt. Nach mehr als 30 Jahren der kollektiven Amnesie erschien dann plötzlich bei dieser denkwürdigen Trauerfeier für Imre Nagy die verfälschte, marginalisierte und vergessene Geschichte von 1956 wieder als die glorreiche und niedergeschlagene Revolution, und unter diesem Vorzeichen traten auch die noch lebenden Akteure auf die Bühne der Geschichte.

---

1 Infolge der Kämpfe zwischen dem 23. Oktober und dem 31. Dezember 1956 starben 2652 Menschen, verwundet wurden fast 20.000; auf sowjetischer Seite gab es 669 Tote und 1541 Verwundete. Die Anzahl der Flüchtlinge schwankt je nach Schätzung zwischen 180.000 und 200.000.

Es war nicht die formal noch herrschende Staatspartei, die das Programm für die Feierlichkeiten an diesem Tag bestimmte, sondern es waren die Mitglieder des im Vorjahr gegründeten „Komitees zur Wiederherstellung der historischen Gerechtigkeit". Bereits seit neun Uhr früh strömten die Menschen aus allen Richtungen an den Särgen bei der Kunsthalle vorbei und legten Blumen und Kränze nieder. Um halb eins läuteten die Kirchenglocken im ganzen Land; die Fabriksirenen heulten, die Autofahrer hupten. Der Straßenverkehr blieb stehen und das Land erinnerte sich mit einer Minute des Schweigens an den hingerichteten Ministerpräsidenten der Revolution. Nach den Klängen der Nationalhymne und der Wiedergabe einiger Sätze aus einer Rede Imre Nagys sprachen fünf ehemalige und zum Teil für lange Jahre inhaftiert gewesene „Sechsundfünfziger" – bewegt und persönlich.

Doch für die politische Veränderung, für die diese Feier stehen sollte, sorgte ein unbekannter, junger bärtiger Mann, der damals 26-jährige Viktor Orbán. Orbán sprach als Letzter im Namen der jungen Generation. Mit seiner für die damaligen Verhältnisse außerordentlich scharf formulierten antikommunistischen Rede, mit der Forderung nach Demokratie, Unabhängigkeit und dem Abzug der sowjetischen Truppen aus Ungarn wurde er schlagartig in Ungarn und sogar im Ausland berühmt. Auch rückblickend muss man den bahnbrechenden Charakter seiner mutigen und den protokollarischen Rahmen sprengenden politisch aufsässigen Worte anerkennen.

Die gesamte Kundgebung auf dem Heldenplatz wurde vom ungarischen Fernsehen live übertragen, ebenso die darauf folgende Beisetzung Imre Nagys und seiner Schicksalsgefährten in der Parzelle 301 auf dem gleichen Friedhof, wo sie zuvor in unbezeichneten Massengräbern verscharrt gewesen waren. Zu Recht bezeichnete der ungarische Essayist Péter György den 16. Juni 1989 als das erste Beispiel in der Geschichte der TV-Revolutionen in Mitteleuropa. In seiner anregenden Studie vertrat er die Meinung, dass ohne die Orbán-Rede, die alle gängigen Tabus über Bord geworfen hatte, der 16. Juni vielleicht nicht einen historischen Wendepunkt markiert hätte. Neun Jahre später war übrigens der Führer der Jugendpartei Fidesz (inzwischen ohne Bart) nach einer kometenhaften Karriere schon Ministerpräsident Ungarns.

Trotz des damals etwas riskanten offensiven Charakters der Rede des Vertreters der Nachgeborenen verlief die Gedenkkundgebung friedlich. Es lag ein Gefühl der Trauer, aber auch eine bedrohliche Entschlossenheit – die gewonnenen Freiheiten nie mehr aus der Hand zu geben – über der unvergesslichen Szene. Von der Zwiespältigkeit der bereits von Flügelkämpfen zerrütteten und dem Untergang geweihten Staatspartei zeugte die Tatsache, dass nicht nur die Familienmitglieder und Freunde der Märtyrer und die Protagonisten der demokratischen Opposition, sondern auch solche rechtzeitig gewendete Funktionäre bei den Särgen die Ehrenwache stellen durften, die noch vor Kurzem auf der anderen Seite der politischen Barrikade gestanden waren: Miklós Németh, der sich von einem biederen Funktionär zu einem immer selbstständiger agierenden Ministerpräsidenten entwickelt hatte und später für die historische Grenzöffnung für die DDR-Flüchtlinge im September 1989 mitverantwortlich war; Péter Medgyessy, stellvertretender Ministerpräsident und Mitglied des kommunistischen Zentralkomitees, der 13 Jahre später als siegreicher „parteiloser" Kandidat der Sozialisten auch zum Regierungschef bestellt werden sollte, sowie Mátyás Szűrös, Spitzenfunktionär als ZK-Sekretär und kurz vorher auf den politisch einflusslosen Posten des Parlamentspräsidenten abgeschoben.

Die einzige Ausnahme unter diesen Leuten bildete Staatsminister Imre Pozsgay. Als Politbüromitglied der KP hatte er als erster Politiker des Kádár-Regimes den Mut bewiesen, in dem Schlussbericht einer Arbeitsgruppe vorgreifend am 28. Januar 1989 die Ereignisse im Herbst 1956 öffentlich nicht länger als „Konterrevolution", sondern als „Volksaufstand" zu bezeichnen. Im Gegensatz zu den vielen Wendehälsen des zu Ende gehenden

Regimes handelte der im Westen damals am besten bekannte Politiker früh aus innerer Überzeugung. In der Folgezeit spiegelte – wie wir sehen werden – die wechselvolle und zuweilen turbulente persönliche Geschichte dieser und anderer in der Wendezeit zum Zuge gekommenen Politiker auch die jähen Kehrtwendungen der Innenpolitik wider.

Und was war mit János Kádár, dem dominierenden Vertrauensmann des Kremls zwischen seinem Seitenwechsel im November 1956 und seiner Entmachtung im Mai 1988? Der gesundheitlich schwer angeschlagene ehrenamtliche Parteipräsident erschien im April 1989 unerwartet und unangemeldet auf einer ZK-Sitzung der Partei und hielt eine völlig konfuse Rede, indirekt auch über seine Verantwortung für die Hinrichtung Nagys. Dramatiker und Schriftsteller, Biografen und Psychologen beschäftigten sich seither mit den Worten und Andeutungen des verstörten Greises, die auch Stoff für ein Königsdrama liefern könnten.

Am Tag der Trauerkundgebung saß der 77-jährige Mann in seinem Wohnhaus am Rosenhügel und fragte seine Frau und die anwesenden Pfleger, ohne den von ihm verratenen und an den Galgen ausgelieferten Genossen Imre Nagy beim Namen zu nennen: „Wird jener Mann heute beerdigt?" Drei Wochen später starb János Kádár, zutiefst symbolträchtig am 6. Juli 1989, also an jenem Tag, an dem das Oberste Gericht Imre Nagy und seine Schicksalsgefährten offiziell rehabilitierte.

Trotz der historischen Verantwortung, die auf Kádár lastet: Mehr als 60.000 Menschen zogen in knapp 24 Stunden an seinem in der Eingangshalle des damaligen Parteihauses aufgebahrten Sarg vorbei. Alle Umfragen seit dem Systemwechsel zeigen, dass der Verräter und Mörder von Imre Nagy als jovialer Landesvater und als „Markenzeichen einer Goldenen Zeit" im Gedächtnis blieb. Ende der neunziger Jahre hielten 42 Prozent der Befragten Kádár für „den sympathischsten Politiker des 20. Jahrhunderts" und bis heute liegt er an der Spitze auf der Rangliste der historischen Persönlichkeiten des Jahrhunderts.

Diese nachträgliche Verklärung des Kádár-Regimes mag zum Teil eine Reaktion auf die gewaltigen neuen Probleme nach der Wende gewesen sein. Doch ist der „weiche Systemwechsel" in Ungarn untrennbar von jenem Herrschafts- und Führungsstil, der Politik der „kleinen Freiheiten" und den Konzessionen im Alltag gewesen, die mit dem Kádár-Kurs verbunden waren und dem Land damals das Attribut der „lustigsten Baracke des sozialistischen Lagers" in den westlichen Medien verschafft hatten. Die Ambivalenz in der Beurteilung der vergangenen Diktatur liefert bis heute einen der Schlüssel zum Verständnis der in Ungarn so ausgeprägten Tendenz, Zuflucht in die Vergangenheit zu suchen.

2. Kapitel
Systemwechsel der Halbheiten

Als Auslandskorrespondent und später als Kommentator des Österreichischen Rundfunks (ORF) konnte ich aus Wien sozusagen in einer doppelten Position als Außenseiter und doch dank meiner Sprachkenntnisse auch als Eingeweihter den faszinierenden Prozess des Systemwechsels in Ungarn beobachten. Es ist allerdings ein Systemwechsel der Halbheiten geblieben. Mein befreundeter Kollege Adam Michnik hatte in Warschau diesen Vorgang damals zugleich ironisch und geistreich so beschrieben: Man habe einen (ostdeutschen) Wartburg in einen Mercedes umbauen wollen, und noch dazu während der Fahrt. Wie kann man alles innerhalb eines Systems umbauen – mit Menschen, die bereits in der zweiten Generation in einer Diktatur gelebt haben? Nur so kann man den Sinn des scheinbaren Widerspruches verstehen, den der ungarische Politologe Ferenc Miszlivetz einmal im Jahr 2007 so formuliert hat: Was die Institutionen und das politische System betrifft, sei Ungarn zwar eine Demokratie – aber eine Demokratie ohne Demokraten.

Was geschah eigentlich im viel gerühmten *annus mirabilis* 1989 in Ungarn, im Land des größten Volksaufstandes im Europa der Nachkriegszeit? Im Gegensatz zu den anderen Ostblockländern verband sich der Systemwechsel weder mit einem politischen Umsturz noch mit einer dramatischen revolutionären Entwicklung. Es gab damals für die Menschen – im Kontrast zu den wenigen Tagen des scheinbar siegreichen Aufstandes im Herbst 1956 – kein Gefühl einer moralischen Erneuerung oder einen gewaltigen Drang nach Abrechnung mit den Würdenträgern des alten Regimes. Kein einziger kommunistischer Spitzenfunktionär oder Chef der diversen Geheimdienste wurde zur Verantwortung gezogen.

Charakter, Sinn und Ablauf der Ereignisse wurden im Zuge der zunehmenden innenpolitischen Polarisierung der vergangenen zwei Jahrzehnte zu heftig umkämpften Streitfragen. Die Begriffe und Konfliktlinien zwischen den jeweiligen Protagonisten sind für ausländische Beobachter wegen des jähen Positionswechsels der einzelnen politischen Gruppen im Lauf der Zeit beinahe unübersichtlich geworden. Wenn jemand wie der legendäre Rip Van Winkle (in Washington Irvings Kurzgeschichte) die 20 Jahre seit dem Umbruch verschlafen hätte, würde er die politischen Hauptgestalten von heute kaum erkennen.

Der einstige bärtige Jungrevoluzzer Viktor Orbán führt inzwischen eine große, rechtskonservative, klerikale und stramm nationalistische Partei, die nach ihrem Wahlsieg den Anspruch erhebt, für 15 bis 20 Jahre als zentrale politische Kraft die Magyaren nach Belieben und ohne starke Opposition regieren zu können. Die vernichtend geschlagenen Sozialisten, damals die politischen Erben der leninistischen Staatspartei, wurden und werden angeklagt, dem Auslandskapital Tür und Tor geöffnet und das Land ohne Rücksicht auf die arbeitenden Menschen an den globalen Kapitalismus (aus)verkauft zu haben. Der Bund der Freien Demokraten (SzDSz), einst die lauteste antikommunistische und 1990 zweitstärkste Partei, hat mehrmals (insgesamt fast zwölf Jahre lang) Regierungskoalitionen mit jenen früheren Exkommunisten und heutigen Sozialisten gebildet, die die SzDSz-Wortführer 1989–1990 auf Gedeih und Verderb bekämpft hatten. Nach Flügelkämpfen lösten sich die Liberalen 2009 praktisch auf und auch die seinerzeit mächtigste bürgerliche Sammelpartei MDF (Ungarisches Demokratisches Forum) schrumpfte zu einer mikroskopischen Größe. Eine völlig neue Kraft scheint mit ihrem kometenhaften Aufstieg die rechtsradikale Gruppe „Jobbik" zu sein; doch findet man auch hier die Wurzeln in der ungarischen Geschichte des 20. Jahrhunderts.

All das, was sich vor und sogar nach der Wende 1989 abspielte, war in einem tieferen Sinn eine Reflexion auf die historische Erfahrung aus dem Jahre 1956.[1] Die entscheidende Bedeutung des spontanen und unerwarteten Volksaufstandes (23. Oktober 1956 bis 4. November 1956) lag darin, dass er den Zerfallsprozess des osteuropäischen Imperiums der Sowjetunion zum extremsten bisher erreichten Punkt brachte, aber auch zeigte, dass der durch die sowjetische Hegemonie gekennzeichnete Status quo in Osteuropa aus der eigenen Kraft der Revoltierenden nicht grundsätzlich zu ändern war.

Ab den sechziger Jahren wurde dann dasselbe Land wieder als Prüfstein dafür betrachtet, wie viel Freiheit ein kommunistisches System ohne dramatische Umwälzungen und ohne Heraufbeschwörung einer sowjetischen Intervention zu gewähren und zu ertragen vermag. Die unbarmherzige Zerschlagung der Opposition und die lange Zeit uneingeschränkte sowjetische Unterstützung, die abgrundtiefe Enttäuschung über den Westen, der wie schon 1849 und 1945 das kleine Land seinem Schicksal überlassen hatte, und die weit verbreitete Apathie verschafften den Kommunisten sowohl Zeit als auch Möglichkeiten und den nötigen Spielraum, um mit materiellen Konzessionen wichtige Elitegruppen zu neutralisieren und für Kompromisse zu gewinnen.

Die raffinierte Taktik von Zuckerbrot und Peitsche trug verhältnismäßig schnell relativ viele Früchte. Im ersten Jahrzehnt nach dem Oktoberaufstand stiegen die Reallöhne pro Kopf sogar um 47 Prozent. Die peripheren Konzessionen (berufliches Fortkommen ohne Parteibuch, größere Freizügigkeit im kulturellen Leben und die Verminderung der alltäglichen Schikanen) bedeuteten beträchtliche Erleichterungen für die Bürger. Die Befriedung

---

1 Für eine Analyse des Ablaufs und der Folgen der Revolution sowie die Wandlung des kommunistischen Systems siehe meine beiden Bücher: Die Ungarn. Eine tausendjährige Geschichte, München 1999, vor allem S. 474–514, und Der Ungarnaufstand 1956. Eine Revolution und ihre Folgen, München 2006.

des Dranges nach mehr Wohlstand und etwas mehr Freiheit führte allmählich zu einem Konsolidierungs- und Normalisierungsprozess, den 1956 niemand zu erwarten gewagt hätte. Die psychologisch ungeheuer wichtige und ständig erweiterte Möglichkeit von Reisen in den Westen trug im Gegensatz zu den anderen Ostblockländern viel zur Akzeptanz und wachsenden Popularität des Regimes bei.

In den siebziger und achtziger Jahren entstand in Ungarn der Typus des erfolgreichen Kleinbürgers, den der Politologe László Lengyel als den „Homo Kádáricus" im Gegensatz zum „Homo Sovieticus" bezeichnet hat. Nach seiner Analyse lebte dieser in der staatlichen, zugleich aber auch in der „Zweiten Wirtschaft" und profitierte in der Stadt und auf dem Lande aus diesen Nebeneinkünften. In der „Blütezeit des reifen Kádárismus" wurden das öffentliche und das Privatleben nach der Devise getrennt: „Wir politisieren oben – ihr lebt unten." Dieser stillschweigende Modus Vivendi, in dem sich die Staatspartei und das Volk gleichermaßen der Grenzen des Möglichen bewusst waren, ließ eine ungarische Spielart des Kommunismus zu.

Das wirtschaftlich, psychologisch und politisch wichtigste Ereignis der achtziger Jahre war die Verordnung über die Möglichkeit zur Gründung von Kleinunternehmen mit bis zu 30 Angestellten, gefolgt von betrieblichen wirtschaftlichen Arbeitsgemeinschaften (rund zehn Prozent der Beschäftigten in der Industrie), die nach Dienstschluss auf eigene Rechnung arbeiten durften. In der sogenannten „Zweiten Wirtschaft", einschließlich der privaten Hofstellen und Hilfswirtschaften in der Landwirtschaft, wurden bereits 1985 schätzungsweise 17 bis 19 Prozent des Nationaleinkommens erarbeitet.

Der Umbruch in der Gesellschaft löste eine leidenschaftliche Diskussion über „Reiche" und „Arme" aus. Ein Literaturblatt beschrieb das Geheimnis des ungarischen „Wirtschaftswunders" so: „In der ersten Schicht – während der Hauptbeschäftigung – spart man mit der Arbeitskraft, um in der zweiten Schicht – nebenberuflich – das Geld zu verdienen, mit dem man dann, in der dritten Schicht, eine Wohnung baut." Ein Soziologe hat das so formuliert: „Vom Lohn kann man nicht leben, bei der Nebenbeschäftigung kann man sich sogar bereichern." Und wie immer in Ungarn, wurde die widerspruchsvolle Lage blitzschnell in einem Witz zusammengefasst: „Was ist der Sozialismus? Der längste Weg vom Kapitalismus zum Kapitalismus."

Im Gegensatz zu den damals in vielen westlichen Blättern verbreiteten Klischees über „das kommunistische Wunderland" (so der Titel eines „Spiegel"-Buches im Sommer 1983) spielten sich freilich auch die Wandlungen zum Besseren innerhalb des kommunistischen Systems ab. Vom Anfang bis zum Ende der Herrschaft Kádárs gab es drei grundlegende Tabus, die niemand infrage stellen durfte: das Einparteiensystem, also die Parteidiktatur; die Bündnistreue zur Sowjetunion, also die Fremdherrschaft; und die Bewertung des Aufstandes von 1956 als Konterrevolution, also auch die Rechtmäßigkeit der Vergeltung, einschließlich des Nagy-Prozesses. Bei der Betrachtung des langen und verschlungenen Weges János Kádárs (1912–1989), vom Henker und Kermeister zum „Landesvater" und „guten König" während der 32 Jahre des mit seinem Namen untrennbar verbundenen Regimes, muss man rückblickend die ungeheure politische Bedeutung seiner Persönlichkeit hervorheben, und das ungeachtet seiner inzwischen überzeugend dokumentierten üblen Rolle hinter den Kulissen bei der Hinrichtung seiner einstigen Kampfgefährten László Rajk (1949) und Imre Nagy (1958). Dieser Schreibmaschinentechniker und lebenslange Berufsfunktionär unterschied sich bei seinen Auftritten stets von anderen kommunistischen Spitzenpolitikern. Ich konnte das dank der Interventionen Bruno Kreiskys, zuerst als Außenminister und später als Bundeskanzler der Republik Österreich, 1964 und 1981 persönlich erleben.

Bei einem Kongress der Patriotischen Volksfront 1964 in Budapest bediente sich Kádár improvisiert der Alltagssprache, beschwor immer wieder den Bruch mit der stalinistischen Vergangenheit, plauderte, mahnte, spottete und erzählte Anekdoten. Durch seinen fast puritanischen Lebensstil, seine persönliche Bescheidenheit und seinen Sinn für Humor vermochte er die wohlwollende Duldung des Regimes seitens breiter Bevölkerungsschichten zu gewinnen. Der hoch angesehene Nationaldichter Gyula Illyés sagte in einem Fernseh-Gespräch mit mir im Frühjahr 1982, Kádár sei es gelungen, durch „Sachlichkeit, Bescheidenheit und Leistungen" das Vertrauen der Bevölkerung zu gewinnen. Im Gegensatz zu allen Ostblockführern duldete Kádár keinen Kult um seine Person. In den Amtsstuben hingen nie Bilder von ihm und auch bei festlichen Umzügen wurden solche nicht als Art von Monstranz getragen. Er sei „ein Diktator ohne persönliche diktatorische Neigungen" gewesen, formulierte treffend ein ungarischer Politologe.

Mit unnachahmlichem taktischen Geschick, subtil, zynisch und wenn nötig auch brutal hat Kádár 32 Jahre hindurch potenzielle Rivalen kaltgestellt, die ungarischen „Maulwürfe" des Kremls befriedigt, um sie dann blitzschnell auszubooten, die wichtigsten Reformer gefördert und verteidigt, um sie dann unter dem Druck aus Moskau doch rasch als Bauernopfer preiszugeben. Kádár gelang es, durch seine politischen Erfolge die unbarmherzige Seite seines Wesens gänzlich zu verdecken und vergessen zu lassen. Ich traf ihn nach einer Fürsprache Bundeskanzler Kreiskys im November 1981 für ein TV-Interview anlässlich einer ORF-Dokumentation über Ungarn. Er stand damals auf dem Höhepunkt seiner Popularität und konnte es sich leisten, einem als Journalisten abgesprungenen Exilungarn ein längeres Exklusivinterview zu gewähren. Etwas Ähnliches wäre damals in einem anderen kommunistischen Land undenkbar gewesen.

Im Interview machte ich nach diversen politischen Fragen zum Schluss eine Anspielung auf den geringen Altersunterschied zwischen ihm und dem zu Besuch weilenden Kreisky. Kádár wurde nachdenklich und angeregt zugleich. Er habe sich nie mit der Frage des Alters beschäftigt. „Wenn ich arbeite, dann habe ich keine Zeit, und wenn ich nicht arbeite, dann habe ich keine Lust dazu ... Die Menschen sagen mir: ‚Sie sollen gesund bleiben, wir brauchen Sie' ... Das ist alles, was ich zur Altersfrage sagen kann. Man muss viel arbeiten, und ich beschäftige mich mit der Arbeit und nicht mit der Vergänglichkeit der Zeit." Dass er allerdings noch beim Parteitag 1985 und später bereits 75-jährig die Frage des Alters auch verdrängte, trug zu den denkwürdigen Umständen seines Abgangs bei. Auch für den greisen und zunehmend kränkelnden Kádár galt, was Paul Valéry über die Sphäre der Machtausübung einmal schrieb: Jeder Herrscher wisse, wie zerbrechlich die Autorität von Herrschern sei – nur in Bezug auf seine eigene wisse er es nicht.

Was waren nun die Gründe für den Sturz Kádárs und schließlich für den friedlichen Zusammenbruch des „Kádárismus", des von ihm geprägten Systems?

Der auslösende innenpolitische Faktor war die akute Wirtschaftskrise und die ständig wachsende massive Auslandsverschuldung. Bereits im Jahr 1982 war die Wirtschaft laut dem freimütigen Bekenntnis des für Wirtschaftsfragen zuständigen ZK-Sekretärs Ferenc Havasi im „Zustand des klinischen Todes" und die Zahlungsunfähigkeit konnte nur durch Kredite des Internationalen Währungsfonds vermieden werden. Infolge der von Kádár trotz der Warnungen der Wirtschaftsexperten erzwungenen Produktions- und Lohnsteigerungen in dem rohstoffarmen kleinen Land hat sich aber der netto konvertible Schuldenberg zwischen 1984 und 1987 von 8,8 Milliarden Dollar auf 17,7 Milliarden rasant erhöht. Die akute Wirtschaftskrise höhlte das Vertrauenskapital, die Grundlage der Legitimation des Ausgleichs zwischen der Staatspartei und dem Volk, immer mehr aus. Die konsumorientierte Politik und die Reisefreiheit nach dem Westen hatten Erwartungen geweckt, die das Regime nicht befriedigen konnte.

Der Lebensstandard wurde immer stärker mit dem im Westen und immer weniger mit der Lage vor dem Oktoberaufstand

25

verglichen. Zwischen 1978 und 1988 sanken die Reallöhne um 17 Prozent und trugen zur Missstimmung in breiten Bevölkerungsschichten und zum Unmut über die wachsende Kluft zwischen den Neureichen und den Kleinverdienern und Pensionisten bei. Zu den Schattenseiten der Entwicklung gehörten der Alkoholismus (Ungarn stand an der Weltspitze des Pro-Kopf-Konsums bei harten Getränken), die höchste Selbstmordrate in der Welt, wachsende Kriminalität und Drogensucht sowie der Rückgang der Lebenserwartung. Vor diesem Hintergrund muss man die zuerst langsame und dann geradezu rasante Aushöhlung des Konsenses zwischen der Gruppe um Kádár und der öffentlichen Meinung, zwischen der Staatspartei und dem Volk, auch infolge des Generationswechsels (40 Prozent der Ungarn waren jünger als 30 Jahre), begreifen.

Mit der Mischung aus Fehlkalkulationen, Zögern und Passivität hat Kádár, der sich selbst als unangreifbar und unersetzlich betrachtete, gleichzeitig das Vertrauen des Volkes und die Rückendeckung des Kremls verloren. Die im Untergrund gedruckte und verteilte Zeitschrift der seit den späten siebziger Jahren aktiven (zahlenmäßig kleinen) demokratischen Opposition „Beszélő" sprach bereits im Juni 1987 die bittere Wahrheit aus: „Wie früher die Erfolge der Ära, so identifiziert das Land das Fiasko des Endes der Ära mit János Kádár. Die Popularität des Parteiführers wertet schneller ab als der Forint. Es gibt eine Sache, mit der heute vom Arbeiter bis zum Parteikader alle einverstanden sind: Kádár muss gehen!" Auch diesmal reagierten die Budapester auf die sich rapid verschlechternde Wirtschaftslage mit dem witzigen Einfall: „Warum zieht sich Kádár aus der Politik nicht zurück?" – „Ich verstehe es auch nicht." – „Es ist doch ganz einfach. Er will so lange warten, bis er das Land in einem solchen Zustand übergeben kann, wie er es (im November 1956!) übernommen hat."

Entscheidend war der Machtantritt Michail Gorbatschows in Moskau, der bereits im Herbst 1985 dem um 20 Jahre älteren

Kádár geraten hatte, einen „würdigen Nachfolger" zu finden. Angesichts des auch für die ungarische Öffentlichkeit so offensichtlichen Szenenwechsels im Kreml erschien Kádár nicht mehr als Garant der Stabilität, sondern als Hemmschuh des Fortschritts. Der Verfall seiner Autorität, dramatisiert für die Bevölkerung durch seine katastrophal wirkenden Fernsehauftritte, öffnete den Weg zur innerparteilichen Konfliktlösung durch einen Putsch des Apparates gegen János Kádár und seine engsten Gefolgsleute. Die Wachablöse bei einer außerordentlichen Parteikonferenz im Mai 1988 erfolgte erst nach einer direkten Intervention aus Moskau. Der fließend Ungarisch sprechende Chef des KGB, Wladimir Krjutschkow, der während des Oktoberaufstandes 1956 sowjetischer Botschaftssekretär in Ungarn gewesen war, wurde insgeheim zwei Tage vor der entscheidenden Parteiveranstaltung nach Budapest entsandt, um den ihm gut bekannten Kádár rechtzeitig zum „ehrenvollen" Rücktritt als Parteichef zu bewegen.[2]

Der Mann der Stunde war der Berufsfunktionär Károly Grósz (1930–1996), den Kádár im Juni 1987 zum Ministerpräsidenten befördert hatte. Nach einer geschickten Mobilisierung des Apparates kam es bei der Parteikonferenz zu einem politischen Erdrutsch. Kádár wurde zwar Ehrenpräsident, aber die Mitglieder seines engsten Führungskreises mussten über die Klinge springen; ein Drittel des Zentralkomitees wurde ausgewechselt und das Politbüro fast gänzlich erneuert. Der Einzug der Reformer, darunter Imre Pozsgay und Miklós Németh, markierte allerdings nur den Auftakt zum Kampf um die Spitzenführung und schließlich um das politische Überleben von Kádárs Erben. Grósz schien damals als Generalsekretär der noch immer mehr als 830.000 Mitglieder zählenden Staatspartei und als sehr aktiver Minister-

---

2 Noch viele Jahre später, in einem in Moskau am 26.9.2005 geführten Gespräch mit Krjutschkow (1924–2007) über 1956, die Rolle Imre Nagys und János Kádár lobte der Ex-KGB-Chef Kádár als einen „gesinnungsfesten Kommunisten, der immer loyal" gewesen sei.

präsident außerordentliche Macht in seinen Händen zu konzentrieren. Ich hatte mit dem neuen starken Mann, dem kurz zuvor noch kaum bekannten Parteisekretär, zum ersten Mal knapp vier Wochen nach seiner Wahl zum Parteiführer ein dreistündiges informelles Gespräch über seine Laufbahn und politischen Prioritäten geführt.[3]

Einen Tag vor unserem Treffen in seinem prunkvollen Büro als Ministerpräsident habe ich am 16. Juni die unerlaubte Demonstration der oppositionellen Bürgerrechtsaktivisten zum Gedenken an den 30. Jahrestag der Hinrichtung Imre Nagys in der Budapester Innenstadt miterlebt und gesehen, wie die Sondereinheiten der Polizei mit erhobenen Schlagstöcken die etwa 400 friedlichen Demonstranten vertrieben hatten. Diese Szene diente als überraschender und zugleich symbolträchtiger Auftakt zu meinem Gespräch mit dem Nachfolger Kádárs. Als ich ihm meine Erlebnisse schilderte, reagierte der anfänglich freundliche Grósz außerordentlich scharf und wies jede Kritik an der Polizei schroff zurück. Auf meine direkte Frage, ob er sich eine Rehabilitierung von Imre Nagy oder eine radikale Neubewertung von 1956 vorstellen könne, kam die Antwort wie aus der Pistole geschossen: „Nein! Wir lehnen eine Rehabilitierung von Nagy ab. Und was 1956 betrifft, sollten wir es etwa als eine Revolution akzeptieren, dann wären wir ja die Konterrevolutionäre. Nein, solche Dinge kommen überhaupt nicht infrage."

Grósz bekräftigte immer wieder seine Bereitschaft zur Öffnung, warnte aber zugleich, man werde es nicht zulassen, dass die Dinge der Kontrolle entglitten. Der glänzende Selbstdarsteller, der unbändige Energie und angeborene Schlauheit ausstrahlte, blieb

---

3 Grósz beeindruckte anfänglich viele, auch mich, als ein populistischer, aber kompetenter „Macher" und geschickter Medienprofi. Die Überbewertung von ihm erwies sich übrigens als meine vielleicht schwerwiegendste Fehleinschätzung in den vielen Jahren meiner Ungarn-Berichterstattung; vgl. Paul Lendvai, Das eigenwillige Ungarn. Innenansichten eines Grenzgängers, 2., erw. Aufl., Zürich/Osnabrück 1988.

nur selten eine direkte Antwort schuldig. Gleichzeitig ließ er keine Zweifel darüber aufkommen, dass die Partei unter seiner Führung durch Konzessionen das Einparteiensystem nur retten und renovieren, aber keinesfalls untergraben oder zerstören wollte.

Károly Grósz war ein mit allen Wassern gewaschener Intrigant, aber keine konzeptuelle oder starke Führungspersönlichkeit. Bei unseren nächsten längeren Begegnungen (im Spätherbst 1988 und im Mai 1989) wirkte er nicht mehr als ein Treibender, sondern als Getriebener. Ohne Umschweife gab der bedrängte Chef der unaufhaltsam zerfallenden Partei zu, er hätte die drei wichtigsten Faktoren unterschätzt: die Masse der in den letzten zehn Jahren aufgehäuften Probleme, die Verschärfung der Wirtschaftskrise und was er die „subjektive Seite", die fehlende „menschliche und politische Einheit im engsten Führungskreis", nannte.

Vor dem Hintergrund der erfolgreichen Selbstbefreiung von den Fesseln der Parteikontrolle, erreicht durch die seit November 1988 von dem jungen Wirtschaftsexperten Miklós Németh geführte Regierung, ferner angesichts der Herausbildung neuer politischer Gruppen und des blockweiten Zerfalls des „real existierenden Sozialismus" verspielte Grósz seine Autorität und Macht in knapp einem Jahr. Zähneknirschend musste er den Vormarsch der Reformer in der Partei, die Zulassung des Mehrparteiensystems, das offene Auftreten der oppositionellen Gruppen und die Einberufung eines außerordentlichen Parteitages als Stationen auf dem Weg zum friedlichen Regimewechsel akzeptieren.

Dass die während der kommunistischen Parteidiktatur tabuisierte nationale Frage für die Zukunft des Landes eine zentrale politische Bedeutung hatte, zeigte bereits eine machtvolle Demonstration von 80.000 bis 100.000 Menschen am 27. Juni 1988 auf dem Budapester Heldenplatz. Sie war von oppositionellen Gruppen organisiert, aber von den Behörden zugelassen worden und richtete sich gegen die Dorfzerstörungspläne und die damit verbundene Unterdrückung der großen ungarischen Minderheit durch das Ceaușescu-Regime in Rumänien. In Ungarn hielten sich zu diesem Zeitpunkt schon fast 30.000 Flüchtlinge aus Siebenbürgen auf. Die Tatsache übrigens, dass Károly Grósz noch als Partei- und Regierungschef inmitten der Spannungen Ende August eine Einladung Nicolae Ceaușescus zu einem Treffen nach Arad überhaupt angenommen und dort noch dazu eine traurige Figur abgegeben hatte, erwies sich rückblickend als der Anfang vom Ende seiner relativ kurzen Führungsrolle. Seine dramatischen und später wieder zurückgezogenen Warnungen bei einem TV-Auftritt vor einem „wirtschaftlichen Notstand" und seine demagogische Heraufbeschwörung der Gefahr eines „weißen Terrors" verpufften ohne Wirkung. Sein Niedergang erfolgte fast so schnell wie sein Aufstieg; nach einem glänzenden Start durch die Manipulation der Medien entpuppte sich Grósz als eine Übergangsfigur, schnell verdrängt und schon Jahre vor seinem Tod fast vergessen.

Im Zerfallsprozess der Partei und beim Übergang vom „Spätkádárismus" zum sanften Systemwechsel hat in der entscheidenden Periode 1987–1989 die Hauptrolle zweifellos der nur um drei Jahre jüngere Imre Pozsgay gespielt. Nach einer langen Karriere im Parteiapparat der Provinz rückte der begabte Mann 1975 in die Regierung auf, zuerst als Staatssekretär, ab 1976 als Kultur- und Bildungsminister. Sowohl in dieser Funktion als auch nach seiner Degradierung zum Generalsekretär der als einflusslos geltenden Volksfront im Jahr 1982 knüpfte Pozsgay enge Kontakte in erster Linie zu den national gesinnten Schriftstellern und Intellektuellen.

Pozsgays Stunde schlug im September 1987, als er in seiner Eigenschaft als Generalsekretär der Patriotischen Volksfront bei einer Versammlung von 181 Intellektuellen fast ausschließlich aus dem zum Teil völkischen beziehungsweise „volks-nationalen" Lager in der Ortschaft Lakitelek nahe der Stadt Kecskemét das Grußwort gesprochen hatte. Sein Auftritt und etwas später die von ihm arrangierte Veröffentlichung des Kommuniqués in der

Tageszeitung der Volksfront zusammen mit einem Interview, in dem er die Zusammenkunft als konstruktiven Beitrag zum Dialog mit der Partei lobte, waren eine Herausforderung Kádárs und seines Kurses. Pozsgay wurde wegen der Veröffentlichung des Manifestes zwar von der Führung ermahnt, doch nicht abgesetzt. Nach dem gelungenen Putsch im Mai 1988 rückte er ins Politbüro auf und wurde später in der Németh-Regierung Staatsminister.

Imre Pozsgay, den ich in dieser Zeit mehrmals zu ausführlichen Gesprächen traf, war damals der erste führende Parteimann, der auch mit westlichen Korrespondenten offen über das Schicksal der fast drei Millionen Magyaren in den „Bruderländern" Rumänien und in der Tschechoslowakei sowie in der jugoslawischen Provinz Vojvodina und in der Sowjet-Ukraine sprach.[4] Er machte nie ein Hehl aus seiner Überzeugung, dass die Staatspartei einen Konsens mit der Öffentlichkeit in den großen Fragen der Vergangenheit und der Gegenwart finden müsse. Sein mutiger (im ersten Kapitel schon erwähnter) Vorstoß zur Anerkennung des ungarischen Oktobers als Volksaufstand und zur Rehabilitierung Imre Nagys und seiner Kampfgefährten hat ihm nicht nur im In- und Ausland Anerkennung verschafft. Pozsgay war auch zu-

---

4   Der im Lustschloss Trianon im Park von Versailles am 4. Juni 1920 unterzeichnete und als Diktat empfundene Vertrag bedeutete das Ende des historischen Ungarn: Die Sieger verteilten zwei Drittel seines Territoriums und 40 Prozent der Bevölkerung unter den drei Nachbarstaaten Rumänien, der Tschechoslowakei und Jugoslawien. Von den zehn Millionen Menschen in den getrennten Gebieten waren 3,2 Millionen Magyaren und die Hälfte von ihnen lebte in geschlossenen Siedlungsgebieten direkt an den Grenzen der drei Nachfolgestaaten. Zwischen 1938 und 1941 gewann Ungarn durch die sogenannten Wiener Schiedssprüche der Achsenmächte 40 Prozent der in Trianon verlorenen Gebiete zurück. Für das verhängnisvolle Kriegsbündnis mit Hitlerdeutschland zahlte das Land einen hohen Preis (900.000 Tote und 40 Prozent des Nationalvermögens); mit dem Zusammenbruch des Dritten Reiches hat Ungarn die wiedergewonnenen Gebiete (sogar zusätzlich noch drei Dörfer an die Tschechoslowakei) verloren; zu den territorialen Veränderungen Ungarns vgl. die Karte im Nachsatz dieses Buches.

sammen mit dem bereits unabhängig agierenden Ministerpräsidenten Miklós Németh und dem neuen Außenminister Gyula Horn maßgeblich an den Beschlüssen zum Abbau des 243 Kilometer langen Eisernen Vorhanges und zur weltpolitisch bedeutsamen Öffnung der Grenze für zehntausende DDR-Bürger am 11. September 1989 beteiligt gewesen.

In dieser Zeit der allmählichen Auflösung der Staatspartei hatte Pozsgay mehrere Eisen im Feuer. Seine immer engeren Kontakte mit den inzwischen als Ungarisches Demokratisches Forum (MDP) organisierten „volkstümlichen" Intellektuellen hinderten ihn nicht daran, seine Bestrebungen zur Eroberung des Machtzentrums der Staatspartei von innen und von außen auch durch die Gründung von sogenannten Reformzirkeln fortzusetzen. Darüber hinaus war er der Schirmherr und Präsident einer neu gegründeten „Bewegung für ein Demokratisches Ungarn". Sein für viele waghalsig anmutender Vorstoß, in der Abwesenheit des Parteichefs Grósz beim Weltwirtschaftsforum in Davos am 28. Januar 1989 in einem Rundfunkinterview das Lügengebäude der „Konterrevolution" von 1956 und damit die ganze ideologische Grundlage des Regimes zu zerstören und sich zum Volksaufstand zu bekennen, war eine mutige Herausforderung der Mehrheit in der Parteiführung. Dieses Lager bestand anfänglich aus den schweigenden, orthodoxen Spitzenfunktionären, die sich zum „Kádárismus ohne Kádár" bekannten und nur im Rahmen des Systems reformwillig waren.

Die vierte und letztlich entscheidende Gruppe setzte sich aus den sogenannten Reformökonomen und jenen ursprünglichen Anhängern des „sozialistischen Pluralismus" (später des „demokratischen Sozialismus") zusammen, die bereit waren, den institutionellen Rahmen des Systems zu überschreiten. Die erst 1993 veröffentlichten wörtlichen Protokolle der ZK-Sitzungen des Wendejahres 1989 (rund 1950 Druckseiten in zwei Bänden!) geben ein anschauliches Bild von den Phasen des verklausulierten und später immer offeneren Schlagabtausches.

Dazu kommen die von dem besten Kenner dieser Periode, dem linken Politikwissenschaftler Zoltán Ripp, und dem aus Ungarn gebürtigen amerikanischen Zeithistoriker Rudolf L. Tőkés zitierten Protokolle und Interviews[5], ergänzt durch die Eindrücke, die ich im Lauf zahlreicher Gespräche mit den maßgeblichen Persönlichkeiten dieser spannenden Übergangsperiode gewonnen hatte. Da alle meine Unterredungen damals und natürlich auch in den folgenden zwei Jahrzehnten in ungarischer Sprache, ohne den Filter eines Dolmetschers oder „Aufpassers", geführt wurden, habe ich auch die Wortwahl und die Reaktionen meiner Gesprächspartner hautnah beobachten können.

Auch in Ungarn führte die Entwicklung, wie schon früher in Polen, zur Gründung eines Runden Tisches, um zwischen Opposition und Staatspartei Verhandlungen einzuleiten. Trotz der scheinbaren Parallelität gab es aber gewaltige Unterschiede im jeweiligen Umfeld. In Ungarn war die katholische Kirche keine selbstbewusste, geschweige denn vermittelnde Kraft zwischen der Partei und einer starken unabhängigen Gewerkschaftsspitze mit herausragenden intellektuellen Beratern. Der Kampf um die Öffnung spielte sich in Budapest deshalb in erster Linie innerhalb der kommunistischen Machtelite ab. Wie skurril die Lage war, illustriert zum Beispiel die Tatsache, dass die ZK-Mitglieder im Februar allen Ernstes auch darüber abstimmten, ob ein neues Parteiabzeichen eingeführt werden sollte (nur jeder vierte war dafür ...), und dass sie darüber abstimmten, bevor sie überhaupt den historischen Beschluss über die prinzipielle Zulassung eines Mehrparteiensystems gefasst hatten. Es ging bei den personellen Positionskämpfen freilich nicht um Prinzipien, sondern um Macht und Pfründe. Nachdem Gorbatschow dem ungarischen Regierungschef Németh bereits im März 1989 klipp und klar gesagt hatte,

---

5   Zoltán Ripp, Rendszerváltás Magyarországon 1987–1990 (Systemwechsel in Ungarn), Budapest 2006, und Rudolf L. Tőkés, Hungary's Negotiated Revolution, Cambridge University Press 2006.

dass sich der Kreml weder dem Mehrparteiensystem noch der Zulassung des Privateigentums in Ungarn widersetzen werde, begann in der Staatspartei ohne ein Minimum an Solidarität die Phase der ungezügelten Machtkämpfe.

Die unaufhaltsame Stärkung der Opposition war in erster Linie die Folge des immer offensichtlicher werdenden Zerfallsprozesses der Staatspartei und der blockweiten Umwälzungen – vom Erfolg des Runden Tisches und dem Sieg der Opposition in Polen bis zum Zusammenbruch der Diktaturen in der DDR und der Tschechoslowakei, in Bulgarien und Rumänien. Im Gegensatz zu den gewaltsamen Zusammenstößen und Massenprotesten im sowjetischen Kolonialreich war das Verhältnis zwischen der Macht und der Opposition in Ungarn auf beiden Seiten durch Selbstbeschränkung und Verständigungsbereitschaft gekennzeichnet.

Vor dem Hintergrund der unauslöschlichen Erinnerung an die Oktober-Tragödie und an die durch die Sowjetpanzer zermalmten Hoffnungen der 1956er-Revolution stellte man das Machtmonopol der Staatspartei nicht infrage. Auf allen Seiten strebte man bis zuletzt eine graduelle Reform und später einen geordneten Machtwechsel an. Die heutigen rechtsradikalen, aber auch linken Kritiker des sanften Überganges zur parlamentarischen Demokratie vergessen die Tatsache, dass sich damals rund 70.000 sowjetische Soldaten mit fast 1000 Panzern, 1500 gepanzerten Militärfahrzeugen, 622 Artilleriegeschützen und 196 Raketen-Batterien „provisorisch" (bis zur Auflösung des Warschauer Paktes 1991) in Ungarn aufhielten und dass die Partei neben dem intakten immensen Apparat des Geheimdienstes auch die bewaffneten Einheiten der sogenannten Arbeiterschutztruppen kontrollierte.

Die neuen politischen Parteien und Gruppen schossen wie Pilze aus der Erde: Bis Ende 1988 zählte man 21 und bis Ende 1989 sogar 60 diverse Gruppierungen. Die weitaus stärkste und landesweit am besten organisierte Partei war das MDF (Ungarisches Demokratisches Forum). Die Gründungsväter – national-volkstümliche Intellektuelle – sind trotz früherer gelegentlicher Publikationsverbote für ihre Aushängeschilder (zum Beispiel für den Dichter Sándor Csoóri und den Bühnenautor István Csurka) vor allem von Pozsgay, aber später auch von anderen maßgeblichen KP-Funktionären als paktfähige und mit der Zeit enge Partner betrachtet und deshalb gegenüber anderen Oppositionsgruppen auch finanziell gefördert worden.

Im Gegensatz zu den stets zurückhaltend agierenden national-konservativen Gruppen traten die Aktivisten der demokratischen Opposition mutig und öffentlich für Menschenrechte, für die Rehabilitierung der Opfer der Repression nach 1956 und für radikale Reformen ein. Zu diesen Aktivisten zählten Protagonisten des Oktoberaufstandes, wie der zum Tode verurteilte und später zu lebenslanger Haft begnadigte Ingenieur Imre Mécs, ferner Intellektuelle, die lange Kerkerstrafen abgebüßt hatten, wie Miklós Vásárhelyi, der später zweimal gewählte Staatspräsident Árpád Göncz oder der Dichter István Eörsi. Ihre schon erwähnte Zeitschrift – seit 1981, schlecht gedruckt und mit einer kleinen Auflage – sowie ihre solidarischen Unterschriftenaktionen für die tschechoslowakische und polnische Opposition haben dank der Ausstrahlung durch die ungarischsprachigen Programme der internationalen Kurzwellensender (vor allem des in München beheimateten Radios Freies Europa – RFE) breite Kreise der geistigen und administrativen Elite erreicht und diese langsam auch mobilisiert. Das gilt natürlich auch für die Stellungnahmen der zum Teil „völkisch-nationalen" Gruppe gegen das (auch aus ökologischen Gründen) abgelehnte ungarisch-tschechoslowakische Kraftwerkprojekt bei Gabčíkovo an der Donau und erst recht für die Stellungnahmen gegen die minderheitenfeindlichen Umsiedlungspläne des rumänischen Diktators. Überhaupt muss man die ungeheure Bedeutung der internationalen Kurzwellensender bei der Untergrabung aller kommunistischen Regime hervorheben.

Der im November 1988 gegründete Bund der Freien Demokraten (SzDSz) – mit dem Philosophen János Kis als Vordenker an der Spitze – setzte die Traditionen der demokratischen Opposition in der neuen Lage fort. Der SzDSz galt zusammen mit den Jungen Demokraten (Fidesz), die für ihre Anhänger eine Altersgrenze von 35 Jahren festlegten, als die Speerspitze der antikommunistischen Opposition. Von den in dieser Zeit entstandenen Organisationen und Gruppen überlebten als politisch wichtige Parteien nach der Wende nur noch zwei wiedergegründete Vorkriegsparteien: die Kleinen Landwirte und die Christdemokratische Volkspartei. Die wieder entstandene Sozialdemokratische Partei verschwand nach einigen Monaten wegen unüberbrückbarer Querelen in der Versenkung.

Die gespaltene Führung der Staatspartei wollte den nunmehr unumgänglichen Übergang zu freien Wahlen bremsen, kontrollieren und zugleich die noch schwachen und unerfahrenen Oppositionsgruppen gegeneinander ausspielen. Trotz ihrer politischen und persönlichen Meinungsunterschiede und Eifersüchteleien gründeten die neuen Parteien und Alternativgruppen am 23. März 1989 einen oppositionellen Runden Tisch, um Verhandlungen mit der Staatspartei (offiziell hieß sie MSzMP – Ungarische Sozialistische Arbeiterpartei) über die Modalitäten des Systemwechsels aufzunehmen. Es handelte sich aber nur um ein kurzfristiges Zweckbündnis. Im Gegensatz zur polnischen Solidarność verfügten die ungarischen oppositionellen Gruppen nie über eine übergreifende Dachorganisation.

Nach langwierigen Vorgesprächen wurden die offiziellen Verhandlungen im Rahmen eines Nationalen Runden Tisches am 13. Juni feierlich im Parlament eröffnet. Die Oppositionsgruppen hatten vorher noch als Konzession an die Staatspartei im Zeichen politischer Kosmetik die Teilnahme der als Legitimation der Einparteienherrschaft dienenden regimetreuen Verbände und Institutionen als „dritte Seite" am Runden Tisch akzeptiert, allerdings ohne die Zusage eines Vetorechtes für sie.

An den Verhandlungen wirkten in 15 Kommissionen beziehungsweise Arbeitsgruppen 1302 Delegierte und Konsulenten bei 238 Sitzungen mit. Das grundlegende Dokument sollte am 18. September 1989 vor den TV-Kameras im Parlament feierlich unterzeichnet werden. Die Delegierten einigten sich auf Verfassungsänderungen und die Errichtung eines Verfassungsgerichtes mit großen Kompetenzen sowie auf Änderungen des Strafgesetzes; ferner regelten sie die Stellung der Parteien und die Wahl der Abgeordneten. Die Nachricht, dass die radikalen Parteien, SzDSz und Fidesz, sowie die Liga der freien Gewerkschaften zwar kein Veto erheben, aber das Dokument nicht unterschreiben wollten, schlug wie eine Bombe ein. Ihre Sprecher gaben bekannt, dass die beiden Parteien ein Referendum über die noch immer offenen Fragen abhalten wollten: Verbot der Parteistellen in Betrieben und Büros, Auflösung der Arbeitermiliz-Kampfgruppen, Offenlegung des Vermögens der Staatspartei und Verschiebung der Präsidentenwahl bis zu der Zeit nach den Parlamentswahlen.

Die Reformkommunisten waren zwar uneinig in den ersten drei Fragen, vor allem was das Verbot der betrieblichen Parteiorganisationen betraf, aber die eigentliche politische Machtfrage betraf die Funktion und auch die Person eines vom Volk direkt zu wählenden Staatsoberhauptes. Imre Pozsgay war der unbestrittene Kandidat der Staatspartei und angesichts seines Ansehens und Bekanntheitsgrades mit an Sicherheit grenzender Wahrscheinlichkeit der Sieger. So hätte er und indirekt auch seine Partei noch vor der ersten demokratischen Parlamentswahl im März 1990 wichtige Weichen stellen können.

Es kam zum offenen Zerwürfnis im Lager der nach außen hin vereinten, aber bereits tief gespaltenen Opposition. Obwohl sich die Selbstauflösung der bisherigen Staatspartei abzeichnete, stellte das Verhältnis der Opposition zu den Machthabern schon in dieser Phase die hauptsächliche Bruchlinie dar. Man hatte nicht zu Unrecht geheime Abmachungen über die künftige Aufteilung der Macht zwischen Pozsgay und der MDF-Führung, namentlich mit dem neuen Parteichef József Antall, vermutet. SzDSz und Fidesz hatten bald mehr als 100.000 Unterschriften bei der Wahlkommission präsentiert und damit ein Referendum für Ende November erzwungen.

Während der angelaufenen Wahlkampagne fand am 7. Oktober 1989 das eigentliche Begräbnis der Partei der Kommunisten (sie hieß offiziell Ungarische Sozialistische Arbeiterpartei – MSzMP) statt; zugleich wurde die Nachfolgeorganisation MSzP (Ungarische Sozialistische Partei) gegründet. Nyers, Pozsgay, Németh und Horn bildeten den Führungskern im neu gewählten Präsidium: Rezső Nyers war der Vorsitzende, Németh blieb Ministerpräsident und Pozsgay der Präsidentenkandidat. (Grósz lehnte die Neugründung der Partei ab.) Die Hoffnung der Reformkommunisten, die die Selbstauflösung der alten Organisation in Gang gesetzt hatten, wurde allerdings bald enttäuscht. Die aufgelöste alte Partei zählte im Oktober noch 725.000 zahlende Mitglieder. Nach dem Kongress war aber die überwiegende Mehrheit – 95 Prozent! – nicht bereit, der neuen Sozialistischen Partei beizutreten.

Zur Enttäuschung seiner Anhänger verpasste Pozsgay den richtigen Zeitpunkt für den Bruch mit der alten Partei. Er wirkte erschöpft und orientierungslos. Vielleicht hatte er insgeheim gespürt, dass seine Uhr relativ schnell ablaufen würde. Professor Tőkés bewertete diesen Vorgang in seinem Buch über die „ausgehandelte Revolution" in Ungarn so: Hätte Pozsgay am Parteitag die Partei gespalten und wäre mit seinen Anhängern ausgezogen, dann wäre er mit einer großen Mehrheit beim Referendum der Sieger geworden.

Bei dem sogenannten Vier-Ja-Referendum bejahten 95 Prozent der Wähler die drei ersten Fragen (Verbot der betrieblichen Parteizellen, Auflösung der bewaffneten Arbeitermiliz und Bekanntgabe des Parteivermögens). Beim vierten Punkt, dem Zeitpunkt der Präsidentenwahl (nach oder vor den Parlamentswahlen), stimmte schließlich eine hauchdünne Mehrheit (50,07 Prozent oder nur 6101 Stimmen mehr als erforderlich) für die Initiative von SzDSz und Fidesz. Besonders enttäuschend fanden ausländische Beobachter, dass bloß 58 Prozent der stimmberechtigten Bürger zu den Urnen gingen. Das Referendum blieb aber gültig und es war zweifellos eine politisch bedeutsame Niederlage der Sozialisten, die die Wähler für die Abgabe von vier Nein-Stimmen aufgerufen hatten. Auch das in die Defensive gedrängte und des Zusammenspiels mit den Kommunisten verdächtigte MDF erlitt einen Rückschlag, zumal sich die Sprecher des Forums für einen Boykott des Referendums ausgesprochen hatten.

Der eigentliche Hauptverlierer war aber Imre Pozsgay, der bei einer Pressekonferenz einen Tag nach der Abstimmung seine Hoffnung aufgeben musste, das erste vom Volk frei gewählte Staatsoberhaupt Ungarns zu werden. Bei den März-Wahlen wurde er dann durch eine vernichtende persönliche Niederlage im Wahlbezirk Sopron von der politischen Bühne weggefegt. Nach seinem Parteiaustritt im Herbst 1990 und kurz nach der vergeblichen Gründung einer politischen Splittergruppe geriet der zeitweise populärste ungarische Politiker mit großen Verdiensten in der Wendezeit in Vergessenheit.

3. Kapitel

József Antall – ein politisches Phänomen

Im Herbst 1989 ging ein neuer Stern am politischen Himmel Ungarns auf: József Antall, ein in der Öffentlichkeit völlig unbekannter Museumsdirektor, wurde am 21. Oktober bei der Landeskonferenz des MDF (Ungarisches Demokratisches Forum) mit 97 Prozent der Delegiertenstimmen zum Vorsitzenden und damit zum Spitzenkandidaten für die Parlamentswahlen jener Partei gewählt, der er selbst erst vor knapp einem halben Jahr beigetreten war. Dann geschah fast ein Wunder. Der 57-jährige Medizinhistoriker, dessen Namen damals bloß jeder dritte Ungar kannte, errang im Frühjahr 1990 einen massiven Wahlsieg und regierte das Land als international angesehener Ministerpräsident an der Spitze einer Koalition mit absoluter Mehrheit während des Überganges zur Demokratie, zu Marktwirtschaft und Unabhängigkeit bis zu seinem frühen Tod im Dezember 1993.

Wer war Antall? Wie hat er das politische Wunder zustande gebracht? Wie sieht man heute im Rückblick seine Regierungszeit und was bleibt von seinem Erbe?

Von seiner künftigen Rolle ahnte ich nichts, als ich ihn im Frühjahr 1989 in Budapest am Rande einer Tagung des im US-Bundesstaat Colorado beheimateten Aspen-Instituts bei einem Empfang im Hause des umtriebigen amerikanischen Botschafters Mark Palmer zum ersten Mal traf. Wir führten ein kurzes, aber intensives Gespräch über die Gärung in der ungarischen Politik und die Einflussmöglichkeiten des Westens. Er war, wie

41

stets, elegant, aber nicht auffallend angezogen. Damals überreichte er mir auch seine Visitenkarte, schön graviert, mit allen Titeln in lateinischer, englischer und ungarischer Sprache; sie war wahrscheinlich die vornehmste der damals in Umlauf befindlichen in Budapest. Alles am damaligen Generaldirektor des nach Semmelweis benannten Budapester Medizinhistorischen Museums und zugleich Vizepräsidenten der Internationalen Medizinhistorischen Gesellschaft war distinguiert. Antall kam nicht nur aus der ehemaligen Oberschicht, er verkörperte sie auch in seiner ganzen Art, in seiner Kleidung, in seinen Umgangsformen und letzten Endes auch in seiner Einstellung zu seinen Gegnern, Partnern, Günstlingen und zur öffentlichen Meinung.

Sein Vater war Flüchtlingskommissar während des Zweiten Weltkriegs gewesen und hat damals zehntausenden polnischen, jüdischen und anderen Flüchtlingen geholfen. Deshalb wurde er nach dem deutschen Einmarsch im März 1944 von der Gestapo für einige Monate verhaftet. Wegen seiner antifaschistischen Tätigkeit erhielt der Vater hohe ausländische Auszeichnungen. Er gehörte den Koalitionsregierungen nach 1945 als Minister in Vertretung der Kleinlandwirte-Partei an und blieb nach der kommunistischen Machtergreifung sogar bis 1953 (formell) Abgeordneter in dem bereits gleichgeschalteten Parlament. Während des Oktoberaufstandes und einige Zeit nach dessen Niederschlagung durch die Sowjets war die geräumige Wohnung Antalls am Franziskaner-Platz in der Budapester Innenstadt ein wichtiger Treffpunkt der politisch wieder aktiv gewordenen bürgerlichen und kleinadligen Antikommunisten.

Als Student hatte der junge Antall bei den revolutionären Umwälzungen im Herbst 1956 mitgewirkt, im folgenden März wurde er verhaftet. Durch seine Kontakte zu diversen Spitzenfunktionären gelang es dem Vater nach fünf Tagen, die schnelle Freilassung seines Sohnes zu erreichen. Als einige Jahre später gegen József Antall wegen seiner aufrechten Haltung und seines

„schädlichen Einflusses" auf die Schüler als Mittelschulprofessor für Geschichte ein Berufsverbot erlassen wurde, konnte Antall senior den Sohn in dem Medizinhistorischen Museum unterbringen. Hier machte Antall nicht zuletzt dank seiner engen Freundschaft mit dem Leiter des Museums und späteren langjährigen Gesundheitsminister Emil Schultheisz eine bemerkenswert steile Karriere. Zu seinem 50. Geburtstag erhielt er als parteiloser Vizedirektor bereits eine der höchsten Auszeichnungen des Regimes – den Goldenen Verdienstorden der Arbeit –, 1984 wurde er zum Generaldirektor des Museums befördert.

Seit seinem 16. Lebensjahr bereitete sich Antall auf eine politische Laufbahn, später sogar auf das Amt des Ministerpräsidenten vor. In seiner Bibliothek zu Hause sammelte er drei- bis viertausend Sachbücher über Geschichte und Politik. Vor seinen Freunden und Verwandten, manchmal auch allein vor seiner Frau, hielt er improvisierte Kurzreferate über die Außenpolitik. Nach 1974 konnte Antall auch in den Westen reisen und Kontakte mit seinen emigrierten und einflussreichen Studienkollegen pflegen. Er sprach fließend Deutsch und war imstande, sich auch auf Französisch über Fachthemen zu verständigen.

Als Vorsitzender der ungarischen und als Vizepräsident der Internationalen Medizinhistorischen Gesellschaft sowie als Chefredakteur ihrer Fachzeitschrift war József Antall, wie so viele andere Angehörige der kleinadligen oder bürgerlichen Elite, zweifellos nicht mehr ein Verfolgter, sondern eher ein Nutznießer des sanft gewordenen Kádár-Regimes in der Phase des „gemütlichen Weltuntergangs" (György Dalos). Er und seine Freunde waren geeichte Antikommunisten, hielten niemals etwas von der Vision einer wie auch immer gearteten sozialistischen Gesellschaft; wenn sie sich auch bereit erklärt hatten, die unabänderlichen Realitäten zu akzeptieren.

Der Schein des glatten Aufstiegs trog. Antall hielt sich nicht zufällig – selbst während der unaufhaltsamen Desintegration des

Spätkádárismus – politisch auffallend zurück[1]. Im Spiegel der Berichte von 24 Agenten im Lauf der Jahre (darunter auch zwei seiner engsten Freunde) gewinnt der Leser den Eindruck eines zutiefst vorsichtigen und gegenüber der regimekritischen Opposition höchst misstrauischen Menschen. Zur Zeit des „Prager Frühlings" protestierte er sogar in gleich lautenden persönlichen Briefen an Kádár selbst, ferner an den Ministerpräsidenten und den Innenminister wegen seiner offensichtlichen Beschattung durch Geheimpolizisten. Er bekam zwar keine Antwort, aber die irritierende Verfolgung wurde eingestellt. Antall hat später kein einziges Protestschreiben der Bürgerrechtler unterzeichnet und nahm selbst in den letzten zwei Jahren an damals schon risikofreien Veranstaltungen nicht teil. Er wurde von den zum Teil völkischnationalen Schriftstellern und Intellektuellen zur bereits erwähnten legendären Konferenz mit Imre Pozsgay im September 1987 in der Gemeinde Lakitelek nicht einmal eingeladen. Im ersten Politischen Jahrbuch im Frühjahr 1989 schien sein Name überhaupt nicht auf.

Antall hatte Kontakte mit Gruppen, die Ende 1988, Anfang 1989 die sogenannten „Nostalgieparteien" wie die Kleinlandwirte oder die Christdemokraten neu bilden wollten, doch wurde er im Februar 1989 Mitglied des MDF (des Ungarischen Demokratischen Forums). Selbst in dieser Zeit blieb er laut Aussagen der engsten Freunde noch immer äußerst vorsichtig und unsicher. Bei dem ersten Landeskongress des MDF im März wurde Antall nach einer misslungenen Rede nicht ins Parteipräsidium gewählt und bei der Eröffnung des Nationalen Runden Tisches zwischen

---

1 Für die Spitzelmeldungen über ihn siehe János M. Rainer, Im Netz der Meldungen. József Antall und die Leute der Staatssicherheit 1957–1989, Budapest 2008. Die biografischen Details entnahm ich vor allem dem Buch von József Debreczeni, Der Ministerpräsident, Budapest 2003, ferner Sándor Révész, József Antall – aus der Entfernung, Budapest 1995. Siehe auch Anna Richter, Porträts vom oppositionellen Runden Tisch, Budapest 1990, S. 153–169 (alles auf Ungarisch).

der Opposition und der Staatspartei saß er noch in der zweiten Reihe.

Die führenden Persönlichkeiten des MDF blieben den scheinbar langatmigen Beratungen fern. Doch Antall hatte die wachsende Bedeutung dieser politischen Werkstatt bei der Wende sofort begriffen und die Diskussionen durch seine immense historische und außenpolitische Bildung, taktische Begabung und hohe Intelligenz mit seinen brillanten Wortmeldungen immer mehr dominiert. Sein Biograf József Debreczeni stellte treffend fest: „Der Systemwechsel wäre auch ohne ihn geschehen. Aber *anders. Auf der oppositionellen Seite gab es keine mit ihm vergleichbare Persönlichkeit*" (kursiv im Original).

Vor dem Hintergrund der unübersichtlichen Intrigen um die vorher schon skizzierte und schließlich gescheiterte Präsidentschaftskandidatur Pozsgays, des Vertreters der postkommunistischen Nachfolgepartei, wurde dann am 21. Oktober Antall, den die Mitglieder des Parteipräsidiums kaum kannten und der mit den zum Teil national-völkischen Intellektuellen vorher keine enge Tuchfühlung hatte, mit 97 Prozent der Stimmen zum MDF-Vorsitzenden und damit zum Spitzenkandidaten bei den ersten freien Parlamentswahlen gewählt.

In diesem Spätherbst 1989, nach seinem ersten großen politischen Erfolg, gelang es mir, Antall für ein Exklusivinterview zu gewinnen. Die französische Vierteljahreszeitschrift „Politique Internationale", die in erster Linie große Interviews mit führenden Persönlichkeiten der Weltpolitik abdruckt, hatte meinen Vorschlag akzeptiert und mich um ein solches Gespräch mit Antall, dem damals schon aussichtsreichsten Kandidaten für den Posten des ersten demokratisch gewählten Ministerpräsidenten, ersucht. Wir trafen uns im Hilton-Hotel im Budapester Burgviertel; aus Gründen der Ruhe und Diskretion führten wir unser mehrstündiges Gespräch in meinem Hotelzimmer. Seine profunden Kenntnisse über die Zeitgeschichte und die internationale Entwicklung sowie seine hohe Intelligenz beeindruckten mich tief an diesem Abend.

Druckreif und gespickt mit Zitaten aus dem Gedächtnis, legte mir Antall in dieser improvisierten Unterredung seine Sicht über die Welt und vor allem über die aus einer Mischung von christlichen, nationalen und liberalen Elementen bestehende politische Linie des nun von ihm geführten MDF dar. Das auf Band aufgenommene, in ungarischer Sprache geführte Interview wurde dann abgeschrieben, ins Französische übersetzt, von meinen französischen Mitarbeitern bei „Radio Österreich International" korrigiert und von der Pariser Redaktion der Zeitschrift stark gekürzt im nächsten Heft veröffentlicht. Antall bedankte sich in einem persönlichen Brief für diese erste ausführliche Darstellung seiner politischen Philosophie in einer angesehenen ausländischen Publikation.

In unserem Gespräch wie auch in fast allen Interviews in dieser Zeit wies Antall immer wieder auf die Bedeutung der Gedanken des deutschen Ökonomen Wilhelm Röpke (1899–1966) in dessen Werk „Der dritte Weg" für seine geistig-politische Entwicklung hin. Der ungarische Politiker war ein großer Bewunderer der Sozialen Marktwirtschaft und der Nachkriegsleistungen von Bundeskanzler Konrad Adenauer und dem Vater des deutschen Wirtschaftswunders, Ludwig Erhard. Er hat sich selbst persönlich so charakterisiert: „Ich bin ein national engagierter, an ein einheitliches Europa glaubender, liberaler Christdemokrat. Wenn wir ein Element ausklammern, dann wird die ganze Definition falsch."

Trotz oder vielleicht gerade wegen der angelaufenen Wahlkampagne absolvierte der Spitzenkandidat des MDF ein sehr ambitioniertes Auslandsprogramm und knüpfte persönliche Kontakte mit US-Präsident Bush sen., Präsident Jacques Chirac, Premier Margaret Thatcher und besonders mit dem deutschen Bundeskanzler Helmut Kohl. Mehrmals kam er auch nach Wien, wo er vor allem den Bundesparteiobmann der ÖVP, Vizekanzler und Außenminister Alois Mock traf. Man kann ohne Übertreibung sagen, dass kein mittel- und osteuropäischer Politiker, außer dem Sonderfall Václav Havel, im Westen so schnell so viel Anerkennung fand wie Antall. In dieser stürmischen Wendezeit nahm er auch am Rande einer von der Österreichischen Volkspartei organisierten internationalen Konferenz auf einem Donauschiff in Wien mit anderen christdemokratischen beziehungsweise konservativen Führungspersönlichkeiten, unter anderem aus der Tschechoslowakei, Slowenien, Kroatien, der DDR und Rumänien, teil. Aus diesem Anlass fand dann am 11. Januar 1990 eine von mir geleitete abendliche „Club 2"-Diskussion statt. Auch hier wirkte Antall souverän und strahlte Selbstsicherheit aus.

Es war natürlich hauptsächlich ihm zu verdanken, dass das MDF als eine konservativ-national-christliche „ruhige Kraft" die Freien Demokraten (SzDSz), den Hauptgegner bei den Wahlen, überzeugend schlagen konnte. Drei Faktoren prägten die überraschenden Resultate:

Die missglückte Pozsgay-Kandidatur schadete in erster Linie der Sache der postkommunistischen Sozialisten, aber indirekt auch dem MDF. Dann platzte eine politische Bombe in der ersten Januar-Woche: Dank der mutigen Aktion eines hohen Geheimdienstoffiziers wurde enthüllt, dass die sogenannte interne Abwehr des Innenministeriums weiterhin unbekümmert die Oppositionspolitiker beobachten und abhören ließ. Der langjährige Innenminister, ein enger Freund Pozsgays, musste mit zwei Stellvertretern über die Klinge springen. Frei nach dem Watergate-Skandal nannte man es in Budapest „Dunagate". Fast gleichzeitig aber gelang dem bedrängten Pozsgay die blitzschnelle Ablöse des für die wichtigsten Nachrichten- und Magazinsendungen zuständigen und fachlich angesehenen TV-Chefredakteurs Endre Aczél und seine Ersetzung durch einen national gesinnten Vertrauten. Der Antall-Biograf Debreczeni schrieb über die Bedeutung dieses Schachzugs: „Ich bin überzeugt, dass ohne diese Änderungen die SzDSz-Leute (also die Freien Demokraten, Anm. P. L.) die Wahlen gewonnen hätten."

Zwölf der zu dieser Zeit registrierten 65 Parteien durften an den Wahlen teilnehmen, aber nur sechs konnten in der ersten

Runde die als Sperrklausel eingeführte Vier-Prozent-Grenze der abgegebenen gültigen Stimmen überspringen. Das MDF führte landesweit mit 25 Prozent, gefolgt von den Freien Demokraten (SzDSz) mit 21 Prozent. Die Kleinlandwirte-Partei erreichte 12, die Postkommunisten (MSzP) 11, die Jungdemokraten (Fidesz) 9 und die Christdemokratische Volkspartei (KDNP) knapp 6 Prozent. Zwei Wochen später kam es zur zweiten entscheidenden Runde in den 176 Einzelwahlkreisen, in denen das MDF im Allgemeinen auch die Stimmen der beiden anderen Rechtsparteien erhielt. Schließlich hat das MDF von 386 Mandaten 164 (42 Prozent) gewonnen, der Bund der Freien Demokraten (SzDSz) 94 (22,4 Prozent), die Kleinen Landwirte 44 (11 Prozent), die postkommunistische MSzP 33 (9 Prozent), Fidesz 22 (5 Prozent) und die Christdemokraten 21 (5 Prozent).

Allerdings war die Wahlbeteiligung bei der ersten wahrhaft freien Wahlentscheidung enttäuschend: Sie betrug in der ersten Runde 65 Prozent und im zweiten Wahlgang bloß 45,5 Prozent. Im Kampf um die Macht verlief die Bruchlinie keineswegs nur zwischen der Opposition und der neu gegründeten Nachfolgerin der Staatspartei, jetzt unter dem Namen MSzP, sondern immer mehr zwischen dem sich als „ruhige Kraft" mit nationalen und konservativen Wurzeln präsentierenden Demokratischen Forum und dem scharf antikommunistisch und radikal modernisierend auftretenden SzDSz. Die von Antall angestrebte Koalitionsregierung mit der Kleinen Landwirte-Partei und mit den Christdemokraten sollte über eine satte Mehrheit von fast 60 Prozent im neuen Parlament verfügen. Doch bereits vor der Bildung der Regierung wollte der designierte Ministerpräsident durch Geheimverhandlungen mit der großen Oppositionspartei SzDSz einen Pakt über die Stärkung seiner eigenen Position im Tausch für politische Konzessionen erreichen.

Wenn man davon ausgeht, dass es „in der Politik, in diesem Spiel um die Macht, keine Spielregeln gibt, außer der, sich und seine Vorstellungen durchzusetzen" (so der deutsche Soziologe

Ronald Hitzler), dann kann man ohne Übertreibung sagen, dass József Antall als einer der begabtesten Politiker und größten Taktiker in die ungarische Geschichte eingehen wird. Der bei größter Geheimhaltung nach nur drei Wochen abgeschlossene Pakt mit den Freien Demokraten war laut seinem Biografen Antalls „souveränste Tat". Was war geschehen?

Die zwei Parteien einigten sich über die Stärkung der Position des Regierungschefs. Nach deutschem Muster sollte er nur durch ein sogenanntes „konstruktives Misstrauensvotum" gestürzt werden können, also nur dann, wenn seine Gegner die Unterstützung von mehr als der Hälfte der Abgeordneten für ihren Vorschlag haben – und selbst in diesem Fall müssten sie schon gleichzeitig den künftigen Ministerpräsidenten benennen. Außerdem sollte das Parlament nur die Person des Regierungschefs wählen; die Kabinettsmitglieder würden dann auf seinen Vorschlag hin vom Staatspräsidenten ernannt werden. Ferner sollte die Zahl jener Gesetze, welche die Zustimmung einer Zweidrittelmehrheit erfordern, wesentlich verringert werden, um einen vernünftigen Handlungsspielraum für die jeweilige Regierung zu sichern.

Schließlich sollte das Staatsoberhaupt entgegen einem inzwischen vom alten (also noch kommunistisch dominierten) Parlament verabschiedeten Gesetz doch (so wie von den Freien Demokraten gewünscht) von den Abgeordneten und nicht direkt vom Volk gewählt werden. Darüber hinaus erklärte sich Antall bereit, im Namen des MDF diese Position dem SzDSz zu überlassen und als gemeinsamen Kandidaten für diesen Posten den von der Opposition vorgeschlagenen Schriftsteller und Übersetzer Árpád Göncz zu akzeptieren.

Das Präsidium seiner Partei, also des MDF, wurde von Antall weder über die Verhandlungen informiert, noch hatte er es um eine Zustimmung ersucht. Es handelte sich also in politischen Kernfragen um einen Alleingang des Regierungschefs, der seine Kollegen in der Parteiführung vor vollendete Tatsachen stellte. „Es war so, als ob ein internationaler Großmeister mit braven

Amateuren Schach spielte; diese keineswegs betrog, sondern bloß sein eigenes Wissen und Überlegenheit ausgenützt hatte", stellte sein Biograf fest. Die beiden künftigen Koalitionsparteien waren natürlich auch nicht eingeweiht.

Die Empörung der zum Teil national-völkischen Gründungs- väter des MDF war grenzenlos. Doch der kaltblütige Neuan- kömmling stellte dem engeren Führungskreis seiner Partei prak- tisch ein Ultimatum: Die Vereinbarung mit den Freien Demo- kraten müsse bewilligt werden, sonst gebe es keine Koalition, keine gesicherte Politik im Parlament, also auch kein Regieren. „Er ist inkorrekt gewesen und hat uns immer wieder erpresst: ‚Wenn das, was ich tue, euch nicht gefällt, dann trete ich zurück‘". So wörtlich der frühere geschäftsführende MDF-Chef Zoltán Biró, der bald danach mit Pozsgay eine neue und schnell geschei- terte eigene Partei gründete.[2] Die Konsequenzen in den späteren Machtkämpfen der Regierungspartei bestätigten übrigens immer wieder die sarkastische Feststellung des deutschen Kritikers Lud- wig Börne (1786–1837): „Das Geheimnis jeder Macht besteht darin, zu wissen, dass andere noch feiger sind als wir."

Im Einklang mit dem MDF-SzDSz-Pakt wurde Árpád Göncz, damals 68 Jahre alt, im Mai 1990 zuerst zum Vorsitzenden des Parlaments und damit zum provisorischen Staatsoberhaupt, und dann im August (mit 295 Ja- und 13 Nein-Stimmen) für fünf Jahre zum Staatspräsidenten gewählt. Bereits einige Monate spä- ter hat sich allerdings Antalls Idee, Göncz als Staatspräsidenten durchzusetzen, von seiner Warte aus als folgenschwerer Missgriff entpuppt. Er hatte den um elf Jahre älteren Göncz aus der Zeit der Koalition 1945–1948 als einen engagierten bürgerlichen Po- litiker aus der Kleinlandwirte-Partei kennengelernt und nicht damit gerechnet, dass sich Göncz mit seiner jovialen Art im Amt des Präsidenten als eine autonome Persönlichkeit erweisen wür-

---

2 Für Birós Bemerkungen siehe den Interviewband: Von der weichen Diktatur zur harten Demokratie, Budapest 1994 (auf Ungarisch).

de. Antalls Rechnung ging nicht auf und bereits zwei Monate später trat die Entfremdung zwischen den beiden Persönlichkeiten vor aller Welt offen zutage.

Es klaffte fast von Anfang an ein tiefer Gegensatz zwischen dem internationalen Ansehen der Regierung (und vor allem des Regierungschefs Antall) einerseits und der rapiden Verschlechterung der Stimmung in der Bevölkerung und dem Rückgang der Popularität des Ministerpräsidenten andererseits. Die Auflösung des Warschauer Paktes und des Rates für Gegenseitige Wirtschaftshilfe (COMECON) sowie der Abzug der sowjetischen Truppen eröffneten auch für die ungarische Außenpolitik eine historisch neue Epoche der vollen Souveränität und Manövrierfähigkeit. Die Regierung Antall legte drei grundsätzliche Zielsetzungen fest: so bald wie möglich Anschluss an die euro-atlantischen Organisationen; aktive Teilnahme an den von sowjetischem Einfluss befreiten regionalen Organisationen sowie der Schutz und die Förderung der ungarischen Minderheiten in den Nachbarländern.

In diesem Zusammenhang hat der sonst international vorsichtig agierende Regierungschef am 3. Juni 1990 bei der dritten Landeskonferenz des MDF seinen bekanntesten und auch international umstrittensten Satz gesagt: „Als Ministerpräsident dieses Landes von 10 Millionen möchte ich in meiner Seele und meinen Gefühlen Ministerpräsident von 15 Millionen Ungarn sein." Diese viel kritisierte und diskutierte Erklärung hat in den offiziellen Kreisen in Rumänien, der Slowakei und in Serbien Empörung, bei den Vertretern der großen ungarischen Minderheiten gemischte Reaktionen und auch in Ungarn selbst leidenschaftliche Diskussionen ausgelöst. Dass die Magyaren in diesen Nachfolgestaaten der Habsburgermonarchie politische Unterstützung und kulturelle Förderung für ihr Anliegen und in ihrem Abwehrkampf gegen die Nationalisten der Staatsnationen brauchen, war und ist unbestritten. Ich bin aber auch im Rückblick überzeugt davon, dass unter den damaligen Bedingungen der allgemeinen Öffnung in Mittel- und Osteuropa der ungarische Ministerpräsident einen folgenschweren politischen Fehler begangen und den anti-ungarischen chauvinistischen Kräften in der Nachbarschaft ungewollt einen Auftrieb verliehen hat.

Kurz danach begann im Oktober unter dramatischen Umständen der unaufhaltsame Niedergang der ersten demokratischen Regierung. Die Menschen hatten von der Wende und der ersten frei gewählten Regierung einen schnellen Aufstieg und in einer naiven Stimmung nur Vorteile erwartet. Antall trug zweifellos zum wirtschaftlich völlig unbegründeten Optimismus bei. Eine Woche nach den Wahlen meinte er, Ungarn könnte in zwei bis fünf Jahren Mitglied der EU sein und in zehn Jahren das durchschnittliche europäische Entwicklungsniveau erreichen. Inzwischen trugen die massiven Entlassungen und Preiserhöhungen zur Verschlechterung der Stimmung und zur Unpopularität der Regierungskoalition bei.

Bei den in zwei Phasen abgehaltenen lokalen Gemeindewahlen im Oktober 1990 erlitt die Koalition eine unerwartet große Niederlage. Zwei Wochen später löste eine nach Regierungsdementis überfallsartig erfolgte Erhöhung des Benzinpreises um 65 Prozent einen Streik und eine Straßenblockade durch Taxichauffeure und private Transportunternehmer aus. Der Verkehr wurde im ganzen Land gelähmt. Angesichts des Versagens des überforderten Innenministers drohte die Entwicklung der Kontrolle zu entgleiten. Dass die oppositionelle SzDSz die Aktion unterstützte und der Staatspräsident für Verhandlungen plädierte, jegliche Gewaltanwendung ablehnte und sich von der Regierungslinie unmissverständlich distanzierte, trug zum Drama der Konfrontation bei. Schließlich gab die Regierung teilweise nach und reduzierte die Preiserhöhung.

Am Höhepunkt der Spannungen befand sich der Ministerpräsident nach einer schweren Operation im Tiefschlaf und konnte erst zum Schluss der Verhandlungen durch ein Interview, das er dem Fernsehen im Pyjama gewähren musste, zur Entschärfung der Lage beitragen.

Erst jetzt wurde bekannt, dass Antall bereits seit Monaten gegen eine Krebserkrankung kämpfte. Man weiß nicht, wann er sich der tückischen Krankheit bewusst wurde. Sie war jedenfalls unheilbar und die Therapie wurde von den Ärzten zu spät begonnen. Die Frage, wie weit die häufigen und immer längeren Krankenhaus-Aufenthalte sowie die abgebrochenen Rekonvaleszenz-Perioden (vor allem ab 1992), anders gesagt: wie weit das Leben in einem solchen Grenzbereich – und oft gegen den medizinischen Rat – seine politischen Entscheidungen beeinflusst hat, muss offen bleiben.

Fest steht jedenfalls, dass Antall lange Zeit so aussah, wie sich die Menschen einen Premierminister vorstellen: mit diskreter Eleganz angezogen, ebenmäßigen Zügen und klarem Blick, die silbergrauen Haare in der Mitte gescheitelt, mit sicherem Auftreten. Seine dominierende Position in der Regierung war selbstverständlich. Er nutzte den Vorsprung, den ihm Elternhaus und Ausbildung verschafften, gegenüber den politischen Neulingen in seiner Regierung aus. Der ehrgeizige und elitäre Antall brachte Talente, Erfahrungen und Eigenschaften mit, die ihn für die Aufgaben eines Regierungschefs geradezu empfahlen.

Antalls langjähriger Innenminister und Nachfolger an der Regierungsspitze, Péter Boross, charakterisierte ihn mit den Worten: „Ich sah einen absolut selbstbewussten Mann, der in einer so natürlichen Art Ungarns Ministerpräsident wurde, dass es irgendwie wie ein Wunder wirkte … Er hatte keine Zweifel, dass er jetzt als Ministerpräsident amtiert, und dass er diese Rolle ausfüllen kann und wird. Sein Beginn war sehr imponierend gewesen, und er beeinflusste in außerordentlichem Ausmaß die Kabinettsmitglieder … Er genoss einen immensen Vorteil gegenüber jedem. Er erschien hier von einem Tag auf den anderen als ein wirklicher Ministerpräsident und so handelte er auch."[3]

Selbst solche scharfe Kritiker wie der Politökonom László Lengyel gaben zu: „Er war geeignet für die Rolle des Ministerprä-

---

3 Siehe Debreczeni, 2003, S. 115 f.

sidenten des Systemwechsels ... Wenn er in einen Saal eintrat, war es glaubhaft, er sei der Regierungschef Ungarns." Allerdings fügte er hinzu: „Ohne Antall konnte nichts entschieden werden, aber es fehlten für die Vorbereitung und die Ausführung der Entscheidungen die fachlichen Apparate; er verfügte über keine Mannschaft." Staatssekretär József Kajdi, ein Bewunderer und loyaler Mitarbeiter im Amt des Ministerpräsidenten, der alles aus der Nähe sah, sprach von „überwältigenden Konzepten" in der Außen- und Bildungspolitik. Doch sei Antall bezüglich der „ökonomischen, finanziellen und ähnlichen Fachfragen fast gleichgültig" gewesen. „Er wagte die Dinge nicht zu entscheiden, noch wagte er aber, diese jemand anderem anzuvertrauen."

Die Vermutung liegt nahe, dass keine Regierung den Systemwechsel ohne Erschütterungen der nur durch die enorme Auslandsverschuldung künstlich hoch gehaltenen Beschäftigung und des überhöhten Lohn- und Gehaltssystems hätte bewältigen können. Es ist natürlich leicht, Antall heute rückwirkend vorzuwerfen, seine Regierung hätte zuerst einen Kassensturz auf den Trümmern des vererbten Systems an der Grenze der neuerlichen Zahlungsunfähigkeit machen und zugleich den Menschen bis zur Stabilisierung „Blut, Schweiß und Tränen" versprechen sollen.

Die ungarische Gesellschaft war auf die unerwarteten und gewaltigen Belastungen überhaupt nicht vorbereitet. Nur einige Beispiele: Das Bruttosozialprodukt schrumpfte zwischen 1988 und 1993 um 20 Prozent, allein im Jahr 1991 fiel es um 12 Prozent, die Reallöhne gingen 1990 um 4 Prozent und 1991 um 8 Prozent zurück; die Inflationsrate betrug 1991 35 Prozent, 1992 23 Prozent und sank erst 1993 unter 20 Prozent; der Konsum fiel um 11 Prozent; die früher unbekannte Arbeitslosigkeit erreichte zeitweilig 12 Prozent; tausende Unternehmungen wurden liquidiert und eine halbe Million Stellen verschwanden.

Bald machte ein bitterer Witz die Runde in Budapest: „Antall hatte in zwei Jahren das vollbracht, was Kádár in 30 Jahren nicht gelang: Er hatte den Sozialismus beliebt gemacht!"

Die Umfragen zeigten jedenfalls einen unaufhaltsamen Abstieg des Ministerpräsidenten in der Beliebtheit von 67 Prozent 1990 auf 47 Prozent 1991, 41 Prozent 1992 und schließlich auf 36 Prozent im Jahr 1993. Im Gegensatz zum bis zuletzt in zwei Amtsperioden ungebrochen beliebten Staatspräsidenten Árpád Göncz hat die Öffentlichkeit den im Westen so hoch geschätzten Antall als überheblich, abgehoben und elitär empfunden. Umgekehrt beschwerte sich der Ministerpräsident erbittert im familiären Kreis – laut seinem Sohn György Antall –, dass „die Menschen den Abzug der Russen, die Wiedergewinnung der Unabhängigkeit, der nationalen Souveränität, die politische Freiheit, die Demokratie so gleichgültig betrachteten ... Er wusste, dass der ausschließlich für seine eigenen kurzfristigen materiellen Interessen engagierte und darüber hinaus gegenüber allem gleichgültige sozialistische Kleinbürger in den Jahrzehnten des Kádár-Regimes geboren wurde und bestimmend geworden ist ... Er wusste das und trotzdem tat er ihm leid, der moralische Zustand seiner Heimat, seines Volkes".[4]

Es war in erster Linie nicht die Unfähigkeit der Regierung Antall, sondern die Begleiterscheinungen des Platzens der vom Kádár-Regime geerbten Luftballone, die die schwere Transformationskrise ausgelöst hatten. Trotzdem lassen manche Einzelheiten selbst aus der von József Debreczeni verfassten außerordentlich positiven Biografie und erst recht die Interviews mit den drei Finanzministern aus der Zeit der Regierung Antall berechtigte Zweifel an seiner Tauglichkeit als oberster Krisenmanager und entschlossener Regierungschef aufkommen.[5] Abgesehen von den wenigen Kabinettsmitgliedern, die seinem familiären oder freundschaftlichen Netzwerk angehörten, hatte Antall wichtige Minister, zum Teil auch aus den beiden Koalitionsparteien, ohne

---

4 Debreczeni, S. 190.
5 Siehe Eszter Rádai, Finanzminister für Frühstück, besonders die Interviews mit Ferenc Rabár, Mihály Kupa und Iván Szabó, Budapest 2001 (auf Ungarisch).

nähere Informationen und ohne administrative Erfahrung ernannt.

So erzählte der Finanzminister Ferenc Rabár, dass zwischen Antall und seinen Ministern kein Vertrauensverhältnis herrschte und dass er selbst, obwohl verantwortlich für das entscheidende Finanzressort, vielleicht einmal ein längeres Gespräch mit ihm führen konnte. Die Kabinettssitzungen in seiner Zeit begannen am Donnerstagmittag und dauerten bis zwei oder drei Uhr früh am Freitag. Er hatte nie das MDF-Programm gelesen, noch mit den anderen für Wirtschaftsfragen zuständigen Kollegen besondere Kontakte gepflegt. Rabár war der Anhänger einer „Schocktherapie" mit vollständiger Liberalisierung der Preis-, Lohn-, Import- und Wechselkurspolitik bei gleichzeitig strikt kontrollierter Budgetpolitik.

Bezeichnend für die Atmosphäre der Sitzungen des Ministerrats war, dass es keine Tagesordnung gab. Einmal diskutierten die Minister, die übrigens meistens einander früher überhaupt nicht persönlich gekannt hatten, stundenlang darüber, ob der Bürgermeister einer Gemeinde nicht wie früher „Richter" heißen soll. Eines Tages bekam Finanzminister Rabár während der Sitzung einen dringenden Anruf vom Vizepräsidenten der Nationalbank: Die Devisenreserven seien am Ende, er solle bei der Sitzung einen Importstopp vorschlagen. Als Rabár in den Sitzungssaal zurückkehrte, war eine Diskussion voll im Gang, ob der alte Titel des Obergespanns für den Vorsitzenden eines Komitats wieder eingeführt werden sollte (dieser Titel wurde nicht wiederhergestellt).

Rabár beschloss, die Sache für sich zu behalten und verzichtete darauf, jemanden zu konsultieren. Letzten Endes sei dann die Krise irgendwie gelöst worden, hieß es im Interview. Im Kabinett wurde er immer wieder überstimmt und wegen der Intrigen eines (übrigens heute in der Orbán-Regierung zum Wirtschaftsminister ernannten) Politikers, des damaligen regierungsinternen Koordinators, konnte er sich mit seinem Budgetentwurf nicht durchsetzen. Rabár führte dann die entscheidenden und schließlich erfolgreichen Benzinpreisverhandlungen mit den streikenden Taxifahrern, obwohl er bereits Wochen vorher demissioniert hatte.

In diesen turbulenten Jahren bildete Antall seine Regierung mehrmals um und „verbrauchte" insgesamt drei Finanzminister. Der letzte, Iván Szabó, war früher Industrieminister und geschäftsführender MDF-Vorsitzender. Er gehörte zum gemäßigten Flügel und hat in einem Rückblick den labilen Zustand der Koalitionsregierung schonungslos enthüllt: „In Wirklichkeit stand hinter Antall nichts, nur sein außerordentliches charismatisches Ansehen!"

Die Spannungen zwischen dem Ministerpräsidenten und den extrem nationalistischen und antisemitischen MDF-Gründungsvätern erreichten im August 1992 einen Höhepunkt, als der rechtsradikale Wortführer, der Bühnen-Autor István Csurka, im Sprachrohr der Partei in einem Artikel behauptete, Ungarns Unabhängigkeit werde durch eine jüdische Verschwörung mit Verbindungen zur Achse New York–Tel Aviv gefährdet, noch dazu in einer Zeit, da das Land einem sterbenden Mann anvertraut sei. Diese „vollkommen nazistische ideologische Grundeinstellung" (so Debreczeni damals) wurde leider von der „überwältigenden Mehrheit der Partei-Mitglieder unterstützt". Die Medien haben inzwischen enthüllt, dass Csurka unter dem Decknamen „Rasputin" nach der Niederschlagung des Aufstandes 1956 einige Jahre als Spitzel des Geheimdienstes tätig war.

Trotzdem hing das Schicksal der Regierung Antall an einem seidenen Faden. Die Kleinlandwirte-Partei trat Anfang 1992 nach ihrer Spaltung aus der Koalition aus. Ihr unberechenbarer Führer war bereits früher als informeller Mitarbeiter des kommunistischen Geheimdienstes entlarvt worden. Seitdem bestand die Koalitionsregierung nur aus zwei Parteien und etwa zwei Dutzend früheren Abgeordneten der Kleinlandwirte-Partei. Am Vorabend des entscheidenden Landeskongresses war alles offen. Antall gelang es, mit einer glänzenden Rede und durch Tricks bei der Tagesordnung, die Csurka-Anhänger in die Minderheit des Präsidiums zu drängen. Einige Monate später wurde der inzwischen auch international bekannt gewordene rechtsradikale Politiker aus der Regierungspartei ausgeschlossen.

Antall lehnte die Aufnahme früherer KP-Mitglieder in seine Regierung kategorisch ab. Das betraf auf dem Papier 860.000 Menschen – mit Familienmitgliedern zwei bis drei Millionen Ungarn. Zugleich widersetzte sich aber der Regierungschef der Verabschiedung einer klaren und von der Opposition geforderten gesetzlichen Regelung der sogenannten Agentenfrage. Warum? Sein enger Mitarbeiter in der Regierung und in der Partei, Finanzminister Iván Szabó, sprach den Grund im zitierten Interview offen aus: Die Stabilität der Regierung wäre durch eine Agentenjagd gefährdet, weil viele Abgeordnete der Regierungskoalition – 30 bis 35 – Spitzel oder Agenten gewesen seien, so Szabó. Andere Quellen sprechen sogar von fast 50 solchen Fällen. Das gleiche Bild boten freilich auch die Sozialisten. Selbst 15 Jahre später, wie wir noch sehen werden, bildet die nicht aufgearbeitete Agentenfrage, zusammen mit der wuchernden Korruption, ein Krebsübel der ungarischen Politik.

Bereits in diesen Jahren brach auch der sogenannte Medienkrieg aus. Der konservativ-nationalen Koalitionsregierung missfiel die Mehrheit der von liberalen und linken Redakteuren und Produzenten ausgestrahlten TV- und Rundfunkprogramme. Der Konflikt erreichte den Höhepunkt, als Staatspräsident Göncz den Vorschlag des Ministerpräsidenten – Absetzung der Präsidenten des Fernsehens und des Radios beziehungsweise die Ernennung von regierungstreuen Vizepräsidenten – abgelehnt hatte. Der offene Streit zwischen den beiden früher befreundeten Persönlichkeiten dauerte bis zum Tode Antalls an. Die Umfragen zeigten, dass 79 Prozent der Befragten eher Antall für den Streit verantwortlich machten.

Zur Vorgeschichte gehört auch die Tatsache, dass der MDF-Fraktionschef im Parlament bereits im August 1991 in einem internen Papier die „radikale Veränderung der politischen und geistigen Einstellung des öffentlich-rechtlichen ungarischen Radios und Fernsehens" vorgeschlagen hatte. Der Kampf um die Pressefreiheit spaltete die politisch-intellektuelle Elite in zwei Lager und führte auf einer Nebenfront auch zu einem Bruch in meiner persönlichen Beziehung zum Regierungschef. Im Herbst 1990 empfing Antall eine Delegation des Internationalen Presseinstituts (IPI), dem mehr als 2000 Verleger und Chefredakteure aus aller Welt angehörten. Es ging um den wachsenden Druck auf die elektronischen Medien in Ungarn, um diese auf eine regierungsfreundliche Linie zu bringen, sowie um die Frage, ob die damals traditionsreichste ungarische Zeitung „Magyar Nemzet", wie von den meisten Redakteuren gewünscht, an die liberale schwedische Zeitung „Dagens Nyheter" oder, wie von der Regierung eingefädelt, an die rechtskonservative Hersant-Zeitungsgruppe in Frankreich verkauft werden sollte.

Der Ministerpräsident, dem die internationale Kontaktpflege, vor allem freilich das Image seiner Regierung am Herzen lag, wurde während des Gespräches mit uns, das heißt dem damaligen Direktor des IPI, Peter Galliner, leitenden Redakteuren der „Neuen Zürcher Zeitung", der BBC und des „Guardian" aus London sowie mit mir als Vertreter des Österreichischen Rundfunks (ORF), immer irritierter und aufgeregter. Möglicherweise wurde er eben in jenen Tagen von einem neuen intensivierten Schub seiner schweren Krankheit getroffen. Plötzlich warf er seinen Journalistenausweis über den Tisch zu mir herüber und bat mich, den Kollegen zu bestätigen, dass er, Antall, selbst langjähriges Mitglied des Journalistenverbandes sei. Alle Vorwürfe der „Magyar Nemzet"-Redakteure wurden schroff zurückgewiesen, alle unangenehmen Fragen mit dem Hinweis auf die strikte Unparteilichkeit der Regierung abgeschmettert. Wir trennten uns in kühler Atmosphäre.

Während unseres Aufenthaltes traf unsere Delegation auch István Csurka und den Nationaldichter Sándor Csoóri, der einige Wochen vorher in einem viel diskutierten Aufsatz behauptet hatte, „das liberale ungarische Judentum wünscht das Ungartum in Stil und Gedanken zu assimilieren". Die Reaktion vieler Schriftsteller war heftig. Der spätere Nobelpreisträger Imre Kertész kündigte in einem offenen Brief seinen Austritt aus dem Schriftstellerverband an und 99 Intellektuelle protestierten in einem offenen Brief an den Staatspräsidenten gegen die Ausgrenzung von Menschen nach willkürlichen rassistischen oder konfessionellen Kriterien.

Die zu Auschwitz führenden Dämonen wurden schon damals durch die „nationale Zündschnur" geweckt.[6] Dazu gehörten auch später die unqualifizierten Angriffe Csurkas und eines anderen MDF-Abgeordneten gegen den Investor und Mäzen George Soros. Soros wurde vorgeworfen, dass seine Stiftung zusammen mit dem ungarischen und internationalen Judentum Teil einer antiungarischen Verschwörung sei. Soros hatte schon während des Kádár-Regimes durch Stipendien und Zuschüsse unzähligen Bürgerrechtlern und Intellektuellen geholfen. Später hat er mit einer enormen Summe die Central European University (CEU) in Budapest gegründet. Antalls ausweichende Stellungnahmen in seinem Briefwechsel mit Soros gehören nicht zu den glänzenden Schriftstücken aus seiner Feder.

Im Sommer 1992 fand dann der Jahreskongress des IPI in Ungarn, damit zum ersten Mal in einem postkommunistischen Staat, statt. Was man jedoch in London (später übersiedelte die Institution nach Wien) als weltweite Anerkennung für die bahnbrechende Rolle der ungarischen Journalisten unter dem Kommunismus und dann beim Regimewechsel verstanden wissen wollte, erschien in den Augen der schon lange in einem erbitterten Medienkrieg stehenden Regierung Antall als Verschwörung der „fremden und schlauen Feinde". Auf den Verschwörungskomplex Antalls, des durch innenpolitische Rückschläge tief ent-

---

6   Siehe Imre Kertész, Briefe an Eva Haldimann, dokumentarischer Anhang, Hamburg 2009.

täuschten und kränkelnden Regierungschefs, wiesen schon damals Politologen wie László Lengyel hin. Im prunkvollen Sitzungssaal des Budapester Parlaments wechselte ich nach Antalls Eröffnungsrede beim IPI-Kongress zum letzten Mal einige Worte mit ihm. „Sie sind hier nicht der Dirigent, sondern nur der Erste Geiger", bemerkte er im Vorbeigehen kryptisch zu mir.

Das letzte Jahr der Regierung Antall stand trotz oder vielleicht gerade wegen des Bruches mit Csurkas rechtsradikaler Gruppe im Zeichen einer demonstrativen weiteren Wendung nach rechts – auch im Hinblick auf die Vergangenheit. Das postume Begräbnis der sterblichen Überreste des im Februar 1957 im Exil in Portugal verstorbenen Reichsverwesers Miklós Horthy in Anwesenheit von 50.000 Trauergästen, einschließlich sieben Regierungsmitgliedern, war zwar kein offizieller Staatsakt, aber nichtsdestoweniger ein zutiefst symbolischer Schritt.

Wegen des doppelten Druckes von der Opposition und von dem extrem rechten mehrheitsfähigen Flügel in seiner eigenen Partei konnte der todkranke Regierungschef die ihm menschlich und wohl auch politisch näher stehende Realpolitik der Kompromisse nicht durchsetzen. Wie es der Zeithistoriker Zoltán Ripp treffend formulierte: „Man muss die bittere Wahrheit aussprechen: Antalls Tod war einem schmählichen Sturz vorausgegangen."[7]

Nach einem kurzen Zwischenspiel mit Innenminister Péter Boross als seinem Nachfolger erlitt das MDF eine vernichtende Niederlage und verlor fast drei Viertel seiner Mandate.

Antall hielt sich mit Recht für weiser und besser als alle anderen in seiner Partei, in seiner Regierungskoalition und auch in der von ihm bereits in der Anfangsphase raffiniert überspielten Opposition. Der Hochmut blockierte aber immer mehr den Zugang zu den Intellektuellen und den Menschen. Im Gegensatz zu sei-

---

7 Vgl. Zoltán Ripp, Eltékozolt esélyek? (Verspielte Chancen?), Budapest 2009 (auf Ungarisch).

nem großen internationalen Ansehen rangierte er bei seinen Landsleuten stets in den mittleren und später in den unteren Rängen der Popularitätsliste der Politiker. Dennoch erwiesen dem im Parlament aufgebahrten Toten fast eine Viertelmillion Menschen die letzte Ehre; der Trauerzeremonie und dem Begräbnis am 18. Dezember 1993 wohnten Staats- und Regierungschefs aus der ganzen Welt bei.

Antall hatte seine größten Leistungen eigentlich schon vollbracht, ehe er als Ministerpräsident die politische Arena betrat: den epochalen Wahlsieg nach den Jahrzehnten der Diktatur und den auf eigene Faust abgeschlossenen historischen Pakt mit dem SzDSz. Persönlich war er im Gegensatz zu den meisten Spitzenpolitikern seit der Wende untadelig, wahrhaftig und in jeder Hinsicht persönlich unbestechlich. Im Sinne der „weltgeschichtlichen Betrachtungen" Jacob Burckhardts war aber József Antall viel eher eine „momentane Größe", in der sich eine kurze Phase der Geschichte verdichtete, und zugleich eine „relative Größe", die der Schwäche der anderen entsprang.

Als eine „historische Größe", deren Kriterium nicht bloß Machtverschiebung, sondern die grundlegende Veränderung der gesellschaftlichen Strukturen und des gesellschaftlichen Bewusstseins ist, wird man Antall jedoch nicht einordnen können. Seine relativ kurze Ära hat die überschwänglichen Hoffnungen der Ungarn nach der Wende zwar nicht wirklich rechtfertigen können, jedenfalls aber einen friedlichen Übergang zu einer erfolgreichen Konsolidierung des demokratischen und unabhängigen Ungarns eröffnet.

4. Kapitel

Die Wurzeln des ungarischen Antisemitismus

„Eigentlich sind die Ungarn wie die Juden ein versprengtes Volk, ein Volk, das immer wieder unterworfen und entrechtet wurde, aber nicht aufgab wie die Juden ... Sie übten sich in der Kunst des Überlebens." Der deutsche Schriftsteller Horst Krüger verglich die Ungarn mit den Juden in einem subtilen Essay über seine Reiseeindrücke aus Ungarn in den 1970er Jahren.[1] Heute würde es kaum jemand in Ungarn wagen, einen solchen Vergleich zu ziehen. Feindbild und Selbstbild sind auf beiden Seiten in einer unauflöslichen dialektischen Beziehung gefangen. Die Jahrzehnte des kommunistischen Regimes, die jeden ethischen und moralischen Standard ausgehöhlt hatten, haben durch die Politik der kollektiven Amnesie eine scheinbar ausgeglichene Leidensbilanz geschaffen. Es vermischen sich dabei allerdings politische Rücksichtnahme, abgrundtiefe Ignoranz über Generationen hinaus und handfeste wirtschaftliche Interessen.

Es war der lautlose Zusammenbruch des Kádár-Regimes, der während des Systemwechsels bei vielen Beobachtern, auch bei mir, Illusionen weckte, dass mit dem Verschwinden der Parteidiktatur auch „das Jahrhundert der intellektuellen Organisation des politischen Hasses"[2] samt dem systemimmanenten Lügenge-

---

1 Horst Krüger (1919–1999), Ost-West-Passagen. Reisebilder aus zwei Welten, Hamburg 1975.
2 Vgl. Julien Benda, Der Verrat der Intellektuellen, Paris 1927, auf Deutsch 1977.

63

bäude durch normale demokratische Verhältnisse abgelöst werden könnte. Bereits die ersten Monate und Jahre der Regierung Antall lieferten sozusagen am laufenden Band Beweise dafür, dass die Geschichte noch immer lange Schatten wirft. Auch der Schriftsteller Imre Kertész gehörte anfänglich zu den „kindlich Leichtgläubigen", die mit diesen Erscheinungen nicht gerechnet hatten. Doch bald fiel er „von einer Überraschung in die andere: um mich herum brachen Lüge, Hass, Rassismus, Dummheit aus, wie aus einer in vierzig Jahren herangereiften Eiterbeule, die das Chirurgenmesser endlich öffnet".[3]

Nachdem Kertész, ein Auschwitz-Überlebender, vor allem für seinen schon 1975 in Ungarn erschienenen und dort damals kaum beachteten „Roman eines Schicksallosen" 2002 den Nobelpreis für Literatur erhalten hatte, wurde er Zielscheibe von antisemitischen Angriffen und Unterstellungen, zumal er seit 2000 überwiegend in Berlin lebt. Mit einem offenherzigen Interview anlässlich seines 80. Geburtstages hat Kertész – übrigens nicht zum ersten Mal – in das Wespennest des ungarischen Antisemitismus gestochen: „Rechtsextreme und Antisemiten haben das Sagen. Die alten Laster der Ungarn, ihre Verlogenheit und ihr Hang zum Verdrängen, gedeihen wie eh und je. Ungarn im Krieg, Ungarn und der Faschismus, Ungarn und der Sozialismus. Nichts wird aufgearbeitet, alles wird zugeschminkt mit Schönfärberei."[4] Die sarkastischen Bemerkungen von Kertész lösten, vor allem im rechten Lager seiner Heimat, einen Sturm der Entrüstung und selbst bei vielen Liberalen Kopfschütteln aus. Der herausragende Literaturkritiker Sándor Radnóti zog mit dem Titel „Der Beleidigte" die Schlussfolgerung, Kertész sei mit seiner unbarmherzigen Satire schmerzlich, unmissverständlich und charakteristisch – ungarisch!

---

3 Imre Kertész, Dossier K. Eine Ermittlung, Hamburg 2006.
4 Die Welt, 7.11.2010. Siehe auch meinen Kommentar „Der Heilige Krieg der Ultras", in: Die Welt, 17.11.2010.

Was Kertész (freilich nicht nur er) über die fehlende Konfrontation mit der eigenen Vergangenheit Ungarns sagte, stimmt leider, wie auch sein Befund, dass die Lage sich in den vergangenen zehn Jahren kontinuierlich verschlechtert habe. Um die besorgniserregende Radikalisierung der politischen Atmosphäre und den Aufstieg der rechtsradikalen Kräfte zu verstehen, muss man sich mit den Wurzeln des ungarischen Nationalismus beschäftigen, und vor allem mit dem Weg von der außergewöhnlichen scheinbaren Symbiose zwischen ungarischen Juden und nichtjüdischen Ungarn um die Jahrhundertwende zur verblüffenden Kehrtwendung des politischen Antisemitismus, der schließlich „zur Endlösung auf Ungarisch" geführt hatte.[5]

Die Magyaren sind – abgesehen von den Albanern – das einsamste Volk in Europa, mit einer einzigartigen Sprache und Geschichte. Der Schriftsteller Arthur Koestler, der ungarisch träumte, aber seine Bücher auf Deutsch, später auf Englisch schrieb, sagte einmal: „Vielleicht erklärt sich aus dieser exzeptionellen Einsamkeit die seltsame Intensität seiner Existenz. Ungar zu sein ist eine kollektive Neurose". Seit der Landnahme 896 ist die Einsamkeit der bestimmende Faktor in der ungarischen Geschichte, auch die Angst um den langsamen Tod einer kleinen Nation. Jeder dritte Ungarstämmige lebt im Ausland.

Es gab stets ein wechselvolles Verhältnis zwischen Ansässigen und Eroberern, Zugereisten und Ausgegrenzten. König Stephan der Heilige, der christliche Staatsgründer, ermahnte um 1030 seinen Sohn: „Ein Land, das nur einerlei Sprache und einerlei Sitten hat, ist schwach und gebrechlich, begegne darum, mein Sohn, den Ansiedlern und behandle sie anständig, damit sie mit und bei dir lieber verweilen als anderswo ..." So kamen bereits seit dem 11. Jahrhundert Deutsche und Slowaken, Rumänen und Kroaten, Serben und Juden und wurden vom Ungartum sozusa-

---

5   Für eine ausführliche Darstellung siehe mein Buch: Die Ungarn. Ein Jahrtausend. Sieger in Niederlagen, München 1999.

gen aufgesogen. Die viel besungenen Helden, die politischen und militärischen Führer der Freiheitskämpfe gegen die Türken und die Habsburger, herausragende Figuren der Literatur und Wissenschaft waren oft gänzlich oder zum Teil fremder Herkunft.

Zur Zeit von Kaiser Joseph II. bildeten die Magyaren nur ein Drittel der Bevölkerung. Die ungarische Staatsidee war trotz der Magyarisierungskampagnen in der Slowakei, in Siebenbürgen oder Kroatien nicht rassistisch, sondern ausschließlich kulturell bedingt. Ein jeder, der sich zum Ungartum bekannte, hatte die gleichen Aufstiegschancen. So konnte die Budapester Regierung nach dem Ausgleich mit Wien 1867 unter Franz Joseph I. durch eine sensationelle Dynamik der sprachlichen und politischen Assimilation 600.000 Deutsche, eine halbe Million Slowaken und 700.000 Juden als Ungarn in den Statistiken ausweisen und dadurch bis 1910 den Anteil der Magyaren an der Gesamtbevölkerung Transleithaniens, also der ungarischen Reichshälfte, auf 48 Prozent steigern.

Es war jene „Goldene Zeit" des assimilationswilligen Judentums um die Jahrhundertwende, welche die Historiker John Lukacs und Robert A. Kann als „einmalig" und als das „erfolgreichste Beispiel einer erfolgreichen Assimilation und Gleichstellung" bezeichnet haben. Es gab 16 jüdische Abgeordnete im Budapester Parlament. Konvertierte Juden wie Baron Samu Hazai konnten sogar Verteidigungsminister oder wie Theodor Herzls Neffe Ferenc Heltai Bürgermeister der Hauptstadt werden. Die Ernennung des praktizierenden Juden Vilmos Vázsonyi zum Justizminister 1917 vollendete den symbolischen Durchbruch für die zu patriotischen Ungarn gewordenen Juden.

Im Lustschloss Trianon, im Park von Versailles, ging am 4. Juni 1920 die tausendjährige Geschichte des Stephansreiches zu Ende. Ungarn verlor nicht nur über zwei Drittel seines Staatsgebietes und drei Fünftel seiner Bevölkerung. Über drei Millionen Ungarn lebten fortan unter fremder Oberhoheit, obwohl die Hälfte von ihnen an den Grenzen der Nachfolgestaaten (Tschechoslowakei, Rumänien, Jugoslawien) ihre geschlossenen Siedlungsgebiete hatte.

Das Wort Trianon symbolisiert für alle Ungarn bis heute die größte Tragödie ihrer Geschichte. Rund 350.000 bis 400.000 Beamte, Offiziere und Vertreter der Mittelklasse verließen zwischen 1918 und 1920 die abgetrennten Gebiete. Diese aus der Herrenschicht zu Heimatlosen degradierten, politisch wachen Menschen bildeten ein Sammelbecken für Extremisten aller Art, für populistische Rattenfänger und die Todesschwadronen radikal nationalistischer und antisemitischer Offiziere. In den Kindergärten und Schulen, bei Gottesdiensten und in der Presse wurde in der Zwischenkriegszeit der Gedanke an eine Rückgliederung der verlorenen Gebiete wachgehalten.

Der Zusammenbruch Österreich-Ungarns und in dessen Folge die 133 Tage der kommunistischen Räterepublik, die am 21. März 1919 die demokratisch-bürgerliche Regierung abgelöst hatte, zerstörten auch den historischen Pakt zwischen der herrschenden politischen Klasse und dem ungarischen Judentum. Die Tatsache, dass die Anführer des kommunistischen Regimes wie Béla Kun, der starke Mann im Revolutionsrat, mehrheitlich jüdischer Herkunft waren, lieferte bald den Vorwand, Judentum und Kommunismus gleichzusetzen, obwohl sich die meisten Juden mit dem Bolschewismus nicht verbündet hatten. Als Admiral Miklós Horthy im November 1919 an der Spitze der „weißen" nationalen Armee auf einem weißen Hengst in Budapest einzog, nannte er in seiner Ansprache Budapest „die sündhafte Stadt". Das war das Fanal für einen vehementen Antisemitismus. Dem „roten Terror" der Rätediktatur folgte bald ein noch unerbittlicherer „weißer Terror" der Offizierskommandos und paramilitärischen Organisationen.

Die aufgestaute Unzufriedenheit der verarmten Mittelschichten und der Flüchtlinge aus den Nachfolgestaaten hatte endlich einen Blitzableiter. Dank der ungarischen „Dolchstoßlegende" über „die inneren Feinde" wurde der Jude, obwohl rund

10.000 ungarische Juden im Ersten Weltkrieg an der Front gefallen waren, der Todfeind der ungarischen Nation schlechthin. Es war nicht nur der jüdische Anteil an den revolutionären Umwälzungen, der den historischen Pakt mit den Juden zerstörte. Der Historiker Oszkár Jászi legte in seinem großen Werk über den Zerfall der Habsburgermonarchie die wahren Gründe offen: Die Magyarisierung und damit auch eine Mithilfe der Juden im Kampf gegen die Nationalitäten sei nicht mehr erforderlich und erwünscht gewesen, und deshalb änderte sich auch die öffentliche Meinung so radikal. Plötzlich gab es keine großen nationalen Minderheiten mehr in Rumpf-Ungarn, sondern einen konkurrierenden jüdischen Mittelstand. Das nationale Schreckgespenst wurde durch das jüdische Schreckgespenst ersetzt, so Jászi.

All das war von ungeheurer Bedeutung für die Dynamik des ungarischen Antisemitismus der Zwischenkriegszeit. Nach ihrem unvergleichlichen Aufstieg in der Monarchie wurde die ungarische jüdische Gemeinde die erste, die einer antijüdischen Gesetzgebung nach dem Ersten Weltkrieg in Europa unterworfen wurde. Im September 1920 verabschiedete das Parlament eine Numerus-clausus-Regelung für die beschränkte Zulassung jüdischer Studenten an Universitäten. Was das Horthy-Regime betrifft, fasste der große Denker István Bibó in seinem 1948 veröffentlichten Essay „Zur Judenfrage" das neue Programm zusammen: Nach der Auflösung des Paktes zwischen der ungarischen Politik und dem Judentum „entstand die konterrevolutionäre Konstruktion, die nunmehr mit voller Härte den Nationalismus, den Antidemokratismus und Antisemitismus einerseits und den Zusammenhang zwischen Demokratie, Heimatlosigkeit und Judentum andererseits vertrat." Jedenfalls erwies sich Trianon als ein verhängnisvolles Hindernis der für Westeuropa charakteristischen Demokratisierung. Die Revisionspolitik prägte selbst 20 Jahre nach Trianon das tägliche Leben. Die junge Generation wurde im Geiste des „Nein, nein, niemals!" und des Schlagwortes „Rumpf-Ungarn ist kein Reich, Groß-Ungarn das Himmelreich" erzogen. Ein zügelloser Nationalismus und die Mythologie einer ohne Augenmaß propagierten Revisionskampagne bildeten die Grundlage jenes verhängnisvollen Kurses, der letzten Endes Ungarn als treuen Satelliten Hitlerdeutschlands in eine neuerliche Katastrophe im Zweiten Weltkrieg führte.

Infolge des Revisionskurses gegenüber den Nachfolgestaaten und der Stärkung des extrem rechten Lagers geriet Ungarn immer mehr in das Schlepptau des Dritten Reiches. Mithilfe der Achsenmächte gelang es dem Horthy-Regime in zweieinhalb Jahren (1938–1941), vom unbeschreiblichen Jubel der Ungarn begleitet, fast die Hälfte der verlorenen Gebiete von der Tschechoslowakei, Rumänien und Jugoslawien zurückzugewinnen. Das Staatsgebiet wurde um 85 Prozent und die Bevölkerung um 58 Prozent auf fast 15 Millionen vergrößert. Dass aber nicht nur zwei Millionen Ungarn „heimgeholt" wurden, sondern jetzt auch drei Millionen Nicht-Magyaren (Rumänen, Slowaken, Serben usw.) unter ungarischer Herrschaft leben mussten, störte weder die begeisterte Öffentlichkeit noch die mit wenigen Ausnahmen vom virulenten Nationalismus verblendeten Offiziere und Staatsbeamten, die die Verwaltung in den zurückgewonnenen (nach Kriegsende freilich wieder verlorenen) Gebieten übernahmen. Der Anteil der Nationalitäten erhöhte sich von 7,9 Prozent auf 22,5 Prozent der Bevölkerung. Damit wurde Ungarn aus einem homogenen Nationalstaat wieder zu einem Vielvölkerstaat.

Die Zahl der Juden erhöhte sich um 80 Prozent auf 725.000. Für die Betroffenen zog die Erweiterung des Staatsgebietes besonders tragische Folgen nach sich. Die Juden in Siebenbürgen, der Südslowakei und der Vojvodina – wie meine Großeltern, Onkel und Tanten in Siebenbürgen oder wie mein Onkel, der Arzt Oszkár Lendvai, ehemaliger Oberleutnant in Pressburg – hatten sich häufig mit großem Risiko für ihren Beruf, ihr Vermögen und manchmal für ihre Freiheit mit der Sache Ungarns identifiziert. Sie alle hofften auf die Rückkehr der „guten Friedenszeiten". Stattdessen wurden sie mit der vollen Härte der drei Judengesetze

(1938–1941) konfrontiert. Die Zahl der als Juden qualifizierten Konvertierten wurde auf 100.000 verdreifacht. Die Zerstörung der beruflichen Existenz und später die „Endlösung" bedrohten also insgesamt 825.000 Menschen.

Trotzdem konnten nirgends in Mittel- und Osteuropa die Juden so lange in relativer Sicherheit leben wie in Ungarn. Nirgends in Mittel- und Osteuropa wurden sie aber auch so schnell und so brutal in den Tod geführt wie in Ungarn. István Bibó bilanzierte nach der Arisierung, der Ausschaltung der Juden aus dem Wirtschaftsleben und schließlich nach der Deportation der außerhalb von Budapest lebenden 437.000 Juden (in sieben Wochen mit 147 Zügen!) „ein erschreckendes Bild der Habgier, der hemmungslosen Verlogenheit und im besten Fall des berechnenden Strebertums eines beträchtlichen Teils dieser Gesellschaft. Nicht nur für die Juden, sondern für alle Ungarn von Anstand bedeutete dies eine unvergessliche Erschütterung!"[6]

Man muss freilich sofort hinzufügen, dass die Mehrheit der Ungarn diese unbestechlich aufrichtige Meinung keineswegs teilte. Ganz abgesehen von den Auswirkungen der Kriegskonjunktur, darf man die langfristigen Folgen der „Wachablösung" in der Wirtschaft und in den intellektuellen Berufen im Zeichen des Aufstiegs einer neuen „christlichen Mittelklasse" nicht unterschätzen. Der Historiker Gyula Juhász stellte fest, für die Mehrheit der ungarischen Intelligenz sei die rassistische Ideologie vor allem auch ein Vehikel dafür gewesen, Stellen besetzen zu können, welche die „Assimilierten" aufgeben mussten.[7]

---

6 István Bibó, Zur Judenfrage, Frankfurt am Main 1990. Dieser ursprünglich 1948 veröffentlichte Essay ist bis heute wahrscheinlich der beste Beitrag zum Thema, nicht zuletzt deshalb, weil er weder von einem Juden noch von einem Kommunisten oder Sozialisten, sondern von einem fortschrittlichen bürgerlichen Denker verfasst wurde.

7 Gyula Juhász, Uralkodó eszmék Magyarországon 1934–1944, Budapest 1983 (auf Ungarisch).

Es gab gegen den deutschen Einmarsch am 19. März 1944 nicht nur keinen militärischen oder zivilen Widerstand, sondern im Gegenteil eine breite Kollaboration nicht nur bei der blitzschnellen Deportation, sondern auch beim Massenraubmord. In ihrem nüchternen Standardwerk beschreiben zwei deutsche Forscher, Christian Gerlach und Götz Aly, mit bisher nicht bekannten deutschen Dokumenten die „nationale Bereicherung", die Mittel, wie „die Bevölkerungsmehrheit und der Staatsapparat zugunsten des deutschen Vorgehens korrumpiert und fügsam wurden. Die Ungarn und ihre Behörden hatten den schmutzigen Teil des Raubes zu erledigen … Fast unbemerkt machten sie (die Deutschen, Anm. P. L.) die Ungarn zu einem Volk von Hehlern, die am Ende doch nur einen kleinen Teil für sich behalten konnten, den Hauptteil der Beute aber in äußerlich vollständig sauberer und wenig verdächtig erscheinender Weise an die Deutschen abzuführen hatten".[8]

Die beiden deutschen Wissenschaftler weisen sowohl auf gewisse parallele Formen bei der Abschiebung und Umverteilung des Vermögens der Ungarndeutschen nach dem Zweiten Weltkrieg hin als auch auf „das eiserne, alle Systemwechsel überdauernde Schweigen der Bevölkerungsmehrheit wie der Regierenden in Nachkriegsungarn". Sie betonen, der radikale, stark gedemütigte ungarische Nationalismus sei das Bindeglied zwischen der revisionistischen ungarischen Expansion, der Politik ethnischer Homogenisierung und der Deportation der Juden gewesen; er war wichtige Vorbedingung für den Mord an den Juden. In der Schlussphase vor dem Zusammenbruch kam schließlich die faschistische Bewegung der Pfeilkreuzler mit deutscher Hilfe an die Macht, deren Mordkommandos schätzungsweise 50.000 Juden in Budapest umbrachten. Insgesamt schätzt man die Zahl der jüdischen Opfer auf 564.000, davon 297.000 in Trianon-Ungarn (rund 100.000 in Budapest).

---

8   Christian Gerlach/Götz Aly, Das letzte Kapitel. Der Mord an den ungarischen Juden, Stuttgart 2002.

Ungarn zahlte einen hohen Preis für das Bündnis mit Hitler-deutschland und für das Scheitern des zu späten und dilettan-tischen Absprungversuches des greisen Reichsverwesers Horthy im Oktober 1944. Die acht Monate dauernden Kämpfe auf unga-rischem Territorium und die Beschlagnahmen durch die sowje-tischen, rumänischen und deutschen Truppen haben 40 Prozent des Nationalvermögens vernichtet. Man nimmt an, dass ein-schließlich der Juden 6,2 Prozent der 14,5 Millionen Einwohner des vergrößerten Ungarns (von 1941), etwa 900.000, starben. Man darf auch die Flucht der militärischen und zivilen Verwal-tung, rund eine Million Zivilisten, nach dem Westen nicht verges-sen. Viele kehrten später zurück, doch blieben rund 100.000 für immer im Westen.[9]

Der ungarische Historiker György Ránki hat darauf hinge-wiesen, dass sich die Juden nirgendwo in Osteuropa mehr mit einer Nation identifiziert hatten wie in Ungarn. Deshalb war die Tragödie des Judentums auch eine Tragödie des Ungartums. Ge-rade deshalb sind die von der Soziologin Mária Vásárhelyi ver-öffentlichten jüngsten Umfragen über die Ignoranz der jungen Generation so erstaunlich. Wie ist es möglich, dass in der Gene-ration von 18 bis 30 Jahren nur 4 Prozent wissen, was das Wort Holocaust bedeutet? Nur 13 Prozent können die Zahl der Opfer bemessen. Kein Wunder, wenn man bedenkt, dass in dem 2009 zum Abitur vorgeschriebenen „Historischen Atlas" die Schüler kein einziges Wort über die Judengesetze, den Holocaust und die Deportationen fanden. Zugleich erscheinen jene Bücher ungehin-dert weiter, die 1944 den Hass gegen die Juden propagierten. Bereits seit den frühen neunziger Jahren erscheinen antisemitische Transparente („Holocaust ist eine Lüge") oder treten rassistische

---

9 Für die Zahlen siehe Ignác Romsics, Ungarns Geschichte im 20. Jahrhundert, Budapest 1999; ferner László Varga, Ungarn, in: Wolfgang Benz (Hrsg.), Dimensionen des Völkermordes, München 1991. Zur Judenverfolgung vgl. Randolph Braham, The Politics of Genocide: The Holocaust in Hungary, 2 Bde, New York 1994.

Sprechchöre bei Fußballspielen auf. Rassistische, juden- und roma-feindliche Ausbrüche in Tageszeitungen, TV- und Radiosendern wurden bereits 2000 und 2001 in Sammelbänden veröffentlicht.

Die Bilanz der ungarischen und internationalen Umfragen ist niederschmetternd. Zwei Drittel der erwachsenen Bevölkerung meinen, dass Juden in der Geschäftswelt in Ungarn zu mächtig seien, sieben Prozent mehr als vor zwei Jahren. Zum Vergleich: Die gleiche Fangfrage bejahten von sieben EU-Staaten in Groß-britannien 15 Prozent, in Frankreich und Deutschland 33 Prozent (nur in Spanien war der Anteil der Ja-Antworten höher). Natür-lich meint fast jeder zweite Befragte in Ungarn, die in der Finanz-welt tätigen Juden seien für die Weltwirtschaftskrise verantwort-lich: mit Abstand der höchste Prozentsatz. Rund 40 Prozent der Erwachsenen glauben, dass den in Ungarn lebenden Juden die Interessen Israels wichtiger seien als jene ihres Heimatstaates. Bei den Jungen fällt dieser Prozentsatz auf 27 Prozent.

Trotzdem findet die Soziologin die Infizierung der jungen Generation durch antisemitische Vorurteile bedenklich. Offene Ausgrenzung der Juden vertreten 30 Prozent und verschiedene antisemitische Stereotypen 29 Prozent der befragten Jugendlichen. Der außerordentlich hohe Prozentsatz der „Ich weiß nicht"-Ant-worten spiegelt nur die Tendenz zum Verbergen der Vorurteile wider. Wenn man auch die noch viel virulenteren romafeindlichen Meinungen in Betracht zieht, ist die Schlussfolgerung beklemm-mend: Nur jeder zehnte junge Ungar sei offen und tolerant; etwa 20 Prozent, wenn auch nicht vorurteilsfrei, identifizieren sich nicht mit offen rassistischen Meinungen.

Auch über die jüngste ungarische Geschichte sammelt man Meinungen, die die Aufarbeitung der Vergangenheit ablehnen und den nationalistischen und fremdenfeindlichen Stereotypen huldigen. Alles, was in der ungarischen Geschichte verfehlt oder erschreckend ist, ginge auf das Konto der Nachbarländer oder der in Ungarn lebenden Ausländer oder Minderheiten. Die histo-rischen Lügen und Selbsttäuschungen seien heute stärker als zur

Zeit des Systemwechsels, meint Vásárhelyi. Schließlich ist die Verniedlichung des Holocausts in Ungarn das meist verbreitete Stereotyp. In den letzten vier Jahren stieg der Prozentsatz jener, die meinen, „Juden sprechen viel zu viel darüber, was mit ihnen passiert ist", um 10 Prozent auf 46 Prozent. Rund zwei Drittel der Befragten akzeptieren die These der Rechten, dass über die Opfer des Holocausts nur zusammen mit der Erwähnung der Opfer des Kommunismus gesprochen werden dürfe.

Es gibt eine Unvergleichbarkeit der Gefühle zwischen der großen Mehrheit der Ungarn und den etwa 80.000 bis 100.000 Juden, die ausnahmslos Nachkommen oder Kindeskinder der Überlebenden sind. Die Untersuchungen von Mária Vásárhelyi und ihrer Kollegen ergeben, dass 58 Prozent der Befragten meinen, für den Holocaust seien die Deutschen verantwortlich, die Ungarn hätten so lange wie möglich die Juden geschützt. Besonders bedenklich ist die Tatsache, dass dieser Prozentsatz bei den Hochschulabsolventen auf 68 Prozent steigt.[10] Zweifellos spielt hier das Schweigen und das Verdrängen der eigenen Schuld der Nutznießer bei den älteren Generationen ebenso eine wichtige Rolle wie (nach den ersten Nachkriegsjahren) die Stille und die Integration während der vier Jahrzehnte der kommunistischen Diktatur.

Trotz der vordergründigen und heuchlerischen antifaschistischen Propaganda, vor allem gegen Deutschland, tat man in den Schulen und in den Medien bis zuletzt alles, um die Vergangenheit zu verschweigen. Die unaufgearbeitete Vergangenheit wurde an die nächste Generation weitergereicht. Wir kommen noch später zur Haltung des Vergessens und Vergebens bezüglich der Erbschaft der roten Diktatur. Erst jetzt wird der hohe Preis sichtbar, der mit dieser Art des zweifachen Bestrebens, über die Ver-

---

10 Siehe unter anderem ihr Buch Csalóka emlékezet, Bratislava (Pozsony) 2007 (auf Ungarisch), und ihre letzten Aufsätze in der Wochenzeitung „Élet és Irodalom".

gangenheit den Mantel des Schweigens zu breiten, verbunden war und ist.

In diesem Kapitel ging es um die Wurzeln des alten Antisemitismus und um den Grad der Ignoranz und Verdummung heute. Alle Regierungen nach der Wende sind verantwortlich für das Versagen des ganzen Schulsystems. Es ist aber offensichtlich, dass die politische Kommunikation eine entscheidende Rolle bei der Stärkung und Mobilisierung der Vorurteile spielte. In den vergangenen Jahren entstand ein rechtes und extrem rechtes Imperium aus Tages-, Wochen- und Monatszeitungen, elektronischen Medien und Internetportalen. Die Frage, wie weit die Verbindung zwischen Politik, Medien und Wirtschaft reicht, werden wir später behandeln, ebenso wie den Wiederaufstieg der besten Schüler der Pfeilkreuzler in der ungarischen Politik.

5. Kapitel

Wiedergeburt der Postkommunisten mit Gyula Horn

Sechs Monate nach dem Tod József Antalls erteilten die ungarischen Wähler im Juni 1994 seinem Erbe eine radikale Absage. Die von internen Machtkämpfen geschwächte und vom ehemaligen Innenminister Péter Boross geführte Koalitionsregierung erlitt wegen der dilettantischen Wirtschaftspolitik und des politischen Zickzackkurses der letzten vier Jahre eine vernichtende, in diesem Ausmaß von kaum jemandem erwartete Niederlage.

Die Zahl der Abgeordneten des Ungarischen Demokratischen Forums (MDF) schrumpfte dramatisch von 164 auf 38; die der inzwischen gespaltenen Kleinlandwirte-Partei von 44 auf 28 Mandate. Dagegen gelang es den Sozialisten (MSzP), die Zahl ihrer Abgeordneten von 33 auf 164 zu verfünffachen. Die Liberalen (SzDSz) fielen von 93 auf 69 Sitze zurück, während die zahlenmäßige Stärke der beiden Kleinparteien – Fidesz unter Viktor Orbán und die Christdemokraten (KDNP) – mit 20 beziehungsweise 22 Mandaten praktisch gleich blieb.

Alle Meinungsumfragen und soziologischen Untersuchungen bestätigten, dass der Systemwechsel, der so sehnsüchtig erwartet worden war, infolge der Verschlechterung der Lebensbedingungen und der wachsenden Kluft im Lebensstandard beträchtliche Gesellschaftsschichten entmutigt und enttäuscht hatte. So meinten im Jahr 1991 40 Prozent der Befragten, Anfang 1994 bereits 51 Prozent und 1995 54 Prozent, dass das neue System schlechter sei als das alte. Nur 31, 26 beziehungsweise 27 Prozent behaupteten, es sei besser als das Kádár-Regime. Diese Prozentsätze spiegeln einen höheren Grad der Enttäuschung wider als das Resultat ähnlicher Umfragen in Ostdeutschland, Polen, Tschechien und in der Slowakei. Die Hilfs- und angelernten Arbeiter sowie die Beschäftigten in der Landwirtschaft waren am meisten verbittert: 65 Prozent hielten das alte Regime für besser als das neue. Die größte Zufriedenheit drückten die Unternehmer und die führenden Intellektuellen aus; nur 29 Prozent bevorzugten das Kádár-Regime. Die Mischung aus Unzufriedenheit und Zukunftsangst schuf bei vielen Menschen eine starke Nostalgie nach der Kádár-Ära.

Der Stimmungswechsel hin zu einem tief verwurzelten Lebenspessimismus und Einsamkeitsgefühl löste also relativ schnell den Hang zum Wunschträumen ab, zu jenem Charakterzug, den die Magyaren „délibáb" nennen, was wörtlich Fata Morgana, Trugbild bedeutet. Man war nicht mehr bereit, den Platz Ungarns in einem sich rasch wandelnden Europa durch eine rosarote Brille anzusehen. All das bereitete den Boden für die Rückkehr jener Partei an die Macht, deren Vorgängerin vier Jahrzehnte lang zwar auch für die „kleinen Freiheiten", aber vor allem für die Schandtaten der kommunistischen Diktaturen verantwortlich gewesen war.

Der Vorsitzende der siegreichen Postkommunisten und künftige Ministerpräsident, der damals 62-jährige Gyula Horn, war in jeder Hinsicht ein diametraler Gegensatz zu seinem verstorbenen Vorgänger. Antall war ein Vertreter der adligen, hoch gebildeten, sprachkundigen und selbstbewussten Elite. Dagegen war Horn buchstäblich ein Prolet, der laut seinen Memoiren „im tiefsten Elend, unter heute kaum noch vorstellbaren Bedingungen aufgewachsen war". Sein Vater, ein überzeugter Kommunist, verbrachte vier Jahre im Gefängnis nach dem Zusammenbruch der kurzen Räterepublik 1919; er arbeitete als Möbelschlepper, wurde immer wieder verhaftet und kurz vor Kriegsende in einem Wald knapp vor der österreichischen Grenze durch die Nazis erschos-

sen. Die Mutter musste sieben Söhne erziehen; schon der elf-
jährige Horn hatte als Laufbursche für eine Kartonagefabrik gearbeitet.

Auf dem schnellsten Weg absolvierte der begabte Junge, schon
16 Jahre alt, in einer Abendschule die vier Klassen der Grundschule, anschließend in einem Sonderinternat die Reifeprüfung
und war bereits 1950 mit dem ersten Anzug seines Lebens im
Koffer unterwegs nach Rostow in Russland. Vier Jahre verbrachte er dort an der Finanzhochschule und mit einem Diplom und
guten Russischkenntnissen begann sein Aufstieg als bescheidener
Steuerreferent im Budapester Finanzministerium. Der Volksaufstand im Oktober 1956 brachte auch in seinem Leben eine Zäsur.
Der verlässliche Jungkommunist diente nach der Niederschlagung der Revolution durch die Sowjetarmee rund sechs Monate
in einer Sondereinheit der Miliz (in der sogenannten „Steppjackenbrigade") und wurde wohl als Belohnung anschließend in
den diplomatischen Dienst versetzt.

Nach drei Jahren in Sofia und sechs Jahren an der ungarischen Botschaft in Belgrad, bereits als Botschaftsrat, wechselte
Horn in die Schaltzentrale der Macht, in die internationale Abtei-
lung des Zentralkomitees der Staatspartei. Hier stieg er später
zum Abteilungsleiter auf und wurde schließlich 1985 Staatssekretär im Außenministerium. Damals, in der Zeit der Öffnung zum
Westen, habe ich ihn kennengelernt. Am Rande unseres ersten
Informationsgespräches erzählte mir der klein gewachsene, offen-
herzige Mann, der meine Bücher und Artikel über die Balkanlän-
der kannte, dass er unter dem Decknamen Gyula Várady sogar
zwei Bücher über Jugoslawien in den siebziger Jahren verfasst
hatte.

Später erhielt Horn für seine Dissertation – „Analyse des
jugoslawischen Wirtschaftssystems" – sogar den Grad eines Kandidaten der Wirtschaftswissenschaften. Unser gemeinsames und
von Sympathie geprägtes Interesse an den faszinierenden und
letztlich gescheiterten Experimenten des titoistischen Systems des

Vielvölkerstaates war das erste Thema unseres Gesprächs. Später, bei eingeschaltetem Radio und offenem Fenster, flüsterte er mir auch seine kritischen Bemerkungen über die sowjetische Außenpolitik ins Ohr.

Seine Stunde als Außenpolitiker europäischen Formats schlug im Sommer 1989. Bereits als Außenminister der von Miklós Németh geführten Regierung schnitt Horn gemeinsam mit dem österreichischen Außenminister Alois Mock in Anwesenheit von zahlreichen Medienvertretern den Stacheldrahtzaun durch, der den Eisernen Vorhang symbolisierte. Drei Monate später, am 10. September, folgte dann der international entscheidende Kraftakt der ungarischen Reformregierung: den lautstarken Protesten des DDR-Regimes zum Trotz die Öffnung der Grenze für alle DDR-Bürger, die sich in Ungarn aufhielten. Dieser Beschluss über die ungehinderte legale Ausreise der tausenden ostdeutschen Flüchtlinge wurde von Gyula Horn im ungarischen Fernsehen an diesem Sonntag um 19 Uhr verkündet und gleichzeitig auch von der ungarischen Nachrichtenagentur MTI weltweit bekannt gemacht. Bis zum Fall der Berliner Mauer zwei Monate später gelangten rund 60.000 DDR-Bürger über Ungarn in die Bundesrepublik.

„Ungarn hat den ersten Stein aus der Mauer gebrochen" – so beschrieb Bundeskanzler Helmut Kohl im Dezember 1989 im ungarischen Parlament den Beitrag der ungarischen Führung zum völligen Zusammenbruch des DDR-Regimes und zur Eröffnung des Weges zur deutschen Wiedervereinigung. Wenn auch Horns Darstellung in seinen Memoiren und Interviews über seine eigene Rolle bei diesem Befreiungsakt von dem damaligen Regierungschef Németh ebenso wie von manchen Zeithistorikern bestritten wird, steht seit seiner in aller Welt immer wieder ausgestrahlten Ankündigung im Fernsehen fest, dass die historische Grenzöffnung zumindest in Deutschland selbst unwiderruflich in erster Linie mit dem Namen Gyula Horn identifiziert und bis heute verbunden worden ist. Deshalb erhielt der damalige Außenminister den angesehenen Karlspreis der Stadt Aachen und die höchsten deutschen und österreichischen Auszeichnungen. In Wertheim am Main (Baden-Württemberg) gibt es sogar eine nach ihm benannte Straße.

Horn wurde der breiteren Öffentlichkeit in Ungarn erst Ende Mai 1990 bekannt, als ihn beim Parteitag der Sozialisten nach der verlorenen Wahl zwei Drittel der Delegierten zum Parteivorsitzenden wählten. Während der Wahlkampagne im Jahr 1994 kam – nicht überraschend – seine Rolle als Angehöriger der im Volksmund „Steppjackenbrigade" (auf Ungarisch „Pufajkasok") genannten Sondereinheit nach der Niederschlagung des Volksaufstandes aufs Tapet. Ein in Schweden lebender Ungarnflüchtling behauptete in einem TV-Interview, Horn hätte ihn 1957 in einem Gefängnisspital tätlich misshandelt. Laut Horn handelte es sich um einen Kriminellen, der für seine Aussage mehrere tausend Dollar erhalten haben soll. Wie dem auch sei, es gab keine handfesten Beweise für Horns Verstrickung in Repressalien gegen die Aufständischen, wenn er auch nie verheimlicht hat, dass sein älterer, auch in Moskau ausgebildeter Bruder mehrere Wochen nach dem sowjetischen Einmarsch von unbekannten Widerständlern umgebracht wurde.[1]

Am 5. Mai 1994 sprach Horn bei einer letzten Massenversammlung während der Wahlkampagne in der großen Provinzstadt Miskolc. Knapp vor 21 Uhr fuhr der Wagen, in dem Horn auf dem hinteren Sitz saß, auf der Rückreise nach Budapest mit voller Wucht gegen einen am Straßenrand abgestellten, nicht beleuchteten Lastwagen. Horn wurde schwer verletzt; sein zweiter Wirbel und sein rechtes Handgelenk waren gebrochen, zudem hatte er eine leichte Gehirnerschütterung erlitten. Eine Woche später aus dem Miskolcer Spital entlassen, musste der künftige Regierungschef zwei Monate lang Tag und Nacht eine Art Me-

---

1 Mit Verweis auf Horns Beteiligung am Rachefeldzug gegen die Aufständischen 1956–1957 verweigerte ihm Staatspräsident László Sólyom 2007 die Verleihung des Großen Ungarischen Verdienstkreuzes zu dessen 75. Geburtstag.

81

tallkrone und Kragen tragen, um das Zusammenwachsen des verletzten Wirbels zu ermöglichen. Die komplizierte Einrichtung, am ganzen Oberkörper befestigt, wog mehr als sieben Kilogramm und war im Sommer eine schmerzvolle und zuweilen für Horn kaum erträgliche Belastung. Den hartnäckigen Gerüchten über einen gezielten Anschlag zum Trotz, gab es überhaupt keine Beweise für ein Foul Play.

Die Sozialisten nahmen trotz ihrer absoluten Mandatsmehrheit sofort Verhandlungen zur Bildung einer Koalitionsregierung mit den Liberalen (SzDSz) auf, also mit jener Partei, die 1989–1990 den schärfsten antikommunistischen Kurs vertreten hatte. Die Liberalen hatten vor den Wahlen noch verlautbart, dass sie nur dann bereit seien, mit den Sozialisten eine Koalition zu bilden, wenn diese keine absolute Mehrheit gewinnen würden. Der damals einflussreichste SzDSz-Sprecher (Bálint Magyar) sagte sogar, dass sie in keine von Gyula Horn geführte Regierung eintreten würden. Sie mussten freilich nach der Wahl sehr schnell über die voreilig gestellten Bedingungen den Mantel des Schweigens breiten. Die Sozialisten machten auf ihrem Parteitag mit überwältigender Mehrheit den Liberalen ein Koalitionsangebot, das diese bald auch mit 80-prozentiger Mehrheit bei ihrer Versammlung annahmen. Nach drei Verhandlungswochen wurde ein 144 Seiten langer Koalitionspakt unterschrieben.

Warum wählten die einst unversöhnlichen Gegner den Weg der Zusammenarbeit? Angesichts der katastrophalen Wirtschaftslage und der unvermeidlichen Sparmaßnahmen, und wegen des zu erwartenden Widerstandes vieler sozialistischer Abgeordneter, war eine breit abgestützte, weil über 72 Prozent der Mandate verfügende Regierung in einer starken Position und konnte auch solche Gesetze ändern, deren Annahme eine Zweidrittelmehrheit erforderte. Man darf auch die Tatsache nicht vergessen, dass das für das Ausland völlig überraschende Wahlresultat das Vertrauen der westlichen Investoren nur allzu leicht ins Wanken hätte bringen können. Der Schulterschluss mit jener Partei, die in den Augen der maßgeblichen politischen und Finanzkreise in den Vereinigten Staaten und in der Europäischen Union als Fahnenträger der westlichen Werte, also der Marktwirtschaft und der Menschenrechte galt, machte die früheren Reformkommunisten in ihrem neuen sozialdemokratischen Gewand nur vier Jahre nach dem Verschwinden des kommunistischen Systems salonfähig.

Horn als Ministerpräsident einer solchen Koalitionsregierung erwies sich als ein schlauer „politischer Fuchs", der gleichzeitig einen Ausgleich mit dem Westen, mit den mittel- und osteuropäischen Nachbarn, mit den westlichen Kapitalinvestoren, mit dem heimischen Großkapital, mit den Gewerkschaften, mit dem kleinen Mann und zugleich mit den Liberalen angestrebt und nach der oft zitierten Devise Kádárs – „wer nicht gegen uns ist, ist mit uns" – gehandelt hatte. Im Einklang mit dieser treffenden Analyse des Politologen László Lengyel war Horn von Anfang an ein Seiltänzer zwischen den verschiedenen und oft gegensätzliche Positionen vertretenden Gruppen, Richtungen und Personen gewesen. Trickreich, cholerisch, für den Machterhalt notfalls bereit, sich um 180 Grad zu drehen, falls notwendig, ließ er auch Freunde (wie etwa den Privatisierungsminister Tamás Suchman) blitzschnell fallen.

Die Tatsache, dass nun ein Reformkommunist aus der alten Garde sozusagen Hebammendienste bei der Einführung des Kapitalismus und bei der Lockung des Westkapitals verrichtet, war für die ausländischen Beobachter ebenso reizvoll wie der Beschluss, trotz einer bequemen Mehrheit eine Koalition mit den (früher ja leidenschaftlich antikommunistisch agierenden) Liberalen von SzDSz zu schließen. Nach vielen Sondierungsgesprächen, unter anderem auch mit dem sichtlich noch an den Folgen des Unfalls laborierenden Horn, gelang es mir, für den ORF das erste ausführliche Interview eines ausländischen Senders mit dem künftigen Regierungschef zu führen. Am 8. Juli 1994 strahlte der Österreichische Rundfunk zuerst ein TV-Porträt und dann unser halbstündiges Gespräch aus.

Horn war bereit, auch über seine persönliche Vergangenheit, einschließlich der Zugehörigkeit zur Sondereinheit 1956 ebenso wie über seine persönlichen Schwächen im Verkehr mit Chefs und Zugeteilten, freimütig zu sprechen. Besonders hob er die ungewöhnliche Tatsache hervor, dass in diesem Teil Europas der Kapitalismus von oben errichtet werden müsse. Das Ziel sei die Soziale Marktwirtschaft, allerdings verbunden mit der Sozialpartnerschaft. Immer wieder betonte Horn die Bedeutung der Budgetreform, der Verringerung des Defizits und der Staatsschulden. Er fügte allerdings hinzu, wenn man mit den Gewerkschaften innerhalb einiger Monate kein Abkommen schließen könne, dann werde es in der Übergangsperiode keinen sozialen Frieden geben.

Bemerkenswert schien mir damals, wie unverhohlen Horn das Bestehen von verschiedenen Strömungen in der pluralistischen Sozialistischen Partei zugegeben hatte. Zugleich sprach er seine Meinung offen aus, dass es unannehmbar sei, wenn jemand nach Übernahme einer politischen Aufgabe sich ständig beschwere und mit dem Rücktritt drohe. Persönliche Empfindlichkeit und Kränkung müsse man außer Acht lassen. Diese Andeutungen waren offensichtlich an gewisse innerparteiliche Nörgler gerichtet. Der um neun Jahre jüngere Finanzminister László Békesi galt nämlich als der schärfste Kritiker und zugleich eine Zeit lang als der heimliche Rivale Horns innerhalb der sozialistischen Parteiführung. Der hochbegabte wirtschaftspolitische Vordenker war in den Augen der stets misstrauischen liberalen Koalitionspartner die mit Abstand wichtigste Gewähr dafür, dass die sich als Sozialdemokraten gebärdenden Postkommunisten ihr Bekenntnis zu den marktwirtschaftlichen Prinzipien auch in der Praxis ernst nahmen.

Die ersten acht Monate der Regierung Horn waren zum Teil offen, aber noch mehr verdeckt durch den permanenten Streit mit Finanzminister Békesi überschattet. Alle Beobachter sind sich einig, dass wegen dieses Richtungskampfes entscheidende acht Monate verloren gingen.

Békesi wusste, dass Ungarn ohne radikale Sparmaßnahmen von einem wirtschaftlichen und finanziellen Bankrott bedroht war, und forderte Steuererleichterungen für die Unternehmer sowie eine Abwertung des Forint um 9 Prozent (Békesi wollte ursprünglich 16 Prozent), außerdem das Einfrieren der Gehälter der im öffentlichen Sektor beschäftigten Pädagogen, Ärzte und sogar der Abgeordneten. Wie sein gescheiterter Nachfolger verlangte er vergeblich die Schließung von lebensunfähigen Schulen, Spitälern, Selbstverwaltungsinstitutionen sowie die Verwendung der Eingänge aus der Privatisierung hauptsächlich für den Abbau der Auslandsschulden.

Der weit über die Parteigrenzen hinaus angesehene Wirtschaftspolitiker Békesi hatte Horn für die Position des Regierungschefs für ungeeignet gehalten. Er sei wie ein betrogener Ehemann gewesen, der immer als Allerletzter die Wahrheit erfahren hätte, sagte Békesi in einem bitteren Interview. Nach siebeneinhalb Monaten warf Békesi, der laut einem seiner Nachfolger (Péter Medgyessy) zu emotionell, zu wenig raffiniert und nicht anpassungsfähig politisierte, das Handtuch und trat am 28. Januar 1995 zurück.[2]

Sein Ausscheiden war zugleich ein Rückschlag für die SzDSz, also die Liberalen, die den Békesi-Kurs mit allen möglichen Mitteln sowohl in der Koalition als auch in der Publizistik voll unterstützt hatten. Überhaupt zeichnete sich im liberalen Lager eine wachsende Enttäuschung über die Politik Gyula Horns und seiner rückwärts gewandten Genossen ab. Jene Politiker und Intellektuellen, die die Koalition mit den Postkommunisten von vornherein mit Vorbehalt akzeptiert oder sogar abgelehnt hatten, sahen später rückblickend den Rücktritt Békesis Ende Januar 1995 oder spätestens die Explosion des sogenannten Tocsik-Skandals im November 1996 als die letzte Chance für einen Austritt aus der

---

2 Siehe mein Gespräch mit ihm am 9.4.2010, ferner die Interviews mit Eszter Rádai im Januar 1998 und mit Katalin Bossányi im Oktober 1999.

wegen der wuchernden Korruption diskreditierten Koalitions-regierung.[3] Diese Versäumnisse – und nicht der Eintritt in die Koalitionsregierung – legten laut dem ersten Vorsitzenden und Vordenker der Liberalen, János Kis, den eigentlichen Grundstein zur späteren Wahlniederlage der SzDSz im Jahr 1998 und wohl auch zu ihrem endgültigen Zerfall zehn Jahre später.

Hier muss man anmerken, dass auch der zurückgetretene Békesi in einem Interview die gleiche Meinung vertrat, dass näm-lich die Liberalen einen Fehler begingen, als sie wegen ihrer Schwäche, Unsicherheit und der Verlockung der Macht die Re-gierung nicht verließen. Obwohl der Regierungschef jede Ab-machung glatt über Bord warf, hielten sie die Koalition aufrecht und mussten Mitverantwortung tragen. So wurden sie selbst auch aufgerieben. Zugleich muss man anerkennen, dass ohne die SzDSz der nächste und allerletzte Anlauf zur Reform nie gelun-gen wäre. Nach dem verheerenden innen- und außenpolitischen Echo auf den Rücktritt Békesis begriff letzten Endes auch der Ministerpräsident, dass das Land am Rande des finanziellen Zu-sammenbruchs stand. Ende 1994 musste bereits ein Drittel der Budgetausgaben für den Zinsendienst der Auslandsverschuldung verwendet werden.

Gyula Horn, der symbolische und überzeugte Vertreter des „kleinen Mannes aus der Kádár-Ära", hatte zuerst geglaubt, er könnte großzügige Kreditzusagen des für die Grenzöffnung so dankbaren deutschen Bundeskanzlers Helmut Kohl gewinnen und so die einschneidenden Sparmaßnahmen vermeiden. Das deutsche Hilfsangebot blieb aber weit hinter seinen Erwar-tungen zurück. Daher musste Horn das bis heute radikalste Reformkonzept samt einer umfassenden Privatisierung akzep-

---

3   Bei der Tocsik-Affäre ging es darum, dass jede der beiden Koalitionsparteien für ihre Auftragsvermittlung an die Juristin Márta Tocsik jeweils 112 Milli-onen Forint, eine art *kickback*, erzwungen und erhalten haben. Vgl. Ferenc Kőszeg, Sakk! Matt?, in: Élet és Irodalom, 15.8.2008.

tieren und zähneknirschend in der Sozialistischen Partei durchsetzen.

Überfallsartig präsentierte der neue Finanzminister Lajos Bokros – in engem Einvernehmen mit dem Chef der Nationalbank György Surányi – am 12. März 1995 zusammen mit Horn das berühmt-berüchtigte „Bokros-Paket" mit einschneidenden Abstrichen vom Lebensstandard der Durchschnittsungarn. Die Abschaffung sozialer Begünstigungen, die Einschränkung der Löhne und Pensionen, die Einführung von Studiengebühren an den Universitäten und Hochschulen, die gleitende Abwertung des Forints mit einem geschätzten Kursverlust von 26 bis 27 Prozent jährlich sowie andere Steuer- und Zollmaßnahmen haben den Lebensstandard drastisch reduziert: Die Reallöhne fielen 1995–1996 um 18 Prozent (nach einem Rückgang um 20 Prozent zwischen 1990 und 1994!) und die Kaufkraft der Renten um 25 Prozent. Zwei Kabinettsminister traten aus Protest sofort zurück.

Durch das „Bokros-Paket" hat Ungarn das Vertrauen des Auslandskapitals und der internationalen Finanzinstitutionen (Währungsfonds und Weltbank) fast schlagartig wiedergewonnen. Das Budgetdefizit wurde dann bis Anfang 1998 von 10 Prozent auf 4,2 Prozent des Bruttoinlandsprodukts und die Nettoverschuldung von 21 Milliarden Dollar auf 8,7 Milliarden reduziert. Hand in Hand mit der finanziellen Stabilisierung gelang der sozial-liberalen Regierung eine groß angelegte Privatisierung des Staatseigentums. Der einstige Reformkommunist Horn, dem der bloße Gedanke an eine Verscherung des Staatseigentums ein Grauen gewesen war, brüstete sich als Regierungschef im Parlament und bei Parteiversammlungen, dass es der Regierung gelang, zwischen 1995 und 1997 durch die Privatisierung Einnahmen in der Höhe von 1007 Milliarden Forint zu erzielen. Der Bestand der Auslandsinvestitionen in Ungarn erreichte rund 18 Milliarden Dollar – mehr als in jedem anderen benachbarten Reformstaat – und der Privatsektor war für 80 Prozent des Bruttosozialproduktes verantwortlich im Gegensatz zu 20 Prozent am Anfang der Regierungsperiode.

Hinter der Fassade dieser Erfolgsbilanz tobte aber ein Kampf auf Gedeih und Verderb zwischen dem entschlossenen Reformer Bokros und den macht- und geldhungrigen Gewerkschaftsvertretern im Verbund mit den diversen populistisch agierenden Nachwuchsfunktionären in der sozialistischen Parteiführung. Wie sein gescheiterter Vorgänger, musste der wegen seines hemdsärmeligen Stils unpopuläre Bokros für jede einzelne Reformmaßnahme gegen massiven innerparteilichen Widerstand kämpfen. Auf den zwischen verschiedenen Interessengruppen lavierenden „Fuchs" an der Regierungsspitze konnte er sich dabei nicht verlassen.

Sechsmal hatte Bokros öffentlich oder hinter den Kulissen mit seinem Rücktritt gedroht. Horn war ein mit allen Wassern gewaschener Realpolitiker. Beim siebenten Demissionsanlauf von Bokros akzeptierte er den Rücktritt, ohne eine Miene zu verziehen, um bald danach eine andere Linie im Einklang mit dem Gewerkschaftsflügel zu vertreten. An der kostspieligen und unübersichtlichen Sozialversicherung und am Gesundheitssystem wurde (übrigens bis zur Stunde dieser Niederschrift) nichts geändert. Am Scheitern der Bokros-Konzepte zur Sanierung trug auch Horns Kapitulation vor den damals mächtigen Chefs der beiden Großbanken, der Landessparkasse OTP und der (inzwischen pleite gegangenen) Postbank, Sándor Csányi und Gábor Princz, ein gerüttelt Maß an Mitschuld. Zur folgenschweren Verwässerung wichtiger Reformvorschläge haben nach Meinung unabhängiger Beobachter auch die zahlreichen unzulässig erhobenen Vetos des von László Sólyom präsidierten Verfassungsgerichts beigetragen.

Dem dritten Finanzminister in der Regierung Horn, Péter Medgyessy[4], gelang es mit seinem gewinnenden Stil und großem Ge-

---

4   Medgyessy war der „Jungstar" in der Kádár-Ära: 40-jährig Finanzminister (1982–1987) und anschließend Vizepremier (1987–1990). Mit seiner Zeit als Ministerpräsident beschäftige ich mich in einem späteren Kapitel.

schick, einen normalen und menschlichen Kontakt im Umgang mit Horn aufzubauen. So führte er jeden Dienstag früh mit dem wohl auch von Minderwertigkeitskomplexen geprägten und zutiefst misstrauischen Regierungschef ein einstündiges Gespräch. Medgyessy konnte die Substanz der Bokros-Reformen retten und sogar das System der privaten Rentenkasse einführen, ohne freilich den enormen Brocken der kostspieligen Selbstverwaltungs-, Gesundheits-, Krankenversicherungs- und Schulsysteme anzufassen. Verglichen mit der Regierung Antall war die gesamtwirtschaftliche Bilanz dieser sozial-liberalen Regierung jedenfalls positiver.

Während dieser Jahre habe ich Horn von Zeit zu Zeit beim Weltwirtschaftsforum in Davos, bei seinen Besuchen in Wien und auch in seinem imposanten Büro im Budapester Parlament getroffen. Er machte nie ein Hehl aus seiner Irritation mit bestimmten Ministern des kleineren Koalitionspartners und aus seinen Vorbehalten gegenüber den reformfreudigen Finanzministern Békesi und Bokros. Er bewunderte nicht nur den deutschen Bundeskanzler Kohl und Außenminister Hans-Dietrich Genscher, sondern auch die sozialdemokratischen Spitzenpolitiker in Österreich, vor allem Bundeskanzler Franz Vranitzky und Parlamentspräsident Heinz Fischer.

Horns außenpolitische Prioritäten waren der Beitritt zur Europäischen Union (bei einem Referendum von mehr als 85 Prozent der Ungarn unterstützt) und die Verbesserung der Beziehungen zu den Nachbarländern mit großen ungarischen Minderheiten. Der Abschluss der Grundverträge mit der Slowakei und mit Rumänien über einen ausdrücklichen Verzicht auf Änderungen der im Trianon-Vertrag von 1920 festgelegten Grenzen, verbunden mit der Bekräftigung der Minderheitenrechte, öffnete den Weg für die spätere Beteiligung der Parteien der jeweiligen ungarischen Minderheiten an den künftigen Regierungskoalitionen in diesen beiden Ländern.

Eine der interessanten und erfolgreichen Initiativen der Regierung Horn war die Anfang 1996 in Budapest organisierte Konferenz von rund hundert „erfolgreichen Ungarn" aus aller Welt, die auch in drei Fachsektionen über die Zukunft des Landes diskutierten. Bei dieser ungewöhnlichen Veranstaltung rief Otto Habsburg in fehlerlosem Ungarisch zur Überwindung des „Hungaro-Pessimismus" auf. Der amerikanische Politologe Professor Charles Gati aus Washington D. C. und ich forderten bei der Plenarsitzung im Parlament einen klaren Bruch mit den Praktiken der Vergangenheit und den Zugang zu den Archiven der Staatssicherheit für die Wissenschaft und für die Betroffenen. Wir kritisierten auch die ungebrochene Macht der Geheimdienste über die Archive.

Am Rande eines Wien-Besuches von Horn erkundigte ich mich dann bei ihm – nach einer früheren schriftlichen Nachfrage –, wieso wir, also Gati und ich, keine Unterlagen aus den Archiven bekommen. „Man hat mir versichert, über Sie gebe es in den Archiven des Innenministeriums keinerlei Dokumente", antwortete er mit einem freundlichen Lächeln. Auf meine Frage, ob der Herr Ministerpräsident ernsthaft glaube, dass über mich, der als Auslandsjournalist doch vor der demokratischen Wende das Land häufig bereist hatte, keine Akten angelegt wurden, versprach er mit Hinweis auf den Zeitdruck nur, dass sein Büro bei den „zuständigen Stellen" noch einmal nachfragen würde. In der berüchtigten Agentenfrage dauerte es bis Ende 2005, als ich endlich 395 Seiten operatives Material und Berichte vom Historischen Archiv der Staatssicherheitsdienste bekommen konnte.[5]

Viel schwerer als die von uns kritisierten Versäumnisse in der sogenannten Agentenfrage wogen auf der Sollseite der Horn-Bilanz die kleineren und größeren Bestechungsskandale. Diese hingen freilich mit der grenzenlosen Überheblichkeit der Sozialisten zusammen, die laut Békesi 1998 noch weniger einer modernen

---

5 Details dazu in meinem Buch: Best of Paul Lendvai. Begegnungen, Erinnerungen, Einsichten, Salzburg 2008, S. 81–100.

sozialdemokratischen Partei ähnelten als etwa 1994. Statt eines Schrittes vorwärts fielen sie noch weiter, hinter den Stand von 1989, zurück. In einem unberechenbaren und undurchsichtigen Machtkampf zwischen den verschiedenen Plattformen, bei dem es nicht um Prinzipien und die Vertretung gemeinsamer Interessen, sondern ausschließlich um die Besetzung und Verteilung von Machtpositionen ging, gewann die Korruption die Oberhand. Mit den ersten Erfolgen bei der finanziellen Stabilisierung kehrte die fast traditionelle Arroganz der Machthaber zurück.

Dass eine Baufirma aus dem Einflussbereich jener Postbank, deren Zusammenbruch die Regierung im Frühjahr 1997 nur mit massiver Finanzhilfe verhindern konnte, für die Errichtung einer großen Villa für die Familie Horn verantwortlich zeichnete, löste Befremden in der Öffentlichkeit aus. Die Behauptungen, dass die Baukosten aus den Eingängen aus dem Verkauf von zwei eigenen Wohnungen und aus den Lizenzhonoraren für die deutsche Ausgabe seiner Memoiren gedeckt wurden, hat den negativen Eindruck nicht gänzlich ausmerzen können. Auch die massive Abfertigung für Lajos Bokros in der Höhe von 16 Millionen Forint bei seinem Wechsel vom Vorstandsvorsitz der Budapest Bank an die Spitze des Finanzministeriums hat viel böses Blut gemacht, obwohl der Vorgang völlig legal gewesen sein soll, aber er fiel zeitlich mit einem massiven Einbruch des Lebensstandards des kleinen Mannes zusammen.

Viel bedenklicher waren freilich die Vorfälle um die Verteilung der Eingänge bei dem sogenannten Tocsik-Skandal an die beiden Koalitionsparteien und die zwielichtigen Transaktionen betreffend die Deckung der 900 Millionen Dollar betragenden Handelsschulden der russischen Seite gegenüber Ungarn. Die Kassenwarte der Sozialisten, der Fidesz-Partei und auch der Liberalen ebenso wie einzelne gerissene staatliche Manager wurden zu jenen Schlüsselfiguren, die aus der Privatisierung nicht nur Geld für die Parteifinanzierung beschafften, sondern in manchen Fällen auch beträchtliche Finanzmittel für sich selbst erwarben.

Zur Habenseite der Bilanz dieser ersten sozial-liberalen Regierung muss man allerdings die Tatsache zählen, dass in dem Korruptionsfall Tocsik auch Horns Freunde, so der zuständige Minister und der Vorsitzende der direkten Aufsichtsbehörde, über die Klinge springen mussten. Von der liberalen Seite wurde übrigens Horn auch wegen des Abkommens mit dem Vatikan kritisiert, da dieses die volle staatliche Finanzierung der kirchlichen Schulen und Spitäler sowie andere Vorrechte der katholischen Kirche garantierte. Trotz dieser Konzessionen unterstützten die Kirchen in der Wahlkampagne massiv die Oppositionspartei Fidesz.

Man muss auch betonen, dass die erste sozial-liberale Koalitionsregierung ihre überwältigende Mehrheit zwischen 1994 und 1998 nicht missbraucht hat. Angesichts der Wirtschaftsreformen, der Medienpolitik, der außenpolitischen Initiativen und der Ersetzung der Regierungsaufsicht über die Gerichte durch einen Landesrat für Justiz behauptet der bekannte liberale Ökonom und ehemalige SzDSz-Abgeordnete Tamás Bauer sogar, dass sich die Horn-Regierung, angeführt von einem Angehörigen der einstigen „Steppjackenmiliz", paradoxerweise bisher als die erfolgreichste Reformregierung seit der Wende erwiesen habe.

Trotzdem verloren die Sozialisten die Parlamentswahlen 1998 knapp – nicht nur infolge der Tocsik-Affäre, sondern auch wegen Horns Streitigkeiten mit der SzDSz und seines erfolglosen Techtelmechtels mit dem autoritären slowakischen Regierungschef Vladimír Mečiar über den Bau des von der ungarischen Öffentlichkeit seit eh und je abgelehnten Donaukraftwerkprojektes Nagymaros, ferner wegen des Übermuts der Sozialisten, die kein überzeugendes Programm vorweisen konnten, sowie wegen ihrer miserablen Wahlkampagne. Nach seiner Niederlage trat Horn (wahrscheinlich viel zu spät) auch als Parteivorsitzender zurück. Er hinterließ eine von Fraktionskämpfen und Korruptionsaffären verunsicherte Partei, mit einem verlässlichen und korrekten, aber nicht charismatischen und in erster Linie außenpolitisch versierten Nachfolger, László Kovács, an der Spitze. Die politische Bühne wurde aber von nun an durch die größte Begabung und den zugleich umstrittensten Machtpolitiker Ungarns, Viktor Orbán, und seine Fidesz-Partei dominiert.

6. Kapitel
Der junge Komet – Viktor Orbán

Die eigentliche Sensation bei den dritten freien Wahlen nach der Wende war nicht die, in Prozenten ausgedrückt, relativ knappe Niederlage der Sozialisten (MSzP) – die eigentliche Sensation im Mai 1998 war der vor Kurzem noch unvorstellbare Aufstieg des Bundes der jungen Demokraten (Fidesz). Die Partei, die 1990 und 1994 die schwächste Gruppierung im Parlament gewesen war, wurde zur dominierenden politischen Kraft.

Zwar gelang es den Sozialisten in der ersten Runde bei der Listenwahl, mit 32,5 Prozent noch den Spitzenplatz vor Fidesz (28,8 Prozent) zu behaupten, doch zeigte bereits damals die Stimmenverteilung eine klare Mehrheit der Rechten (54,5 Prozent). In der zweiten Runde konnte dann Fidesz durch die Unterstützung der anderen Rechtsparteien in den Wahlbezirken die Zahl seiner Mandate auf 148 versiebenfachen! Zusammen mit den wieder erstarkten Kleinlandwirten (48 Mandate) und dem Rest-MDF (19) bildete Viktor Orbán eine rechtskonservative Koalitionsregierung mit einer starken absoluten Mehrheit. Auf die Unterstützung der 14 Abgeordneten der von István Csurka gegründeten rechtsextremistischen und antisemitischen Partei MIÉP war er nicht angewiesen.

Mit 35 Jahren wurde Viktor Orbán der jüngste Ministerpräsident in der ungarischen Geschichte.[1] Dem von unbändigem Macht-

---

1   Im Jahr 1955 wurde András Hegedüs zwar im Alter von 32 Jahren vom kommunistischen Politbüro zum Ministerpräsidenten bestimmt und von dem damals machtlosen Parlament in diese Funktion gewählt; doch kann man seine Stellung in keiner Weise mit der Machtposition eines frei demokratisch gewählten Regierungschefs vergleichen.

willen getriebenen Jungpolitiker gelang es, mit seiner außerordentlichen persönlichen Leistung und mit hoher taktischer Begabung nach dem Zusammenbruch des regierenden Ungarischen Demokratischen Forums (MDF) aus dessen Ruinen die neue Siegerpartei hervorzuzaubern. Wer hätte diese Karriere vorhersagen können, als am 30. März 1988, knapp vor Mitternacht, Orbán mit 36 Studienkollegen den Bund der jungen Demokraten (Fidesz) als eigenständige Jugendorganisation im großen Saal eines Budapester Juristenkollegiums gegründet hatte? Was in den nächsten zwei Jahrzehnten mit Orbán und seiner Partei geschah, hat immer wieder die zeitlose Relevanz der Mahnung des aus Österreich emigrierten amerikanischen Historikers des Nationalismus Hans Kohn in Erinnerung gerufen, über die Geschichte als „offenen Prozess, in dem Unvorgesehenes, Unerwartetes jederzeit geschehen kann."[2]

Den wichtigsten Schlüssel zum beispiellosen Aufstieg der schwächsten parlamentarischen Partei nach zwei Niederlagen bildete zweifellos der zielbewusste und meisterhaft wie auch skrupellos vollzogene Schwenk nach rechts. Seit 1994 hat Orbán mit einer Handvoll engster Freunde die einstige basisdemokratische Bewegung der jungen Revoluzzer schrittweise und immer erfolgreicher in eine charismatische Führerpartei umgestaltet. An die Stelle der radikal-liberalen Rhetorik und des auch in Äußerlichkeiten gepflegten antibürgerlichen Affekts trat im Stil und in geistiger Substanz ein gleitender und später beschleunigter Übergang zu den früher verpönten konservativen Werten, zu einem Schulter-an-Schulter-Auftreten mit den katholischen und protestantischen Kirchen und vor allem zum bewussten Ausspielen des Mythos der ungarischen Nation gegenüber den linken und liberalen politischen Rivalen.[3]

---

2 Hans Kohn (1891–1971), Wege und Irrwege. Vom Geist des deutschen Bürgertums, Düsseldorf 1962.

3 Für die Bedeutung des nationalen Mythos siehe das 8. Kapitel über das „Sendungsbewusstsein einer verführbaren Nation".

Nach der Abspaltung des schwachen liberalen Flügels, geleitet von seinem populären Rivalen Gábor Fodor, und dem Anschluss dieser Gruppe an SzDSz im Oktober 1993 festigte Orbán seine Kontrolle über Fidesz und nutzte seine einzige realistische Chance für einen künftigen Erfolg: die rechtskonservative, national-populistische Option. So warf er der sozial-liberalen Regierung im April 1995 nach der Schockwirkung der drastischen Sparmaßnahmen („Bokros-Paket") vor, sie hätte die Menschen irregeführt und vertrete nicht die ungarischen Wähler, sondern die internationalen finanziellen Machtzentren. Zwei Jahre später ging er noch weiter und behauptete am 12. Juni 1997 in einer programmatischen Rede, die ungarische Regierung sei trotz des Verfassungsgesetzes fremdartig und stünde nicht unter nationalem Einfluss.

Nach dem Tocsik-Skandal lief die Fidesz-Offensive gegen „die korrupteste Regierung des Jahrhunderts" auf vollen Touren. Das blieb nicht ohne Wirkung. Am Vorabend der Wahlen, gestützt auf die vorbehaltlose aktive Unterstützung der Kirchen, versprach Fidesz ein Wirtschaftswachstum von sieben Prozent jährlich und das Ausmisten des Augiasstalls der Korruption. Mit einem energischen Wahlkampf gewannen Fidesz und die anderen Rechtsparteien die Macht in Budapest. Am 6. Juli 1998 wurde Orbán zum Ministerpräsidenten gewählt.

Die Einzelheiten der persönlichen und politischen Laufbahn Viktor Orbáns, dieses „Meteors am Himmel der ungarischen Politik" (so sein Biograf), und die Folgen seiner Regierungszeit (1898–2002) sind heute ebenso bekannt wie viele Details des von ihm konzipierten raffinierten Systems zur Machtgewinnung, zum Machtausbau und zum Machterhalt auch während der folgenden acht Jahre der Opposition. All das verdanken Leser und Forscher in erster Linie den zwei umfassenden Orbán-Biografien (insgesamt 1020 Seiten), die der Politologe und Publizist József Debreczeni innerhalb von knapp sieben Jahren geschrieben hat. Die Persönlichkeit des Autors verleiht den gründlich recherchierten und aus kritischer Distanz verfassten Büchern eine besondere Note und wegen einiger Passagen auch eine persönliche Brisanz. Debreczeni war nämlich einer der ersten vier frei gewählten MDF-Abgeordneten noch vor der Wende, anschließend arbeitete er zwischen 1994 und 1996 als persönlicher politischer Berater Viktor Orbáns.[4]

Der absolute Wille zur Macht hat das Charakterbild Viktor Orbáns schon als Studentenführer und während seiner ganzen Karriere geprägt, auch wenn er es vermochte, nicht zuletzt dank willfähriger medialer Vermittlung, überwiegend nur als zielbewusster Politiker wahrgenommen zu werden: als Politiker mit Charakter, Bescheidenheit und einer weißen Weste. Er verstand es, bei Bedarf von ungeschickten oder untragbar gewordenen Funktionären seiner eigenen Partei rechtzeitig abzurücken und sich für Pannen nicht „haftbar" machen zu lassen. Sein einstiger enger Freund und späterer Rivale aus dem Juskollegium, Gábor Fodor: „Er hatte schon in den achtziger Jahren jene herrschsüchtige, intolerante Denk- und Verhaltensweise, die man heute bei ihm sieht. Auch die prinzipienlose Berechnung steckte in ihm. Aber nicht nur das. Er war daneben auch offen, aufrichtig und sympathisch."[5] Die Bewertung Orbáns als ein von den Anhängern bewunderter, von den Gegnern gefürchteter Mann mit allgemein anerkannter starker Führungskraft bleibt ambivalent. Sein autoritärer Führungsstil wird von den meisten unabhängigen Beobachtern als für die junge ungarische Demokratie zumindest problematisch und potenziell sogar gefährlich angesehen. Nach der Parlamentswahl von 1998 charakterisierte der Politologe László Lengyel den Sieger so: „Viktor Orbán vertraut niemandem. Er ist eine Tiger-Natur; unbarmherzig erschlägt er

---

4   Außerdem schrieb er die erste große Biografie über die beiden Ministerpräsidenten József Antall (1998) und Ferenc Gyurcsány (2006). Diese Werke wie auch die zwei Bücher über Orbán erschienen nur auf Ungarisch.

5   Wenn nicht ausdrücklich anders gekennzeichnet, sind alle Zitate und Fakten den beiden Büchern Debreczenis entnommen.

seine Opfer ... er besitzt keine inneren Grenzen." In seinem Leitfaden zu Orbáns wechselvoller politischer Taktik und Strategie kommt Debreczeni unter anderem zu folgender Schlussfolgerung: „Viktor Orbán ist jener Mann, der fast automatisch an die *Wahrhaftigkeit* dessen glaubt, was er als politisch *nützlich* betrachtet."

Was charakterisierte damals den Führungsstil des Ministerpräsidenten Orbán, sein Dirigieren des zentralen Willensbildungs- und Entscheidungsprozesses? Orbán war von Anfang an ein unbedingter Anhänger vom Primat der Politik gegenüber der Ökonomie. Er schenkte vor allem in der zweiten Phase seiner Regierungszeit jenen Beratern Glauben, die mit der Fortsetzung des Sparkurses brechen und die Gemeinwohl-Verpflichtung, insbesondere die Familienförderung und den subventionierten Wohnbau, durchsetzen wollten. Schutz und Förderung der heimischen Wirtschaft statt des „zügellosen Treibens" des Auslandskapitals sollten der Herrschaft der Politik über die Wirtschaft, vor allem angesichts der kommenden Parlamentswahlen, eine zusätzliche Legitimation verschaffen. Damals bemerkte Orbán salopp in einem Interview, es gebe ein Leben auch außerhalb der Europäischen Union. Auf diese Art äußerte er sich mit einer kühlen Distanz, die für viele Zuhörer überraschend wirkte, auf einer Veranstaltung der Wirtschaftskammer. Bei dieser von mir geleiteten Diskussion ging es um den auch von Österreich geförderten Eintritt der mittel- und osteuropäischen Reformstaaten in die EU.

Die machtpolitischen Aspekte des Entscheidungsprozesses samt dem Ausbau des Amtes des Ministerpräsidenten als durchsetzungsstarkes Zentrum der Willensbildung bei gleichzeitiger Schwächung der parlamentarischen Kontrollmechanismen kennzeichneten die vier Jahre der ersten Orbán-Regierung. Im Einklang mit der aus den USA übernommenen „Leadership-Rhetorik" steht die Person des Regierungschefs im Mittelpunkt der Regierungskommunikation. Mit vielen charakteristischen Einzel-

heiten beschreibt der Biograf József Debreczeni den von der Ein-
mannführung dominierten Regierungsstil.

Orbán legte zum Beispiel zwei Tage vor den Ministern den
Amtseid als Ministerpräsident ab. Wann immer der 35-jährige
Regierungschef den Konferenzsaal vor dem Beginn der Sitzung
des Ministerrates betrat, erhoben sich alle Minister zur Begrü-
ßung vom Stuhl. Es gab in der Regel keine Diskussionen über die
vorher im kleinen Kreis um Orbán besprochenen und beschlos-
senen Vorlagen. Besonders kritisiert wurde die Tatsache, dass
über die Sitzungen des Ministerrates weder ein Protokoll angefer-
tigt noch ein Tonband aufgenommen wurde. Nur Zusammen-
fassungen wurden später verfasst. Diese Praxis war beispiellos,
zumal sowohl während der Doppelmonarchie als auch in der
Horthy-Ära und sogar während der kommunistischen Parteidik-
taturen immer Protokolle über die Kabinettssitzungen aufgenommen wurden.

Zu Recht betonen moderne Politikwissenschaftler die Bedeutung der parlamentarischen Kontrollmechanismen: „Die wichtigste Form demokratischer Kontrolle in der repräsentativen
Demokratie während einer Legislaturperiode bildet die Regierungskontrolle durch das Parlament."[6] Gerade deshalb löste der
Beschluss der Regierung, die Tagungsordnung des Parlaments zu
ändern, weit verbreitete Kritik aus. Statt wöchentlicher Sitzungen
während der ordentlichen oder außerordentlichen Parlaments-
sessionen wurden nun nur mehr alle drei Wochen Parlaments-
sitzungen einberufen, dadurch wurde auch das Recht der sofor-
tigen Interpellation eingeschränkt. Im zitierten Aufsatz weist Helms
übrigens auch darauf hin, dass gerade die Regierungskontrolle
durch die Mehrheitsfraktionen effektiv sei, weil diese nicht nur
nachträgliche, sondern zugleich begleitende oder gar vorgreifen-

---

6 Siehe Ludwig Helms, Leadership-Forschung als Demokratiewissenschaft,
   und Claudia Ritzi / Gary S. Schaal, Politische Führung in der „Postdemokra-
   tie", in: Aus Politik und Zeitgeschichte, Beilage der Bonner Wochenzeitung
   Das Parlament, 2–3/2010.

de Kontrolle erlaube. Nur konnten darüber in der Zeit der Orbán-Regierung keine Informationen gesammelt werden, da auch
die Fraktionssitzungen nicht auf Band aufgezeichnet wurden.

Orbáns Verhältnis zum Machterwerb und zur Machtbehaup-
tung kann ebenso wie sein Verständnis von politischer Kommunikation und dem „Medienmanagement" nur dann wirklich in
seiner Brisanz begriffen werden, wenn wir seine diesbezüglichen
und von seinem Biografen wörtlich auf Band festgehaltenen und
nicht für die Öffentlichkeit bestimmten Überlegungen unverän-
dert wiedergeben. Das Gespräch mit Orbán fand im Sommer
1994 statt, als Debreczeni für sein Buch über den verstorbenen
Ministerpräsidenten Antall recherchierte. Erst acht Jahre später
hat dann der Autor in seiner Orbán-Biografie diese wichtigen
Feststellungen der Öffentlichkeit zugänglich gemacht.

Mit außerordentlicher Schärfe warf der junge Politiker damals nach der schwersten Wahlniederlage des Fidesz (knapp fünf
Prozent der Mandate) Antall seinen (laut Orbán) größten Fehler
vor, für eine künftige rechtsbürgerliche Regierung keine Kommu-
nikations- oder Wirtschaftsbasis geschaffen und für eine künftige
Rechtsregierung hinterlassen zu haben: „Antall trägt die persönliche Verantwortung. Nicht deshalb, dass wir in Opposition sind,
sondern deshalb, weil wir pudelnackt, mit nacktem Hintern in
der Opposition sind … Es gibt keine einzige Zeitung. Ein Teil der
Blätter wurde geklaut, er ließ es zu, dass die anderen vor seiner
Nase gestohlen wurden, und den anderen Teil ließ er im Staatsbe-
sitz … Es gibt kein Radio, keinen TV-Kanal. Es gibt nichts. Dafür
gibt es keine Entschuldigung."

Den anderen Hauptfehler Antalls erblickte Orbán darin, dass
der verstorbene Ministerpräsident „den Ausbau persönlicher Kontakte mit den acht bis zehn Großkapitalisten versäumt hatte …
was hätte man tun sollen? Vor den Bankiers klarstellen, diese acht
bis zehn Personen sind unsere Leute … Und dann zulassen, dass
das Geschäft nach seiner eigenen Logik den Rest ordnen würde.
Man hätte vielleicht bei den Investitionsfonds, bei den Ausschrei-

bungen diesen Leuten etwas helfen können ... Nach einer internationalen Verhandlung wurde er in kleinem Kreis gefragt, warum er mögliche gemeinsame Wirtschaftsprojekte nicht vorgeschlagen hat. Darauf sagte Antall, er sei nicht gekommen, um Geschäfte zu machen, sondern die Positionen des Landes zu verbessern. Diese gehörten laut ihm nicht zur Politik, obwohl diese die Substanz der Politik ausmachen ... Er hatte eben kein Gefühl für so etwas. Überhaupt kein Gefühl."

Im Einklang mit diesen lehrreichen Erfahrungen aus den vermeintlichen Versäumnissen seines Vorgängers hat Orbán von Anfang an drei Hauptziele angestrebt:

a) Maximale machtpolitische Ausschöpfung von Kommunikations- und Mobilisierungspotenzialen seines Regierungsapparates zusammen mit der direkten und indirekten Übernahme von Führungspositionen bei den öffentlich-rechtlichen Medien und der Gründung von neuen Tages- und Wochenzeitungen durch ihm ergebene Persönlichkeiten.

b) Die Besetzung von bedeutenden öffentlichen Positionen – so vor allem das Amt des Staatsoberhauptes, der obersten Staatsanwälte und des Präsidenten der Nationalbank – durch absolut gefolgschaftstreue Persönlichkeiten.

c) Die Anknüpfung besonders intensiver und für alle Betroffenen lukrativen Beziehungen mit den rechtskonservativen und national gesinnten Bankiers und Großindustriellen.

Eine der trefflichsten öffentlichen Beschreibungen des Stils der ersten Orbán-Regierung stammt von László Békesi, jenem einstigen Finanzminister in den ersten acht Monaten der sozial-liberalen Regierung, der später mit Horn und dessen Partei aus Gesinnungsgründen gebrochen hat. Seine Analyse von Ende 1999, also inmitten der Legislaturperiode, kann als die Meinung eines unbestechlichen und qualifizierten Beobachters betrachtet werden:

„Orbán ist ein außerordentlich begabter, unglaublich standhafter, zielbewusster Politiker. Diese Tugenden sind aber zugleich die Quelle seiner Fehler. Er wird nämlich von einem so starken Drang nach Macht angetrieben, dass dieser ihn von Zeit zu Zeit bei der realistischen Abwägung oder Entscheidung behindert. Er ist eitel, kann deshalb keinerlei Kritik ertragen, kann deshalb nicht im Team arbeiten. Die Art, wie er die Regierungsstruktur etabliert hat, zeigt genau, dass er sich nicht als Ministerpräsident, sondern als ‚Führer‘ betrachtet. Sein Regierungsstil prägt den ganzen staatlichen Machtapparat: Er zentralisiert, wieder-verstaatlicht in etatistisch-populistischer Weise, mischt sich in die Prozesse ein ... Mit solchen Charakterzügen ist er nicht geeignet, ein Land zu lenken. Viktor Orbán muss lernen, dass es auch auf dem Gipfel der Macht Spielregeln gibt, die man einhalten muss, wie das Prinzip des ‚Leben und Leben-Lassens‘, das Denken in Teamarbeit, das Einhalten des Fair Play gegenüber den Gegnern ... Leider sind seine schlechten Züge stärker geworden ... Viktor Orbán wird nie einsehen, dass er in seiner Partei, in seiner Regierung, im Parlament, in der breiter gefassten Innenpolitik nicht in aggressiver Weise seine persönlichen Ambitionen durchsetzen soll ... Nach außen wird er freilich, wenn auch zähneknirschend, sein europäisches Gesicht zeigen ...“[7]

Während in den ersten Jahren der junge und energisch auftretende Regierungschef im Ausland ein positives Medienecho fand, bot die Koalitionsregierung im Innern, in erster Linie die Kleinlandwirte-Partei, laut Zeitungsberichten allmählich ein Bild von Filz und Vetternwirtschaft. Auch den Kritikern der korrupten Praktiken während der sozial-liberalen Horn-Regierungen verschlug es den Atem. Orbán musste sich schließlich von den bestochenen Ministern des Koalitionspartners trennen. Dann erzwang die allgemeine Empörung wegen der undurchsichtigen

---

7   Zitiert aus einem Interview mit Katalin Bossányi, in: Mozgó Világ 1999/10 (auf Ungarisch).

Transaktionen beim Verkauf der Fidesz-Zentrale den Rücktritt eines der engsten persönlichen und politischen Freunde Orbáns an der Spitze der Aufsichtsbehörde. Am Rande dieser merkwürdigen Affäre war übrigens sogar der Vater des Ministerpräsidenten durch Kredit- und Aktientransaktionen beim Erwerb eines Steinbruches berührt.

Biograf Debreczeni zog schon damals die Schlussfolgerung: „Im Westen hätte ein ähnlicher Skandal den Sturz des Regierungschefs ausgelöst. Er müsste demissionieren. Nicht in Ungarn. Hier muss man nicht zurücktreten ...“ In der zweiten, 2009 veröffentlichten Biografie widmet dann József Debreczeni ein langes Kapitel mit genauen und nicht dementierten Einzelheiten der „intensiven Bereicherung“ des Ministerpräsidenten und seiner Familie und deutet unmissverständlich den Missbrauch der Position des Regierungschefs an[8].

Im Jahr 2001, wohl im Hinblick auf die 2002 fälligen Parlamentswahlen, erfolgte eine radikale Wende von der restriktiven zur expansiven Haushaltspolitik. Die Mindestlöhne für 750.000 Beschäftigte wurden in zwei Phasen (2001–2002) um 50 beziehungsweise 25 Prozent erhöht, die Realverdienste stiegen in der ersten Hälfte des Jahres 2001 um 4,5, im zweiten Halbjahr bereits um 8,4 Prozent. Im Lauf des Jahres wurden die Renten zweimal, insgesamt nominell um 16 Prozent erhöht; das entsprach in Anbetracht des Konsumentenpreisindexes einer realen Steigerung von 5,8 Prozent. Wenn man die Sonderzuschüsse für 120.000 öffentlich Bedienstete, die 70-prozentige Erhöhung der Gehälter der Berufs- und vertraglich verpflichteten Soldaten, die erhöhten staatlichen Zinszuschüsse für private Wohnbaukredite und das erhöhte Kindergeld sowie die diversen Sonderzuschüsse für Bahnangestellte, Ärzte und Pfleger usw. in Rechnung stellt, ist

---

8 Siehe für die Details über die Steinbruch-, Immobilien-, Weingarten- und Weinbautransaktionen der Familie Orbán das Kapitel „Öffentliche Macht und Privatvermögen“, S. 245–274, in der zweiten Biografie Arcmás, Budapest 2009 (auf Ungarisch).

es nicht überraschend, dass zum ersten Mal seit 1994 das Wachstumstempo des Konsums mit 5,2 Prozent wesentlich höher ausfiel als das des Bruttoinlandsproduktes (4,3 Prozent).

Im ersten Viertel des Wahljahres 2002 betrug die Wachstumsrate der realen Verdienste das Dreifache der Steigerungsrate des BIP. Die Industrieproduktion stagnierte, das Defizit der laufenden Zahlungsbilanz und die Wachstumsrate des Kleinhandelsumsatzes verdoppelten sich. Abgesehen von der Erhöhung des privaten Konsums um 9 Prozent, zeigten alle wirtschaftlichen Indikatoren eine Verschlechterung der Lage. Dieser von einer unabhängigen und angesehenen Nationalökonomin verfasste Lagebericht zeigt, dass der Grundstein für die spätere und noch gefährlichere Wirtschaftskrise – für welche in erster Linie die folgenden sozialliberalen Regierungen verantwortlich waren – schon in der letzten Phase der Regierung Orbán gelegt wurde.[9]

In den von der Rechten kontrollierten Tages- und Wochenzeitungen und sogar in einem der meist gehörten Sendungen des öffentlich-rechtlichen Hörfunks wurde die Verharmlosung, Verteidigung und Verherrlichung des Horthy-Regimes emsig betrieben. Die internationalen Medien und auch die nicht-staatlichen Bürgerrechtsgruppen befassten sich immer häufiger mit den antisemitischen und romafeindlichen Entgleisungen.[10] Die kalkulierten Tabubrüche, die keineswegs nur auf die Publikationen der Csurka-Partei (MIÉP) beschränkt waren und breite Schichten der studentischen Jugend beeinflussten, fanden einen starken negativen Widerhall in den Veröffentlichungen jüdischer Organisationen im Ausland, vor allem in den USA. Die Tatsache, dass sich Ministerpräsident Orbán nach dem Terroranschlag vom 11. September 2001 nicht sofort und entschlossen von einer empörenden

---

9 Siehe Zita Mária Petschnig, Die ungarische Wirtschaft zum Beginn des Neuen Jahrtausends, 26.1.2006, abgedruckt im Sammelband Finanzpolitische Strategien am Anfang des XXI. Jahrhunderts, Budapest 2006.

10 Für Einzelheiten siehe die zwei auf Ungarisch und Englisch veröffentlichten Bände über den „Antisemitischen Diskurs in Ungarn", 2000 und 2001.

antisemitischen und antiamerikanischen Behauptung Csurkas distanziert hatte, war laut Presseberichten der Grund, warum Präsident Bush nicht bereit war, Orbán zu empfangen, als dieser im Februar 2002 zur Übernahme der Urkunde eines Ehrendoktorats der Universität Boston in den Vereinigten Staaten weilte.

Die Sprüche der zündelnden Fidesz-Politiker über die Rechte und Autonomiewünsche der ungarischen Minderheiten in den Nachbarländern gewannen zwar die begeisterte Zustimmung der meisten Minderheitenvertreter, lieferten aber zugleich den dortigen nationalistischen Kräften politische Munition. Dass die Sozialisten ebenso bereit waren, bei günstiger Gelegenheit auf dem Rücken der Minderheiten populistische Schlagworte zu benutzen, zeigte die missverständliche Formulierung einer Vereinbarung, die Orbán mit dem rumänischen Ministerpräsidenten Adrian Năstase Ende 2001 unterschrieben hat. Danach würde man in Ungarn jedem rumänischen Staatsbürger, also nicht nur den dort lebenden Ungarn, eine Arbeitsbewilligung für drei Monate sowie eine Sozialversicherung gewähren. Obwohl klar war, dass dafür maximal 81.000 Menschen infrage gekommen wären, hatten die Sozialisten eine massive Einschüchterungskampagne unter der Devise „23 Millionen Rumänen vor den Toren" lanciert.

Indessen tobten bei den Sozialisten, wie immer vor Wahlen, die Machtkämpfe, vor allem um den Posten des Listenführers, also des Kandidaten für das Amt des Ministerpräsidenten. Der langjährige Außenminister und Nachfolger Horns als Parteichef seit 1998, László Kovács, verhandelte zuerst mit dem früheren Ministerpräsidenten Miklós Németh, der bei der Londoner EBRD-Bank als hoch bezahlter Vizepräsident tätig war. Németh stellte aber so ultimative personelle Forderungen, dass die Wahl der Parteiführung letztlich auf den früheren Finanzminister und Vizepremier vor und nach der Wende, Péter Medgyessy, fiel. Dieser trat zwar nicht der MSzP bei deren Neugründung bei, doch löste das Auftreten des eleganten und gemäßigten Politikers positive Reaktionen bei den Umfragen aus.

Als Verfechter der „nationalen Mitte" und der politischen Verständigung wirkte Medgyessy auf die schwankenden oder unsicheren Wähler beruhigender als der aggressive Sprüche klopfende Orbán. Diesem gelang es zwar, auch Wähler vom rechten Rand zu gewinnen und dadurch die Csurka-Partei vom neuen Parlament fernzuhalten, doch zugleich mobilisierte seine auf Konfrontation zielende Wahlstrategie die potenziellen liberalen und linken Wähler. Beim TV-Duell der beiden Kandidaten hatte der Herausforderer Medgyessy sympathischer und kultivierter gewirkt als der um 20 Jahre jüngere Amtsinhaber.

Bei der höchsten Wahlbeteiligung seit der Wende mit 72 Prozent gelang dem linksliberalen Lager ein knapper Sieg, erreicht nicht zuletzt deshalb, weil die Liberalen (SzDSz) die Fünf-Prozent-Hürde überspringen konnten. Das Resultat – 198 Mandate für Fidesz, 188 für die MSzP und 20 für die SzDSz – war zweifellos ein gewaltiger Schock für Orbán und seine Mannschaft. Ich selbst habe diese Tage der Spannung, die Ausbrüche der Verzweiflung und die Drohungen wegen eines angeblichen Wahlschwindels in Budapest und als Teilnehmer bei Fernseh-Diskussionen erlebt. Von Rachsucht getrieben, forderten Orbáns publizistische Einpeitscher Vergeltung für den „gestohlenen Sieg". In einem letzten großen Interview zum Abschluss der ersten Orbán-Biografie (am 4. Mai 2002) wies dieser nach der Wahlniederlage den Vorwurf der übertriebenen Konfrontation brüsk zurück. Im Gegenteil, er sei nicht hinreichend geschickt bei der Konfrontation und überhaupt nicht hart genug beim Dirigieren der Regierung gewesen. Man hätte sich mehr Informationskanäle in neuen Zeitungen und elektronischen Medien beschaffen sollen.

Glanz und Elend der ersten Orbán-Ära erwiesen sich als Auftakt zu einer politisch und moralisch, wirtschaftlich und kulturell verhängnisvollen Polarisierung in der ungarischen Gesellschaft.

7. Kapitel

Das Medgyessy-Rätsel oder das Scheitern eines Blenders

Knapp drei Wochen nach dem Amtsantritt der sozial-liberalen Regierung unter Péter Medgyessy schlug die Nachricht wie eine Bombe in die ungarische Politik ein. Mit der reißerischen Schlagzeile „Ein Geheimagent an der Regierungsspitze" druckte das Oppositionsblatt „Magyar Nemzet" auf der Titelseite die Kopie des Befehls des kommunistischen Innenministers ab, datiert vom 2. März 1978: Péter Medgyessy, damals stellvertretender Hauptabteilungsleiter im Finanzministerium, wurde unter dem Decknamen „Genosse D-209" zum „strikt geheimen" Abwehroffizier im Range eines Oberleutnants ernannt.

Der Ministerpräsident gab dieses bisher verschwiegene Detail aus seinem glanzvollen Lebenslauf im Parlament mit der folgenden Rechtfertigung zu: „Als Abwehroffizier habe ich 1977–1982, damals im Bereich der internationalen Finanztransaktionen des Finanzministeriums tätig, Hilfe geleistet, dass fremde Spione keine ungarischen Geheimnisse erfahren und unseren Anschluss an den Internationalen Währungsfonds nicht verhindern sollen." Medgyessy betonte, es handelte sich „nicht um eine Agententätigkeit, sondern um eine Aktivität im Interesse der Verteidigung der Heimat." Später fügte er hinzu, er habe auch Analysen für das Innenministerium über finanzielle Sachfragen verfasst.

Medgyessy ließ weder damals noch in dem zur Vorbereitung dieses Buches geführten Gespräch mit mir Verlegenheit, Bedenken, geschweige denn Schamgefühl erkennen. Man könne die Aufgaben der Abwehr oder der Aufklärung keineswegs mit der Unterdrückungsfunktion eines Innenministeriums oder eines Geheimdienstes vermischen. Er habe nichts Illegales getan und sei dann nach der Ernennung zum stellvertretenden Finanzminister als Hauptmann in die Reserve versetzt worden. Er habe als Abwehroffizier nur eine kleine Zulage beziehungsweise Geschenke bekommen und der jeweilige Finanzminister sei über seine Tätigkeit im Bilde gewesen.

Als wir in seinem geschmackvoll eingerichteten Konsulentenbüro im Villenviertel von Buda über seine Karriere plauderten, stellte ich auch die Frage, ob er nicht doch zuerst erpresst worden sei. Ein ehemaliger Ministerkollege von ihm hatte mir kurz vorher erzählt, dass Medgyessy als junger Beamter des Finanzministeriums in den siebziger Jahren auf einer Auslandsreise bei einer Grenzkontrolle im Zug als „Devisenschmuggler" ertappt worden wäre, weil er zwei- oder dreihundert Dollar in der Stulpe seiner Hose versteckt gehabt hätte. Diese skurrile Geschichte wurde mir auch von einem anderen früheren Minister bestätigt. Medgyessy quittierte meine Story mit schallendem Gelächter als eine „lächerliche Erfindung". Zu dieser ganzen Geschichte merkte er noch an, dass damals alle Ungarn, die im oder mit dem Ausland zu tun hatten, in ähnliche Tätigkeiten involviert gewesen waren; dabei zählte er auch die Namen von heute noch amtierenden beziehungsweise früheren Fidesz-Ministern auf.[1]

Wie dem auch gewesen sei, hat das Entlarven der bisher verdeckten Seite des Regierungschefs vor allem den liberalen Koalitionspartner SzDSz tief schockiert. Noch am Abend der Veröffentlichung beantworteten die SzDSz-Abgeordneten bei ihrer Fraktionssitzung mit 17 zu 3 Stimmen die von Medgyessy gestellte Vertrauensfrage mit Nein. Sie wollten sofort Verhandlungen

---

1 Das Gespräch fand am 6.5.2010 statt. Zu diesem Kapitel siehe noch István Perger/Pál Köves/Gergely Varga/Era Németh/Zsolt Gréczy, Medgyessy, Budapest 2004; Péter Medgyessy: Polgár a pályán, Budapest 2006; Ervin Csizmadia, A Medgyessy-talány, Budapest 2004.

mit den Sozialisten aufnehmen, um durch einen „konstruktiven Misstrauensantrag" einen neuen Ministerpräsidenten in den Sattel zu heben. Bereits am nächsten Tag war aber die Lage ganz anders. Die MSzP-Fraktion hatte am Vortag Medgyessy massiv unterstützt und jede Idee eines konstruktiven Misstrauensvotums abgelehnt. Der SzDSz konnte also höchstens mit der Opposition darüber verhandeln. Die Frage stellte sich also: Medgyessy oder Orbán?

Von den beiden Varianten wählten die Liberalen „das kleinere Übel" (so wörtlich ihr Parteivorsitzender) und blieben in der Koalitionsregierung. Bei der zweiten Abstimmung der Fraktion erhielt dann Medgyessy mit 11 zu 7 Stimmen ein Vertrauensvotum der Liberalen. Im Gegensatz zur sozialistischen Spitzenführung, die schon lange vor der Wahl über die Vergangenheit ihres Kandidaten informiert gewesen war, hatten die Liberalen keine Kenntnis über die brisante Angelegenheit gehabt. Das bestätigte mir ausdrücklich ihr damaliger Fraktionschef Iván Pető. Medgyessy hat freilich von dem kleineren Koalitionspartner durch das Votum zwar einen Aufschub, aber kein wirkliches Vertrauen bekommen.

Im Gegensatz zu den Politikern und Intellektuellen hat die „D-209"-Affäre die Wähler kaum aufgeregt. Laut einer Meinungsumfrage einige Tage nach dem Auffliegen des Skandals erklärten zwei Drittel der Befragten, ihnen sei die Vergangenheit des Regierungschefs gleichgültig, er brauche deshalb nicht den Hut zu nehmen. Zwei Monate später war Medgyessy sogar der populärste Politiker überhaupt, und 62 Prozent der Befragten meinten, die Dinge gingen in eine gute Richtung …

Wie wir noch später sehen werden, galt und gilt die Tätigkeit für das Innenministerium und den Geheimdienst stets als ein Kavaliersdelikt. Der Vordenker und frühere Vorsitzende der Liberalen, der Philosoph János Kis, beklagte damals sofort in einer vernichtenden Analyse den moralischen Bankrott seiner Partei, verurteilte die Irreführung der Wähler und sagte auf lange Sicht schwerwiegende politische Folgen voraus. Die aus politischer Taktik verdrängten Bedenken der SzDSz-Fraktion prägten letzten Endes die spätere Verschärfung ihres Konfliktes mit Medgyessy und trugen zu seinem unerwarteten Sturz bei. Rückblickend beschleunigte die Reaktion auf die opportunistische Haltung der Partei auch den unaufhaltsamen Niedergang dieses Überbleibsels der einstigen demokratischen Opposition.

Wer war eigentlich Péter Medgyessy, jener als parteilos auftretende Fachmann, der die Sozialisten im April 2002 gegen die so lange siegessichere Partei Orbáns zum knappen Erfolg bei den Urnen führen konnte? Im Gegensatz zu seinem Vorgänger und seinem Nachfolger entstammte Medgyessy einer zum Teil kleinadligen, bürgerlichen und intellektuellen Familie aus Siebenbürgen. Geboren 1942 in Budapest, trat er als Student an der Wirtschaftswissenschaftlichen Universität 1965 der Staatspartei bei und machte dann im Finanzministerium eine ebenso glatte wie rasante Karriere. Kaum 40-jährig, wird der anpassungsfähige und geschickte Spitzenbeamte schon zum Vizeminister ernannt. Dass er vorher fünf Jahre lang in der erwähnten, höchst vertraulichen zusätzlichen Position als streng geheimer Abwehroffizier anscheinend erfolgreich tätig gewesen war, dürfte den Weg zum Karrieresprung geebnet haben.

Im Jahr 1987 wurde Medgyessy zum Finanzminister ernannt. Wieder bewies er seine absolute Loyalität zum kommunistischen Regime, indem er die von den Parteidogmatikern kritisierte theoretische Werkstatt der Wirtschaftsreformer, das Institut für Finanzforschung, wunschgemäß aufgelöst hatte. In der letzten reformkommunistischen Regierung von Miklós Németh amtierte Medgyessy bereits als für Wirtschaftsfragen zuständiger stellvertretender Ministerpräsident. Zugleich rückte er auch in das Zentralkomitee der Kommunistischen Partei auf (1987–89).

Nach der Wende wartete der umgängliche und außerordentlich gut vernetzte Mann einstweilen ab; er trat auch nicht in die neu gegründete Sozialistische Partei ein. Als Vertreter der franzö-

*Vorbereitungen für ein Fernseh-Interview mit KP-Parteichef
János Kádár in Budapest, 1981.*

*Der sowjetische Parteichef Michail Gorbatschow
mit seinem Gastgeber János Kádár 1983 in Budapest.*

*Gespräch mit dem ungarischen Ministerpräsidenten
Károly Grósz in seinem Budapester Büro, 1989.*

*Mit dem Vorsitzenden der Ungarischen Sozialistischen Partei
Rezső Nyers im ORF-Studio, 1989.*

Ministerpräsident József Antall auf Besuch beim deutschen Bundeskanzler Helmut Kohl in Bonn, 1990.

Der frühere Ministerpräsident (1993–1994) Péter Boross.

Fernseh-Interview mit dem ungarischen Ministerpräsidenten Gyula Horn nach seinem Autounfall, Budapest 1994.

*Staatspräsident Árpád Göncz präsentiert den ungarischen
Sammelband „Honnan-hová" des Autors, 1995.*

*Bei der Frankfurter Buchmesse signiert der Autor sein neues
Ungarn-Buch für Ministerpräsident Viktor Orbán, 1999.*

*TV-Interview mit dem früheren Ministerpräsidenten
Miklós Németh, Budapest 1999.*

*Signieren der ungarischen Ausgabe der Memoiren
für Ministerpräsident Péter Medgyessy, Budapest 2003.*

*Viktor Orbán mit dem Forintmilliardär Gábor Széles
und dem rechtsnationalen Politiker Sándor Lezsák, 2007.*

*Mit dem Reformkommunisten und früheren Staatsminister
Imre Pozsgay bei einer Feier in Eisenstadt, 2009.*

Ministerpräsident Ferenc Gyurcsány (2004–2009)
zeigt eine Büste des hingerichteten Ministerpräsidenten
der 1956-Revolution, Imre Nagy, 2009.

Gordon Bajnai, Chef der Übergangsregierung (2009–2010),
in seinem Arbeitszimmer mit dem Autor.

*Streik der Taxifahrer und Blockade einer Budapester Brücke
im Herbst 1990 aus Protest gegen die
massive Benzinpreiserhöhung.*

*Schlange besorgter Sparer nach Pleitegerüchten
über die Postbank, 1997.*

Rechtsextremisten stürmen das Budapester TV-Zentrum nach Bekanntgabe der „Lügenrede" Gyurcsánys, gehalten am 26. Mai 2006. Es entstanden enorme Schäden.

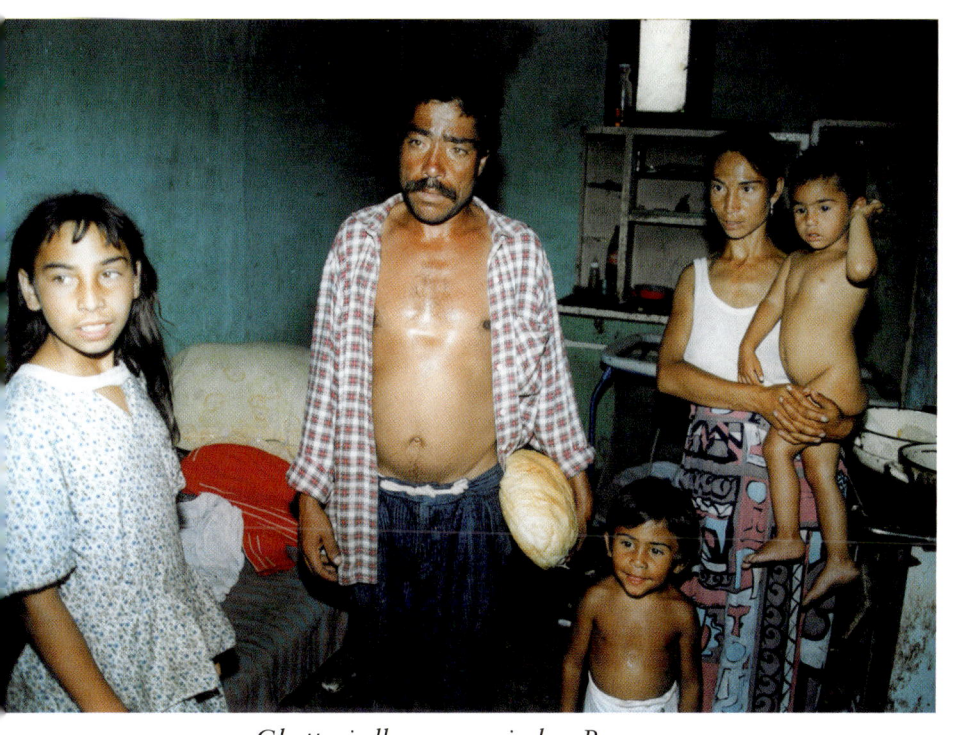

Ghettosiedlung ungarischer Roma
im ostungarischen Dorf Hencida, Juli 2010.

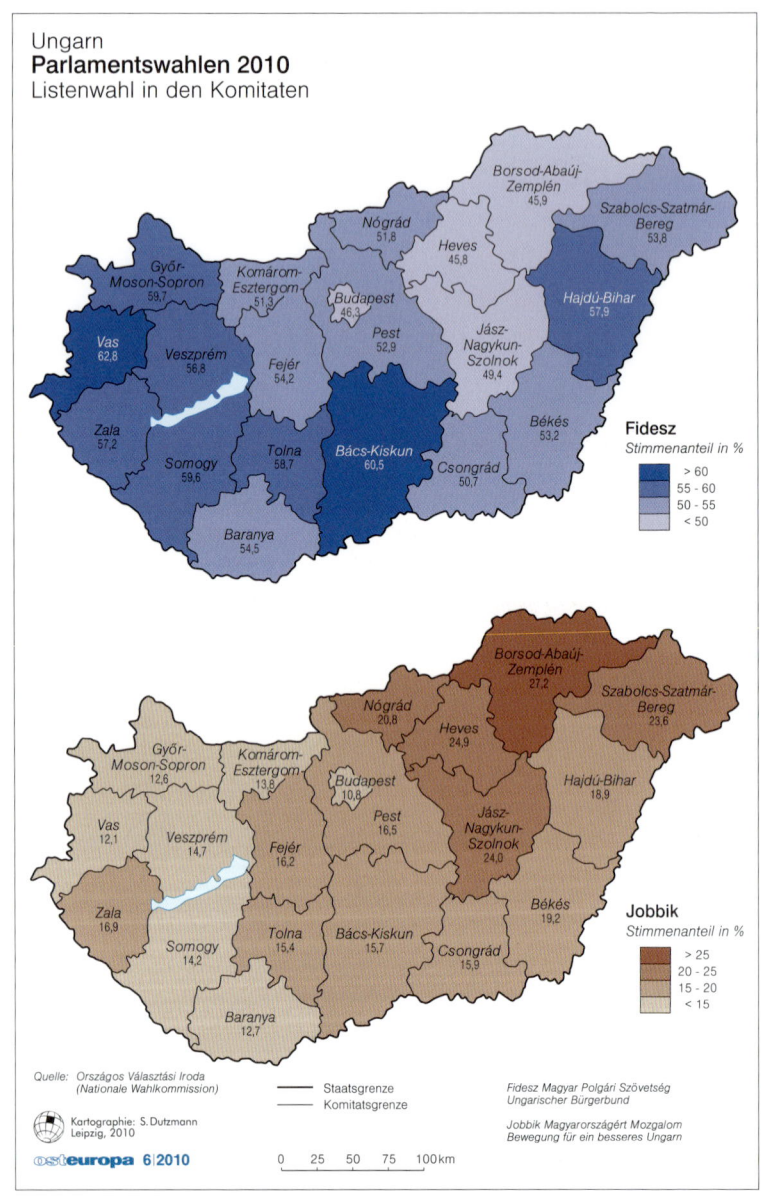

Ungarn
Parlamentswahlen 2010
Listenwahl in den Komitaten

Fidesz
Stimmenanteil in %

- > 60
- 55 - 60
- 50 - 55
- < 50

Borsod-Abaúj-Zemplén 45,9
Szabolcs-Szatmár-Bereg 53,8
Nógrád 51,8
Heves 45,8
Győr-Moson-Sopron 59,7
Komárom-Esztergom 51,3
Budapest 46,3
Hajdú-Bihar 57,9
Vas 62,8
Veszprém 56,8
Fejér 54,2
Pest 52,9
Jász-Nagykun-Szolnok 49,4
Zala 57,2
Somogy 59,6
Tolna 58,7
Bács-Kiskun 60,5
Csongrád 50,7
Békés 53,2
Baranya 54,5

Jobbik
Stimmenanteil in %

- > 25
- 20 - 25
- 15 - 20
- < 15

Borsod-Abaúj-Zemplén 27,2
Szabolcs-Szatmár-Bereg 23,6
Nógrád 20,8
Heves 24,9
Győr-Moson-Sopron 12,6
Komárom-Esztergom 13,8
Budapest 10,8
Hajdú-Bihar 18,9
Vas 12,1
Veszprém 14,7
Fejér 16,2
Pest 16,5
Jász-Nagykun-Szolnok 24,0
Zala 16,9
Somogy 14,2
Tolna 15,4
Bács-Kiskun 15,7
Csongrád 15,9
Békés 19,2
Baranya 12,7

Quelle: Országos Választási Iroda
(Nationale Wahlkommission)

Kartographie: S. Dutzmann
Leipzig, 2010

osteuropa 6|2010

———— Staatsgrenze
———— Komitatsgrenze

0   25   50   75   100 km

Fidesz Magyar Polgári Szövetség
Ungarischer Bürgerbund

Jobbik Magyarországért Mozgalom
Bewegung für ein besseres Ungarn

*In Nordost-Ungarn erreichte die rechtsradikale „Jobbik"-Partei
bei den Parlamentswahlen 2010 starke Stimmengewinne.*

600 neue Gardisten werden auf dem Budapester Helden- platz feierlich vereidigt, 2007.

„Jobbik"-Führer feiern nach dem Erfolg bei der Europawahl 2009: Krisztina Morvai, rechts von ihr Parteichef Gábor Vona.

*Nach seinem Wahlsieg wird Viktor Orbán feierlich
im Parlament als Ministerpräsident angelobt, Juni 2010.*

sischen Paribas Bank in Ungarn im Range eines Generaldirektors führte Medgyessy, der ausgezeichnet Französisch spricht, ein recht angenehmes Leben. Nach dem Sieg der MSzP wollte Regierungschef Horn ihn zum Industrieminister ernennen, aber statt ihm wurde im letzten Augenblick doch ein fleißiger Parteimann ernannt. Medgyessy übernahm dann den Posten des Generaldirektors der staatlichen Investitionsbank. Wie schon im vorigen Kapitel erwähnt, wurde Medgyessy schließlich 1996–1998 zum Finanzminister der sozial-liberalen Regierung von Horn bestellt.

Während der Orbán-Ära kehrte er wieder in die Finanzwelt zurück, diesmal als Präsident der Inter-Europa Bank und als Vizepräsident einer Versicherungsgesellschaft. Es ist nicht ganz klar, was eigentlich den Ausschlag für seine Wahl am 9. Juni 2001 zum sozialistischen Kandidaten für den Posten des Ministerpräsidenten gab. Der Parteichef der MSzP, László Kovács, blockierte mit Erfolg die versuchte Rückkehr des früheren Ministerpräsidenten Miklós Németh in die ungarische Politik. Unter der Devise „Ich bin lieber der zweite oder fünfte Mann einer siegreichen Partei als der erste Mann einer geschlagenen Partei" machte Kovács den Weg frei für den parteilosen Ex-Genossen Medgyessy. Kenner der parteiinternen Vorgänge behaupten, dass es der Kampf um die Nominierung des sozialistischen Spitzenkandidaten zwischen Miklós Németh und László Kovács war, der die Chance für Medgyessys Wiedereintritt in die Politik eröffnete.

Nach übereinstimmenden Berichten spielte die seit dem gemeinsamen Studium an der Wirtschaftsuniversität mit Medgyessy eng befreundete frühere Spitzenbeamtin und Vizeministerin im Ministerium für Außenhandel unter dem kommunistischen Regime, Piroska Apró, bei der für die Öffentlichkeit überraschenden Rückkehr Medgyessys in die Politik eine Schlüsselrolle. Die hochbegabte und in der postkommunistischen Managerelite blendend vernetzte Tochter des langjährigen KP-Politbüromitglieds Antal Apró war nach der Wende unter anderem Kabinettschefin des Ministerpräsidenten Horn, Präsidentin der Export-Import-Bank

113

und eine äußerst erfolgreiche Geschäftsfrau. Sie stellte nicht nur die innerparteilichen Weichen für den unerwarteten Aufstieg des parteilosen Medgyessy, sondern vermittelte ihm sogar ihre begabte und sprachkundige Tochter Klára Dobrev als seine Kabinettschefin. Diese wiederum war schon seit Jahren mit dem einstigen kommunistischen Jugendfunktionär und inzwischen zum reichen Geschäftsmann gewordenen Ferenc Gyurcsány verheiratet. Das Ehepaar gehörte dann zum engen Beraterkreis Medgyessys während der Wahlkampagne.[2]

Der neue Ministerpräsident ging in die jüngste ungarische Geschichte nicht nur und nicht einmal in erster Linie wegen seiner umstrittenen und undurchsichtigen „D-209"-Geheimdienstaffäre ein. Es war seine Finanz- und Wirtschaftspolitik, die vielen Beobachtern gerade wegen seiner Laufbahn ein Rätsel aufgab. Péter Medgyessy hatte nämlich den knappen Sieg über Viktor Orbán auch durch sein Image als selbstbewusster und sehr erfahrener, ruhiger und fachlich überlegener Technokrat, als ein international versierter Fachmann mit einem staatsmännischen Anstrich erreicht. Er war fast 25 Jahre im Finanzministerium tätig, vor und nach der Wende sogar jahrelang Finanzminister, schließlich bekleidete er in der privaten Bankenwelt Spitzenpositionen. Als Regierungschef zog er aber sofort für sein viel zitiertes „100-Tage-Programm" die Spendierhose an. Wie es der bekannte internationale Nationalökonom András Inotai formulierte: „Seine unverzeihliche Schuld war, dass er als ein Herr darauf bestand, seine Wahlversprechungen ausnahmslos zu erfüllen".

Vielleicht nie zuvor teilte ein ungarischer Ministerpräsident so viele Wahlgeschenke in so kurzer Zeit aus, wie es Medgyessy im Sommer 2002 tat. Die Gehälter der öffentlich Bediensteten (rund 800.000 Menschen) wurden um 50 Prozent erhöht, die Stipendien um 30 Prozent, die Steuer auf die bereits von Orbán

---

2 Für den Lebenslauf und die politische Rolle Ferenc Gyurcsánys siehe das 9. Kapitel „Glanz und Niedergang Ferenc Gyurcsánys".

erhöhten Mindestlöhne und die Rundfunkgebühren wurden abgeschafft und ab Januar 2003 führte man die 13. Monatsrente für rund drei Millionen Pensionisten ein. Diese Wahlgeschenke ohne Deckung sowie die Modernisierungspläne für den Bau von Autobahnen zusammen mit der Fortsetzung der von der Fidesz-Regierung geerbten großzügigen Zinsverbilligung für Wohnbaukredite produzierten bereits 2002 ein Budgetdefizit von 7,5 Prozent des Bruttoinlandsproduktes und belasteten den öffentlichen Haushalt auch für die kommenden Jahre schwer.

Diese und andere Maßnahmen der Regierungen Orbán und Medgyessy führten dazu, dass zwischen 2001 und 2005 der Konsum der privaten Haushalte um 33 Prozent stieg, während das Bruttoinlandsprodukt nur um 18 Prozent wuchs. Allein im Jahr 2003 erhöhten sich die Realverdienste um 7,3 Prozent in der Privatwirtschaft und um 12,7 Prozent im öffentlichen Sektor. Während die sozial-liberalen Koalitionspartner statt der Reduzierung des Defizits dieses durch erhöhte Wohlfahrts- und Modernisierungsausgaben weiter steigerten, forderten die rachedurstigen Oppositionsvertreter die restlose Erfüllung der überdimensionierten Versprechungen. Aus diesem Teufelskreis konnten alle Regierungen nicht mehr ausbrechen und blieben sogar bis 2009 weit davon entfernt, die Maastricht-Kriterien zu erfüllen.[3] Alle ernst zu nehmenden Ökonomen sind sich einig, dass dieses Spießrutenlaufen im öffentlichen Haushalt in den letzten Jahren der ersten Regierung Orbán eingeleitet und durch die Regierung Medgyessy mit beschleunigtem Tempo fortgesetzt wurde.

Medgyessy behauptet heute noch, dass er damals mit den berüchtigten „100-Tage-Programmen" richtig gehandelt habe:

---

3 Laut dem 1992 geschlossenen Vertrag von Maastricht darf das öffentliche Defizit nicht 3 Prozent des Bruttoinlandsproduktes (BIP) und der öffentliche Schuldenstand nicht 60 Prozent des BIP übersteigen; ferner darf die Inflationsrate maximal 1,5 Prozentpunkte über derjenigen der drei preisstabilsten EU-Staaten und der langfristige Zinssatz höchstens 2 Prozentpunkte höher liegen als in diesen drei Staaten.

„Man kann nicht glücklich sein in einer ungerechten Gesellschaft. Deshalb habe ich meine Versprechungen über die Erhöhung der Gehälter von Lehrern und Mittelschulprofessoren, Krankenschwestern und Ärzten usw. eingehalten. Später wollte ich das Defizit senken, aber in der MSzP fehlte der Mut; sie waren ungeduldig und zugleich hatten sie Angst, dass sie 2006 die Wahlen verlieren würden." Ein Spitzenjurist und ehemaliger Kommissar für die Verwaltungsreform sieht seine Motive anders: „Medgyessy hatte als Ökonom gewusst, dass er nicht richtig handelte, aber er brauchte das Spendieren, um ein Lager hinter sich zu sammeln. Er hätte in Wirklichkeit am liebsten eine nationale, christliche Mitte-Links-Partei für sich organisieren wollen. Er teilte aus, weil er gewinnen wollte. Er wurde vom Parteiapparat umgebracht, aber er wollte den Apparat auch umbringen. Er ist zwar begabt, aber entscheidungsunfähig."

Einer seiner Vorgänger als Finanzminister formuliert schärfer: „Fähig, aber eitel, von einem schwachen Charakter. Der schlechteste Ministerpräsident, der den größten Schaden verursacht hat. Es gefiel ihm sehr, dass er Ministerpräsident wurde. Seine Legitimität in der MSzP wird dadurch gefestigt, dass er der große Beglücker des Volkes sein wird. Er übererfüllt die Wahlversprechungen mit einem und dann mit dem zweiten 100-Tage-Programm. Er wird das Land in die Pleite führen." Ähnlich urteilt ein ehemaliger Minister in seiner Regierung: „Medgyessy war der schwächste Ministerpräsident, ohne Charisma, faul und feig. Er hat nicht bis 18 Uhr gearbeitet wie die anderen, er konnte weder entscheiden noch als Beispiel wirken. Er wollte einfach seinem CV hinzufügen können, dass er Ministerpräsident gewesen sei."[4]

Man könnte noch eine Reihe ähnlicher Einschätzungen über die Person Medgyessys anführen. Der Grund für seinen relativ raschen Sturz lag nicht in seinen von der schnellen Popularität

---

4   Diese vier Zitate stammen aus Gesprächen mit mir, die Ende 2009 und Anfang 2010 in Budapest auf Band aufgenommen wurden.

verblendeten finanzpolitischen Missgriffen. Vor dem Hintergrund der immer offensichtlicheren Orientierungslosigkeit und der von permanenten Fraktionskämpfen gelähmten Sozialistischen Partei strahlte der parteilose Regierungschef weder Führungskraft aus, noch konnte er Konzepte, geschweige denn eine Strategie zur Abwehr der wieder dynamisch auftretenden Opposition präsentieren. Dazu kamen seine von den Medien und erst recht vom politischen Gegner hochgespielten wiederholten Pannen im Stil und Verhalten.

Nach seiner Regierungserklärung und der Aufregung um die „D-209"-Affäre weilte das Ehepaar Medgyessy zum Beispiel in Cannes an der französischen Riviera, als am 14. August 2002 Ungarn von einer besonders schweren Überschwemmung der Donau hart getroffen wurde. Rund 20.000 Menschen waren im Einsatz, um die Dämme gegen das Hochwasser zu befestigen. Tausende mussten vor der Flut in Sicherheit gebracht werden. Der Ministerpräsident blieb aber seelenruhig noch zwei Tage in Cannes und erschien erst am 17. August bei der auch vom Wasser bedrohten malerischen Kleinstadt Szentendre vor Budapest. Der „reisende Weltmann" wurde noch schärfer kritisiert, als er sich Ende 2002 so geheim auf Weihnachtsurlaub nach Kuba begab, dass nicht einmal sein Regierungssprecher auf neugierige Journalistenfragen über den Aufenthaltsort Auskunft geben konnte. Dass Medgyessy ausgerechnet einen der letzten kommunistischen Staaten für Ferien ausgewählt hatte, lieferte zusätzlichen Stoff für hämische Kommentare. Auch bei einem anderen, wieder halb geheim gehaltenen Urlaub in Thailand gab es Schnitzer bei der Informationspolitik.

Zur positiven Seite bei der Bilanz der Regierung Medgyessy gehört die Außenpolitik, vor allem der Beitritt zur Europäischen Union und die Verbesserung der Beziehungen zu den Nachbarländern. Als eine mutige persönliche Geste wurde die Anwesenheit des Ministerpräsidenten bei einem vom rumänischen Regierungschef Adrian Năstase gegebenen Empfang in einem Budapester

Hotel anlässlich des rumänischen Nationalfeiertages gewertet. Medgyessy war übrigens der erste ungarische Ministerpräsident, der ausgezeichnet Rumänisch sprechen konnte, weil sein Vater nach dem Zweiten Weltkrieg fast fünf Jahre lang die ungarische Handelsmission in Bukarest leitete und deshalb sein Sohn schon als Kind die Sprache erlernen konnte. Auch das Verhältnis zu Russland wurde durch mehrere persönliche Kontakte Medgyessys mit Präsident Putin intensiviert.

Bereits die unvermeidlich gewordenen ersten und noch relativ schmerzlosen Maßnahmen zur Einschränkung der Subventionen bei den Wohnungskrediten und zur Reduzierung oder Verschiebung von diversen Budgetausgaben verschlechterten 2003 überraschend schnell die Stimmung breiter Bevölkerungsschichten. Die Umfragen spiegelten den Rückgang der Popularität des Ministerpräsidenten wider. Anfang 2004 diskutierten schon die sozialistischen Spitzenfunktionäre darüber, wie und wann sie sich von der Person Medgyessys freispielen könnten. Der Ministerpräsident habe ja seinen historischen Auftrag erfüllt, indem er die Wahlen, wenn auch sehr knapp, für die MSzP gewonnen hatte.

Es war allerdings Medgyessy selbst, der durch umstrittene persönliche Initiativen die Unterstützung der Regierungsparteien aufs Spiel setzte. Er schlug im Einklang mit den Ratschlägen amerikanischer Werbeleute die Einführung einer zweiten Kammer im Parlament, die Reduzierung der Zahl der Abgeordneten und die Direktwahl des Staatspräsidenten vor. Darüber hinaus stellte er auch die Idee einer gemeinsamen Liste aller Parteien bei den kommenden Wahlen zum Europäischen Parlament zur Diskussion und deutete die Möglichkeit eines Referendums über diese Fragen an. Die hastig präsentierten Ideen wurden rechts und links kritisiert und schließlich von den Regierungsparteien ad acta gelegt.

Die Europawahl am 13. Juni 2004 war dann eine schallende Ohrfeige für die Regierung Medgyessy und die MSzP. Der Fidesz gewann 12 Mandate gegen 9 für die MSzP, 2 für die SzDSz und ein Mandat für das MDF. Noch wichtiger waren aber die Prozentsätze: 47,41 Prozent für die Opposition und nur 34,41 Prozent für die Sozialisten. Die Schockwirkung seiner ersten persönlichen Niederlage bewegte den Ministerpräsidenten an zwei Fronten der Machtkämpfe, die Flucht nach vorn zu ergreifen.

Innerhalb der MSzP erschien in den Augen Medgyessys der um fast 20 Jahre jüngere Ferenc Gyurcsány, der damals den 60. Platz auf der Liste der reichsten Ungarn einnahm, zuerst als ein potenzieller und später als vielleicht sein gefährlichster Rivale. Der Mann seiner einstigen Kabinettschefin Klára Dobrev und Schwiegersohn jener Piroska Apró, die bei seinem eigenen Aufstieg zur Regierungsspitze eine so wichtige Rolle gespielt hatte, bewies wiederholt seine außerordentliche Begabung. Er spielte schon in der Wahlkampagne hinter den Kulissen eine maßgebliche Rolle und wurde ab Sommer 2002, nach dem Sieg Medgyessys, dessen Chefberater.

Gyurcsány prägte die viel zitierten Begriffe von der „nationalen Mitte" und vom „dritten Weg" nach Ideen des Labour-Vordenkers Anthony Giddens. Im Mai 2003 ernannte Medgyessy seinen Berater zum Sport- und Jugendminister. Dieser begann seinen sorgfältig geplanten innerparteilichen Aufstieg zuerst als Mitglied des Vorstandes der sozialistischen Partei (März 2003) und im darauf folgenden Februar als Parteivorsitzender der wichtigen Region Győr-Sopron. Durch landesweite Auftritte und Artikel baute Gyurcsány, der erst 2000 der MSzP beitrat, seine Position aus.

Fast gleichzeitig brach ein offener Konflikt zwischen dem Regierungschef und dem liberalen Wirtschaftsminister István Csillag aus. Dieser angesehene Nationalökonom wurde von Medgyessy im Lauf des Jahres zuerst intern und später öffentlich wegen mangelnder Kompetenz bei der Leitung seines auch für den Bau von Autobahnen zuständigen großen Ressorts kritisiert. Zuletzt ging es um die Entscheidung zwischen drei Baukonzernen (zwei aus Österreich und einer aus Frankreich) um den lukrativen Auftrag für die Errichtung und das Management einer geplanten

Autobahnstrecke. Ob und wie weit hier die Gerüchte über angebliche handfeste Interessen bei den beiden Politikern im Hintergrund des Machtkampfes stichhaltig waren, kann man heute nicht mehr feststellen. Jedenfalls erklärte Medgyessy in einem Interview inmitten der Gerüchte über den Konflikt mit Csillag, die SzDSz sei von Bestechungsaffären durchsetzt. Er forderte den bedingungslosen Rücktritt Csillags und kündigte zugleich eine Regierungsumbildung an, einschließlich der Ablöse Gyurcsánys.

Im Lauf der dramatischen Tage und Stunden stellte sich heraus, dass Medgyessys ultimative Aufforderung an den Koalitionspartner, die Ablöse seines Wirtschaftsministers zu akzeptieren, wirkungslos verpuffen musste, weil die Sozialisten die von den Liberalen angedrohte Auflösung der Koalitionsregierung ernst nahmen und statt Minister Csillag lieber den zum „Papiertiger" und deshalb nutzlos gewordenen Ministerpräsidenten opfern wollten. Der bis zur Weißglut gereizte Medgyessy gab gleichzeitig mit der Tagung des MSzP-Kongresses, wo die Entscheidung über seinen Nachfolger fallen sollte, seinen Rücktritt bekannt und griff in einer emotionalen Erklärung ungenannte „Putschisten" als Drahtzieher hinter seinem Sturz an.

Die Ära der Regierung Medgyessy blieb also ein relativ kurzes Intermezzo vor der von niemandem, auch von Ferenc Gyurcsány selbst, so schnell nicht erwarteten Blitzkarriere des fähigsten und reichsten, umstrittensten und unberechenbarsten Politikers des linken Lagers.

8. Kapitel

Sendungsbewusstsein einer verführbaren Nation

Nach dem Zusammenbruch der kommunistischen Regime sagte der französische Publizist Alain Minc im Jahr 1990 voraus, mit der Auflösung des Blocksystems beginne die Rache der Nationen. Das Aufbrechen der politischen Nachkriegsordnung werde eine Renaissance nationalen Denkens freisetzen, von der man einiges erhoffen könne und viel befürchten müsse.[1] Die Jugoslawienkriege, ausgelöst durch das großserbische Hegemoniestreben, aber auch aufgestachelt durch kroatische, albanische und bosnisch-moslemische Abwehrreaktionen, haben den mittel- und osteuropäischen postkommunistischen Staaten mit aller wünschenswerten Deutlichkeit die katastrophalen Folgen des mythisch aufgeladenen, zügellosen nationalen Konfliktes gezeigt.

Seit der Osterweiterung der Europäischen Union konnten rund zwei Millionen Angehörige der ungarischen Minderheiten in Rumänien und in der Slowakei die lange ersehnte Freizügigkeit ohne Visum in Europa und so auch die Reisefreiheit in das und aus dem Mutterland erreichen; sogar die 300.000 Ungarn in Serbien dürften ohne die EU-Mitgliedschaft ihres Landes bald diese Reisefreiheit genießen. Trotz der Zugehörigkeit Rumäniens, der Slowakei und Ungarns zur EU und zur NATO erleben wir heute die Wiederkehr des scheinbar unversehrten alten Nationa-

---

1 Zitiert in: Grenzfälle. Über neuen und alten Nationalismus, hrsg. v. Michael Jeismann und Henning Ritter, Leipzig 1993.

lismus ins Zentrum der ungarischen Politik. Mit ungeahnter Geschwindigkeit scheint die gegenseitige Aufschaukelung der historischen Ressentiments und der schwülstigen Nationalrhetorik im Karpatenbecken die Durchschlagskraft zu beweisen, über die die Energie des Nationalen gegenüber dem internationalen Europagedanken verfügt.

In seiner lange Jahre vor dem Zerfall des Sowjetreiches erschienenen Studie über „die frühere Vernachlässigung und gegenwärtige Macht des Nationalismus" schrieb der bedeutende Denker Isaiah Berlin, der Nationalismus sei „die Erhebung des Interesses der Einheit und Selbstbestimmung der Nation zum höchsten Wert, dem im Konflikt fast alle anderen Erwägungen untergeordnet werden mussten", und fügte fast prophetisch hinzu: „Bis heute hat niemand überzeugend bewiesen, dass die menschliche Vorstellungskraft nachweisbaren Gesetzen folgt und bis heute kann niemand den Gang der Ideen vorhersagen."[2]

Es gibt fast nirgendwo in Mitteleuropa und auf dem Balkan eine offene Auseinandersetzung mit der eigenen Geschichte. Die von Berlin erwähnte „Verbindung von historischen Erinnerungen und Ressentiments mit metaphysischem und moralischem Fanatismus" ersetzt noch immer das kritische Geschichtsbewusstsein. Gerade deshalb ist es so gefährlich für Europa, dass Viktor Orbán, „der talentierteste Populist Mitteleuropas"[3], seit Jahren den Nationalismus mit dem Attribut „christlich" zum Zweck der politischen Machteroberung und nach der gewonnenen Wahl zur eigenen Herrschaftssicherung schürt und benutzt.

Zwei umstrittene und hastig verabschiedete Gesetze der Regierung Orbán kurz nach ihrem Amtsantritt Ende Mai 2010 über das Anrecht aller Ungarn auf einen ungarischen Pass, auch wenn sie über keinen ständigen Wohnsitz in Ungarn verfügen, sowie die

---

2 Siehe Isaiah Berlin, Der Nationalismus, 1981, mit einer Einführung von Henning Ritter, 1990, beide Frankfurt am Main.
3 So Richard Swartz, der schwedische Publizist, in der Süddeutschen Zeitung am 30.4.2010.

Bestimmung des 4. Juni, des Tages des Vertrags von Trianon im Jahr 1920[4] zum Tag der Nationalen Zusammengehörigkeit, haben nicht nur in den Nachbarländern, sondern auch in der EU und in den internationalen Kanzleien sowie in der internationalen Presse durch die Bank einen kritischen und allgemein negativen Widerhall ausgelöst. Wenn dabei auch die überzogenen Reaktionen der slowakischen Seite ebenso wie frühere minderheitenfeindliche Regelungen des slowakischen Sprachgesetzes kritisiert wurden, ließen doch die meisten Blätter kaum Zweifel aufkommen, dass sie in erster Linie „Orbáns Spiel mit dem Feuer"[5] und „seine messianistischen Selbstinszenierungen" für die zwischenstaatlichen Spannungen verantwortlich machen.

Wenn man die Maßnahmen der herrschenden Elite in der Zeit zwischen den beiden Weltkriegen (István Bibó schrieb vom „Sackgassencharakter der ungarischen Geschichte"), ihre Handlangerdienste bei der Auslöschung des ungarischen Judentums, bei dem Überfall auf Jugoslawien und die Sowjetunion im Schlepptau des Dritten Reiches und die Tendenz des wiedererwachten christlichnationalen Kurses zur kollektiven Selbstverherrlichung in Schrift und Bild Revue passieren lässt, dann erhebt sich die Frage: Ist die ungarische Nation in höherem Maße verführbar als andere europäische Nationen – und wenn ja, warum?[6] Ist es vereinbar mit der politischen Kultur im demokratischen Europa, dass Gegner der Gesetze über die Doppelstaatsbürgerschaft oder den Gedenktag

---

4 Siehe für Details das 4. Kapitel über „Die Wurzeln des ungarischen Antisemitismus".
5 Leitartikel der Neuen Zürcher Zeitung, 29./30.5.2010. Ähnlich schrieben Ende Mai/Anfang Juni zum Beispiel die Süddeutsche Zeitung, Die Welt, Der Standard, Die Presse, Le Monde, Die Zeit und erst recht die slowakischen und tschechischen, rumänischen und serbischen Blätter.
6 Diese Frage stellte wörtlich und diskutierte der deutsche Ex-Kanzler Helmut Schmidt in Bezug auf die Deutschen mit dem deutschstämmigen amerikanischen Historiker Fritz Stern, in: Unser Jahrhundert, München 2010, S. 51.

zum Trianon-Vertrag, wie etwa der frühere Ministerpräsident Ferenc Gyurcsány (2004–2009), als „Vaterlandsverräter" oder „vaterlandslose Gesellen" beschimpft werden?

Nach allen Meinungsumfragen und Studien ist die Schlussfolgerung unbestritten: Die eigentliche Hypothek, die auf Ungarn lastet, ist das Verdrängen, Verschweigen und Beschönigen der Wahrheit, aus jeweils unterschiedlichen Gründen, über den Weg nach Trianon, zur Todesurkunde des Stephansreiches und zu den verhängnisvollen Umwälzungen zwischen 1920 und 1989. Was Nietzsche „Feigheit vor der Realität" nannte, gilt in verschiedener Hinsicht wohl für alle postkommunistischen Staaten und keineswegs nur für Ungarn. Zugleich muss man aber auch an die treffende Beobachtung William M. Johnstons, des amerikanischen Kulturhistorikers, erinnern: „Die Bereitwilligkeit, die Welt durch eine rosarote Brille anzusehen, verleitete die Ungarn dazu, ihre Größe zu übertreiben, während sie das Elend der unterworfenen Völker nicht zur Kenntnis nahmen … Ihre Fähigkeit zum Träumen hat die Ungarn zu herausragenden Advokaten gemacht, stets bereit, Ungarn als Ausnahme unter den Nationen zu verteidigen."[7]

Die Kommunikationswissenschaftlerin Mária Vásárhelyi enthüllte in mehreren Studien die Langzeitwirkung der Heldensagen. So glaubten noch 2005 76 Prozent der Befragten der nachweisbar gefälschten Hunnensage von Simon Kézai, des Hofpredigers (1282–1285), wonach die Ungarn Nachfahren der Hunnen gewesen seien. 69 Prozent meinten, Ungarn hätte im 14. Jahrhundert an drei Meere (Schwarzes Meer, Adria und Nordsee) gegrenzt. Nur 9 Prozent bejahten die Frage, ob die Ungarn die Nationalitäten auf ihrem Territorium immer schlecht behandelt hätten; 17 Prozent sagten „zum Teil", aber 70 Prozent antworteten mit einem festen Nein.

---

7 William M. Johnston, Österreichische Kultur- und Geistesgeschichte. Gesellschaft und Ideen im Donauraum 1848–1938, Wien/Köln 1992, S. 348.

Was nun das Diktat von Trianon betrifft, so sieht die Wissenschaftlerin zwei Hauptgründe für das bis heute dominierende Trauma: Zuerst den alles überschattenden, aggressiven, radikalen Irredentismus der Horthy-Ära und sodann das 40 Jahre lange Schweigen während des Kádár-Regimes. Trotz der Behandlung des Trianon-Vertrages als ein absolutes Tabuthema erklärten bei einem 1976 unternommenen Forschungsprojekt 70 Prozent der Befragten, der Friedensschluss von Trianon erfülle sie mit tiefer Verbitterung. Selbst während der kommunistischen Diktatur hat also die Mehrheit der Menschen die Rückgewinnung der überwiegend ungarischen Gebiete in Siebenbürgen und der Südslowakei (Oberungarn) unterstützt.

Nach dem Systemwechsel kamen zwei Tendenzen gleichzeitig zur Geltung. Das rechtsgerichtete Lager hielt das Trianon-Trauma als Quelle des Nationalismus auf der Tagesordnung, während die Linke das Problem unter den Teppich kehrte. Als Folge der populistischen, sich immer aggressiver gebärdenden Rhetorik der Rechten und der Passivität der Linken hat die Deutungshoheit des rechten Lagers im letzten Jahrzehnt das Trianon-Bild der erwachsenen Bevölkerung geprägt. Allerdings weiß auch heute noch mehr als die Hälfte der Bevölkerung überhaupt nicht, in welchem Jahr der Friedensvertrag geschlossen wurde. Nur jeder zehnte erwachsene Staatsbürger glaubt, dass die ungerechte Behandlung und der gewaltsame Assimilationsdrang gegen die auf ungarischem Gebiet lebenden Nationalitäten eine wichtige Rolle bei dem für Ungarn so ungünstigen Vertrag gespielt hätten. Dreimal mehr Antworten suchten den Grund in der „Wühlarbeit der linken und jüdischen Kräfte", in den Hassgefühlen des französischen Ministerpräsidenten Clemenceau gegenüber seiner ungarischen Schwiegertochter und überhaupt in der traditionellen Antipathie der Franzosen gegenüber Ungarn.

Die brisanteste und spektakulärste Änderung zwischen 2002 und 2007 erfolgte aber in der heutigen Einstellung der Ungarn hinsichtlich der Einschätzung der Folgen von Trianon. Während im Jahr 2002 rund 18 Prozent der erwachsenen Bevölkerung meinten, die Folgen des Friedensvertrages könnten nie hingenommen werden, stieg dieser Prozentsatz bis heute um das Zweieinhalbfache. Darüber hinaus behauptete jeder Dritte in dieser Gruppe, man dürfe auf kein Mittel verzichten, um die verlorenen Gebiete wieder an Ungarn anzuschließen. Gleichzeitig fiel der Anteil jener, die für die Akzeptanz des Friedensvertrages Stellung nehmen, von 34 Prozent auf 24 Prozent, und noch weniger meinen, dass auf lange Sicht die Stärkung und Erweiterung der Europäischen Union eine Lösung bedeuten würde.

Diese Zahlen spiegeln eine bedenkliche und zugleich absurde Verschärfung der Haltung der ungarischen Gesellschaft wider. Infolge der intensiven rechten, ja rechtsradikalen Rhetorik wuchs die Zahl jener Ungarn, die nicht in einem sich einigenden Europa, sondern in irgendwelcher Revanche die Lösung für den ungerechten Vertrag suchen. Zugleich lassen aber die Antworten gerade jener Menschen, die unter keinen Umständen Trianon akzeptieren und alles tun wollen, um die abgetrennten Gebiete zurückzugewinnen, erkennen, dass sie keine Ahnung über die heutigen demografischen Verhältnisse in diesen Regionen haben.

Nur etwa 15 Prozent verfügen über annähernd richtige Kenntnisse der gegenwärtigen Bevölkerungsanteile. In Siebenbürgen beträgt der Prozentsatz der ethnischen Ungarn 21 Prozent, doch ist die Hälfte der Anhänger der Rückgewinnung in Ungarn selbst noch immer überzeugt, dass auch heute der ungarische Anteil dort über 50 Prozent liegt! Auch hinsichtlich aller verlorenen Gebiete werden die gegenwärtigen tatsächlichen Anteile der ethnischen Ungarn an der jeweiligen Gesamtbevölkerung dreifach überschätzt.[8]

---

8 Diese Zahlen stammen aus einem freundlicherweise von der Autorin zur Verfügung gestellten Manuskript einer Rede, die Mária Vásárhelyi bei einer Trianon-Konferenz in Budapest Anfang Juni 2010 gehalten hat.

Die besorgniserregende Radikalisierung der ungarischen Haltung zeigt, wie recht der britische Premier Lloyd George hatte, als er bei der Pariser Friedenskonferenz 1919/1920 zweimal vor den künftigen Gefahren gewarnt hatte, die ein auf Vergeltung sinnendes Ungarn für den Frieden in Mitteleuropa bedeuten würde: „Es wird in Südosteuropa nie Frieden geben, wenn jeder dieser jetzt entstehenden Kleinstaaten eine bedeutende ungarische Minderheit aufweist." Ein Jahr später warnte er noch einmal davor, ein Drittel der ungarischen Gesamtbevölkerung unter fremde Herrschaft zu stellen: „Es wird kein Friede herrschen, wenn sich nachträglich herausstellt, dass Ungarns Ansprüche gerechtfertigt sind und dass ganze ungarische Volksgruppen wie Rinderherden an die Tschechoslowakei und an Siebenbürgen (gemeint war: Rumänien, Anm. P. L.) übertragen wurden, nur weil die Konferenz die Behandlung der ungarischen Frage abgelehnt hatte."[9]

Kein Ungar wird gleichgültig bleiben, wenn es um die Denkmäler und die Schmuckstücke der Architektur, die Gräber und Geburtshäuser großer Könige und genialer Dichter in den traditionsreichen Städten Siebenbürgens in Rumänien und Oberungarns in der heutigen Slowakei geht. Romane und Gedichte, Gemälde und Familiengeschichten bewahren die Erinnerung an eine glorreiche, aber unwiderruflich versunkene Geschichte.

Der Glanz vergangener Zeiten verblasst allerdings immer mehr, wenn man in Erinnerung ruft, dass der Anteil der Ungarn in der (serbischen) Vojvodina von 28 Prozent im Jahr 1910 auf 14 Prozent heute, in Siebenbürgen von 31,63 Prozent auf knapp 20 Prozent, in der Südslowakei von 30,30 auf 10 Prozent fiel. Oder wenn man vor dem Hintergrund der bizarren großungarischen Phantasmagorien der Rechtsradikalen darauf hinweist, dass in der einstigen ungarischen Krönungsstadt Pressburg (für die Slowaken Bratislava, für die Ungarn Pozsony) heute nur jeder zwanzigste Ein-

---

9 Zitate aus Ignác Romsics, A trianoni békeszerződés (Der Friedensvertrag von Trianon), Budapest 2007, S. 178–182 (auf Ungarisch).

127

wohner Ungar ist, dass in Klausenburg (Cluj-Kolozsvár) ihr Prozentsatz nur 22 Prozent beträgt und in Kaschau (Košice-Kassa), der Heimatstadt meines Vaters (und des berühmten Schriftstellers Sándor Márai), nur 12,6 Prozent der Einwohner Magyaren sind.

Angesichts dieser Tatsachen hängen die Stellung und die Aussichten der ungarischen Minderheiten (290.000 in der Vojvodina; 1,74 Millionen in Siebenbürgen, 500.000 in der Slowakei und 150.000 in der Ukraine) von der Haltung der jeweiligen Mehrheitsnation, den Verhaltensweisen der politischen Vertretungen der Minderheiten und nicht zuletzt von der Nachbarschaftspolitik der jeweiligen Regierung des Mutterlandes, also Ungarns, ab. In einem früheren Kapitel wies ich bereits kurz auf die wichtigsten Tatsachen bezüglich des Zerfalls des historischen Großungarns und der Folgen des Trianon-Vertrages hin. Auch die Entwicklung der zwischenstaatlichen Beziehungen seit der Wende kann man nur dann verstehen, wenn man die Problematik der Minderheiten unter die Lupe nimmt.

Demütigung und Drangsalierung einer einstmals gefürchteten oder beneideten Gruppe prägten in einem fatalen dialektischen Kreislauf das Verhältnis zwischen Mehrheit und Minderheit. Diesen Rollenwechsel mussten etwa 3,5 Millionen Ungarn nach dem Ersten und Zweiten Weltkrieg in Rumänien, in der Tschechoslowakei und in Jugoslawien sogar dreimal vollziehen: Auf die jähe Metamorphose von Herrschenden zu Gejagten folgte nach den Wiener Schiedssprüchen der Achsenmächte (1938 und 1940) die teilweise Rückeroberung der verlorenen Gebiete und schließlich, nach 1945, der Rückfall in die Position einer besonders verdächtigen, potenziell irredentistischen Minderheit ohne wirksamen Minderheitenschutz.

Nach der Wende in Ungarn befasste sich bereits die erste Verfassungsrevision mit der Frage der Auslandsungarn. Bei der Definition der Ziele der Außenpolitik wurde ein Absatz eingefügt: „Die Republik Ungarn empfindet Verantwortung für das Schicksal der jenseits ihrer Grenzen lebenden Ungarn und fördert die

Pflege ihres Kontakts mit Ungarn." Das war zwar ein überfälliger Bruch mit den vier Jahrzehnten der Tabuisierung der heiklen nationalen und Minderheitenfragen, doch war die Intensität der Nachbarschaftspolitik stets durch die Prioritäten in der allgemeinen Politik der jeweiligen Regierungen sowohl in Ungarn wie auch in den anliegenden Staaten bestimmt.

Eine besondere Situation herrschte während der großserbischen Herrschaft in der Zeit der Milošević-Diktatur in der autonomen Region Vojvodina. Die Autonomie der Provinz wurde abgeschafft. Die Ansiedlung von tausenden serbischen Flüchtlingen aus Kroatien, gekoppelt mit starkem Druck auf die ungarische Minderheit, trug zur Vergiftung der Atmosphäre bei. Auch nach dem Ende der Diktatur verhinderte die starke Stellung der Nationalisten eine völlige Normalisierung der interethnischen Verhältnisse.

In der Zeit der Regierungen Antall und Horn wurden mit Kroatien und der Ukraine, mit der Slowakei und Rumänien Nachbarschaftsverträge geschlossen. Diese enthielten eine Minderheitenklausel und die wichtige Schlussfolgerung, dass der Schutz der Minderheiten nicht ausschließlich die innere Angelegenheit der betroffenen Staaten sei, sondern auch das Objekt der legitimen Beachtung seitens der internationalen Gemeinschaft bilde. Zugleich, sozusagen im Austausch, bekräftigte die ungarische Seite immer wieder die endgültige Akzeptanz der Grenzen. Die Rücknahme der nationalen Rhetorik auf ungarischer Seite, der Druck vonseiten der EU und der Erfolg der gemäßigten Kräfte haben dann die Möglichkeiten dafür geschaffen, dass die politischen Repräsentanten der ungarischen Minderheit sogar mehrmals in den Regierungen Rumäniens und der Slowakei vertreten waren.

Von Anfang an haben aber stets in erster Linie die Beziehungen zwischen den jeweiligen Regierungen in Ungarn beziehungsweise in den Nachbarstaaten die Stellung der Minderheiten und besonders deren Verhältnis zur politischen Führung der Mehrheitsnationen geprägt. Was einer der führenden ungarischen Intellektuellen, der erfolgreiche Verleger László Szigeti in Bratislava, über die zwei Hauptrichtungen in der Haltung der in der Slowakei lebenden Magyaren seit Trianon festgestellt hat, gilt trotz aller Unterschiede sinngemäß auch für die ungarischen Minderheiten in den anderen Nachfolgestaaten der Doppelmonarchie: Die Trennlinie verlief zwischen jener Haltung, die „ungarnzentrisch" eingestellt war, in der Zwischenkriegszeit offen den territorialen Revisionismus vertrat und jetzt die politische Einheit der ungarischen Nation anstrebt. Die andere Orientierung ist die sogenannte tschechoslowakische, die sich seit 1993, also seit der Entstehung des slowakischen Staates, die Integration in die slowakische Gesellschaft bei gleichzeitiger Bewahrung und Stärkung der ungarischen Identität, also auf der Grundlage des Ausgleiches mit den Slowaken, zum Ziel setzt.[10]

Eine spannungsvolle Situation entstehe erfahrungsgemäß immer dann, wenn auf einer der beiden Seiten zwischen Ungarn und der Slowakei eine stark national gesinnte Regierung an der Macht sei, meint der angesehene Nationalitätenexperte und Direktor des Institutes für Minderheitenforschung, Professor László Szarka.[11] In dieser Hinsicht sehen in- und ausländische Beobachter den Anfang der Radikalisierung auf der ungarischen Seite mit dem Wandel des Fidesz während der ersten Regierung Orbán (1998–2002) „zunehmend zu einer nationalistisch-konservativen Partei mit stark populistischer Rhetorik".[12] Zentraler Bezugspunkt der Nach-

---

10 Siehe das lange Interview mit László Szigeti in der Budapester Wochenzeitung Magyar Narancs, 5.9.2009 (auf Ungarisch).

11 Siehe das ausführliche Interview mit ihm unter dem Titel „Im politischen Sinne gibt es kein Karpatenbecken", in: Élet és Irodalom, 12.12.2008.

12 Vgl. Herbert Küpper, Ungarn und die magyarischen Minderheiten in den Nachbarstaaten, in: Ost-West Europäische Perspektiven – Schwerpunkt Ungarn, 2007/2. Für eine kritische Betrachtung der einseitigen ungarischen Maßnahmen, aber auch über die Entgleisungen des slowakischen Sprachengesetzes siehe auch die Aufsätze von Tamás Bauer in der literarischen Wochenzeitung „Élet és Irodalom", 2008–2010; ferner den Artikel von Csaba Tabajdi (sozialistischer EU-Abgeordneter), Die Nation gehört uns allen, in: Népszabadság, 21.5.2010 (auf Ungarisch).

barschaftspolitik des Fidesz war und ist die „Vereinigung der Nation über die Grenzen hinweg". Zwei symbolische und vom Standpunkt der Mehrheitsnationen als umstritten betrachtete Schritte sollten diesem Ziel dienen.

Mit dem sogenannten Statusgesetz vom 7. Juli 2001 konnten die in den Nachbarstaaten lebenden Ungarn die Ausstellung eines „Ungarnausweises" beantragen und sich damit einmalige oder dauerhafte finanzielle Unterstützungen (ermäßigte Bahnfahrkarten, gesundheitliche und soziale Begünstigungen usw.) beschaffen. Diese öffentlich-rechtlichen Bindungen zwischen dem ungarischen Staat und ausländischen natürlichen und juristischen Personen (einschließlich Geldleistungen) wurden wegen der völkerrechtlichen Probleme vom Europarat und von den nicht konsultierten Nachbarstaaten scharf kritisiert und später auch dementsprechend novelliert. Schließlich suchten etwa 800.000 Menschen, also nur ein Drittel der Ungarn in diesen Staaten, bis Mitte 2005 um den „Ungarnausweis" an, meist aus Rumänien, Serbien und der Ukraine. Für slowakische Staatsangehörige war wegen der EU-Mitgliedschaft der Slowakei der praktische Nutzen gering. Darüber hinaus wird in Ungarn oft übersehen, dass von den rund zweieinhalb Millionen Auslandsungarn in den Nachbarstaaten 15 Prozent in Mischehen leben und 20 Prozent ihre Kinder nicht in ungarische Schulen schicken.[13]

Die andere Maßnahme war die Errichtung der „Ungarischen Ständigen Konferenz". Diese auch vom Budapester Parlament bewilligte Institution der Vertretungen der Minderheiten, der politischen Parteien und der Regierung Ungarns kann über die Konsultationen hinaus gemeinsame Entscheidungen treffen. Während diese Konferenz seit Ende 2004 nicht einberufen wurde, entstand damals als neues Organ das „Forum der Ungarischen Abgeordneten im Karpatenbecken". Diesem gehören die im Budapester Parlament vertretenen Parteien sowie die Vertretungen

---

13 Szarka, siehe Fußnote 11.

beziehungsweise Parteien der ungarischen Minderheiten aus der Slowakei und der Ukraine, aus Slowenien, Rumänien, Kroatien und Serbien an. Große Aufregung löste im Mai 2009 nach den Wahlen zum Europäischen Parlament die Feststellung Viktor Orbáns über die gemeinsame Vertretung des Ungartums aus dem Karpatenbecken im EU-Parlament aus. Die Bestrebungen, mit dem Begriff einer „einheitlichen über die Staatsgrenzen hinweg zusammengehörenden Nation" die gemeinsamen historischen und kulturellen Traditionen und Werte zur Grundlage einer ethnisch definierten politischen Nation umzuwandeln, ist außenpolitisch eine brisante Initiative, die auf lange Sicht zur Isolierung Ungarns als Störenfried im Donaubecken führen könnte.

Am Beginn der Radikalisierung der ungarischen Minderheitenpolitik stand die Initiative des von rechtsradikalen Nationalisten geführten Weltbundes der Ungarn für eine Volksabstimmung über die Verleihung der ungarischen Staatsbürgerschaft an die ethnischen Ungarn in den benachbarten Staaten, auch dann, wenn sie ihren Wohnsitz im Ausland beibehalten. Zur allgemeinen Überraschung erlitt die von der Fidesz-Partei unterstützte Initiative einen spektakulären Schiffbruch. Nur 37 Prozent der Wahlberechtigten gingen am 5. Dezember 2004 zu den Urnen. Statt der erforderlichen 25 Prozent stimmten nur 19 Prozent für die doppelte Staatsbürgerschaft. Fast so viele lehnten die Idee ab. Das Scheitern des Referendums zeigte deutlich, dass von einer allgemeinen Schicksals- und Interessengemeinschaft aller Magyaren keine Rede sein kann, dass solche Initiativen nicht den Willen der Mehrheitsnation zur Erfüllung der berechtigten Forderungen der Minderheit im kulturellen und Bildungsbereich stärken, sondern im Gegenteil letztlich kontraproduktiv sind und sogar den nationalistisch-chauvinistischen Kräften in der Slowakei, in Rumänien und Serbien Auftrieb geben.

Es wäre natürlich fehl am Platz, nur die ungarische Seite, insbesondere die nationale Rechte, für die zwischenstaatlichen Spannungen der vergangenen Jahre in Mitteleuropa verantwortlich zu machen. Im Juni 2006 kam es zur Abwahl des slowakischen Ministerpräsidenten Mikuláš Dzurinda und seiner wirtschaftlich erfolgreichen, in der Minderheitenpolitik gemäßigten und von der Vertretung der ungarischen Minderheit sieben Jahre lang mitgetragenen Regierung. Ihr folgte eine linkspopulistische Koalitionsregierung unter Robert Fico, der mit der rechtsradikalen nationalistischen Partei des Rabauken Ján Slota und der Gruppe des diskreditierten Ex-Ministerpräsidenten Vladimír Mečiar gemeinsame Sache machte. Das wirkte wie eine Lunte am Pulverfass. Es war die Novellierung des slowakischen Sprachgesetzes Ende Juni 2009, die den schwelenden Konflikt zwischen dieser Koalitionsregierung und der ungarischen Minderheit zum offenen, auch international beachteten Streit werden ließ.

Das slowakische Sprachgesetz öffnet den minderheitenfeindlichen Nadelstichen und Schikanen im Alltag, in der Verwaltung, im Unterricht und am Arbeitsplatz Tür und Tor. Es sieht Geldstrafen von 100 bis 5000 Euro vor, wenn offizielle Verlautbarungen nicht auch auf Slowakisch erfolgen. Das neue Gesetz schreibt allen Bürgern der Slowakei vor, in allen öffentlichen Einrichtungen – in Ämtern, Krankenhäusern – nur noch slowakisch zu sprechen. Ausgenommen sind Gemeinden mit einem Minderheitenanteil von mindestens 20 Prozent. Doch auch dort müssen Aushänge, Inschriften auf Denkmälern, ja sogar Speisekarten zweisprachig sein – mit Slowakisch an erster Stelle.

Die Kritiker hoben die absurden Konsequenzen im Gesundheitswesen hervor. So darf ein Arzt mit seinem Patienten – selbst wenn sie zwei Ungarn sind – nur noch slowakisch sprechen, ausgenommen der Fall, wenn der Kranke des Slowakischen nicht mächtig ist. Die diversen Vorschriften bedeuten eine „schwerwiegende Erniedrigung der Magyaren in der Slowakei und widersprechen den europäischen Grundwerten", betonte der bekannte liberale Ökonom und Kommentator Tamás Bauer, der zugleich einer der schärfsten Kritiker der ungarischen Nationalisten und Rechtsradikalen ist.

133

Dass man freilich in der Slowakei die „ungarische" Karte von Zeit zu Zeit so leicht ins Spiel bringen kann, hängt in erster Linie mit der „Urangst" der Slowaken vor dem neuerlichen Verlust der südslowakischen Gebiete zusammen.[14] Man muss betonen, dass das Land fast tausend Jahre zu Ungarn und dann, nach dem Zerfall der Doppelmonarchie, zur Tschechoslowakei gehörte. Abgesehen von dem faschistischen Rumpfstaat von Hitlers Gnaden, gibt es erst seit 1993, seit der friedlichen Trennung von Tschechien, eine unabhängige Slowakei. Darüber hinaus ist das kompakte ungarische Siedlungsgebiet entlang der Donau unangetastet geblieben. Der historische Tiefstand der zwischenstaatlichen Beziehungen wurde in erster Linie durch die Provokationen der Regierung Fico und die ungarnfeindlichen Provokationen der an dieser Koalition mitbeteiligten Partei der slowakischen Nationalisten (SNS) herbeigeführt. Die Schuld lag also nicht bei den sozial-liberalen Regierungen, die zwischen 2002 und 2008 Ungarn regierten.

Man muss allerdings ohne Wenn und Aber feststellen, dass die nationalistische Agitation rechtsradikaler Gruppen in Ungarn den slowakischen (wie auch den rumänischen und serbischen) Nationalisten stets willkommene Vorwände liefert, um Misstrauen gegen die großen ungarischen Minderheiten zu schüren. Im Herbst 2008 kam es zu außerordentlich brutalen Übergriffen slowakischer Polizisten gegen aus Ungarn angereiste Fans der lokalen

---

14 Der am 2. November 1938 gefällte Wiener Schiedsspruch durch die Außenminister der Achsenmächte Ribbentrop und Ciano bedeutete einen territorialen Gewinn für Ungarn von 11.927 Quadratkilometern Land mit 1.060.000 Einwohnern, von denen nach der ungarischen Volkszählung (1941) 84 Prozent, nach der tschechoslowakischen von 1930 jedoch nur 57 Prozent Magyaren waren. Nach dem Zweiten Weltkrieg waren auch die Ungarn von den berüchtigten Beneš-Dekreten betroffen: 36.000 wurden vertrieben, 45.000 nach Tschechien deportiert, 70.000 im Zuge eines Bevölkerungsaustausches (Slowaken aus Ungarn) nach Ungarn umgesiedelt und rund 350.000 unter Druck zeitweilig „reslowakisiert".

Mannschaft bei einem Fußballspiel im Stadion von Dunajská Streda (Dunaszerdahely), dem Zentrum des ungarischen Siedlungsgebietes. Allerdings darf man auch die provokative Absicht der mit riesigen großungarischen Transparenten mit Aufrufen zur Revision des Trianon-Vertrags demonstrierenden 150 bis 200 Ungarn nicht übersehen. Jedenfalls wurden 50 Menschen verletzt, einige von ihnen schwer; die Polizei nahm 31 Rowdys, darunter 15 Ungarn, für einige Stunden in Haft. In der Folge kam es zu rechtsradikalen Demonstrationen vor der slowakischen Botschaft in Budapest und zur zeitweiligen Blockade von Grenzübergängen zur Slowakei.

Während dieser „Fußballkrieg" glücklicherweise eine Ausnahme geblieben war, erweckte im August 2009 ein Zwischenfall um den ungarischen Staatspräsidenten László Sólyom internationale Beachtung. Sólyom wollte der feierlichen Einweihung eines Denkmals für den ungarischen Nationalheiligen und ersten König Stephan I. in der Grenzstadt Komárno (Komárom) beiwohnen. Der Staatspräsident wollte „ganz privat" an der Enthüllung teilnehmen und eine Festrede halten. Die slowakische Regierung erteilte daraufhin dem Präsidenten des EU-Staates, noch dazu eines benachbarten, ein Einreiseverbot. Ein einmaliger, ja unerhörter Vorfall. Sólyom ging trotzdem demonstrativ bis zur Staatsgrenze auf der Donaubrücke nach Komárno und verurteilte vor den TV-Kameras das Vorgehen der slowakischen Seite als „beispiellos" und „unentschuldbar". Premier Fico sprach dagegen von einer „unerhörten Provokation", vom Versuch, ungarische Staatlichkeit auf dem Boden der souveränen Slowakei zu zelebrieren.

Wenn die Behauptungen der beiden Seiten einander auch widersprachen, ist die Tatsache unbestritten, dass die ungarischen Organisatoren der Einweihung keine slowakischen staatlichen Vertreter eingeladen hatten. Darüber hinaus war die Koordination zwischen dem Budapester Außenministerium und dem Amt des Staatspräsidenten nicht optimal. Das hat mir der damalige

Außenminister Péter Balázs einige Wochen später in einem Hintergrundgespräch bestätigt. Dass er sich allerdings selbst kurz danach in einem Interview mit einer deutschen Zeitung zur saloppen Bemerkung hinreißen ließ: „Wir müssen als älterer Bruder den kleinen Bruder europäische Sitten lehren!", löste wieder in der Slowakei Empörung aus.

Der Staatspräsident hat wiederholt Privatbesuche in den ungarischen Siedlungsgebieten der Slowakei, Rumäniens und Serbiens unternommen und in den Städten und Gemeinden Reden gehalten, Kränze niedergelegt und Denkmäler eingeweiht. Die „Privatreisen" des Präsidenten hatten bereits im März 2009 in Rumänien und Serbien Ressentiments geweckt. Als er damals in der Stadt Tirgu Mures (Marosvásárhely) in Siebenbürgen an einer Feier zum ungarischen Freiheitskampf 1848/49 teilnehmen wollte, verweigerten die Rumänen der Präsidentenmaschine die Landeerlaubnis, woraufhin Sólyom mit dem Auto zur Feier reiste.

Die häufigen Reisen des Staatspräsidenten und die spektakulären politischen Auftritte Viktor Orbáns als Oppositionsführer in den ungarischen Siedlungsgebieten der Nachbarstaaten sollen die Zugehörigkeit über Staatsgrenzen hinweg zu einer einheitlichen politischen Nation unterstreichen. Der Beschluss des ungarischen Parlaments von Ende Mai 2010, den Magyaren in diesen Staaten auch dann die ungarische Staatsbürgerschaft anzubieten, wenn sie ihren ständigen Wohnsitz nicht nach Ungarn verlegen, bedeutet eine Wende mit heute noch nicht abschätzbaren Konsequenzen für die Mehrheitsnationen, für die Minderheiten und für Ungarns Stellung in Mitteleuropa. Staat und Nation decken sich nämlich nirgends in Ostmitteleuropa. Kein Politiker in Ungarn (außer einigen Wirrköpfen der rechtsradikalen „Jobbik"-Partei) fordert eine Revision des Vertrags von Trianon. Trotzdem spricht der liberale Publizist und Ökonom Tamás Bauer „von einem Neubeginn jenes Kalten Krieges durch Viktor Orbán, der seine frühere Regierung begleitete ... Die erstrangigen Verlierer dieses

Kalten Krieges werden die in den Nachbarländern lebenden Ungarn sein."[15]

Diese warnende Stimme ist aber eine Ausnahme im Ungarn von heute. Wir erleben statt der 1989 erhofften Europäisierung einen Rückfall in die „Feindbilder" einer unseligen Vergangenheit. Der bedeutende ungarische Exilslawist Lajos Gogolák (1910–1987) schrieb in seiner profunden Studie über die Nationalitätenfrage in Ungarn: „Der allem Wirklichkeitssinn spottende romantische Glaube an die Sendung und die Unteilbarkeit des ungarischen Nationalstaates war so etwas wie eine nationale Laienreligion".[16] 90 Jahre nach Trianon werden in Ungarn wieder historische Mythen politisch, literarisch und medial instrumentalisiert. Man sieht und spürt die bizarre Hochkonjunktur von „Großungarn", sei es als Aufkleber angeblich auf jedem zwanzigsten ungarischen Auto, als Modeschmuck, Schlüsselanhänger, T-Shirt-Aufdruck oder als kitschige Bilder.

In den vier Budapester Geschäften der „Skitia"-Buchhandelskette kann man nicht nur die Neuauflagen von alten Sachbüchern, Romanen und Gedichtbänden kaufen, die seinerzeit das historisch-politische, später ethnisch-rassische Gefühl der Überlegenheit des Eigenen verbunden mit Hass und Verachtung für die „Anderen" verbreitet haben. Es ist also kein Wunder, dass das Denken in ethnischen und nationalen Kategorien mehr denn je seit dem Zweiten Weltkrieg verbreitet ist. Auf einer Tutzinger Tagung über Mitteleuropa stellte ein deutscher Forscher fest, aus ungarischer Sicht sei der Staat dort, wo die Nation sei. Ungarn dehne seine Staatlichkeit mit Maßnahmen wie dem Staatsbürgerschaftsgesetz über seine territorialen Grenzen hinaus aus.[17]

---

15 Népszabadság, 21.5.2010 (auf Ungarisch).

16 Ludwig Gogolák, Ungarns Nationalitätengesetze, in: Die Habsburgermonarchie, Wien 1980, S. 1263.

17 Karl-Peter Schwarz, Staatsbürgerschaft jenseits der Grenzen, in: Frankfurter Allgemeine Zeitung, 26.5.2010.

Im Gegensatz zur Slowakei verursacht das umstrittene ungarische Gesetz in Rumänien und Serbien wegen des ähnlichen eigenen Vorgehens gegenüber den Moldauern oder den Serben in Kroatien beziehungsweise Kosovo bisher wenig Aufregung. Darüber hinaus sitzen wieder Ungarn in der rumänischen Regierung (jedenfalls zur Zeit der Abfassung dieses Buches) als Vizepremier und als Minister für Kultur (!), Gesundheitswesen und Umweltschutz – allerdings als rumänische Staatsbürger ungarischer Herkunft, und nicht in erster Linie als Angehörige einer (politischen) grenzüberschreitenden ungarischen Nation.

Im Unterschied zu den früheren „Bruderstaaten" war und ist das Verhältnis zu Österreich von keinen wirklichen Problemen belastet. Alle ungarischen Regierungen seit der Wende haben ein herzliches Verhältnis zu Österreich gepflegt, ohne Rücksicht auf die politische Farbe der jeweiligen Regierung. In einem tieferen Sinn setzen sich die Ungarn seit mindestens 25 bis 30 Jahren das Ziel, in „absehbarer Zeit", das heißt in 15 Jahren, den österreichischen Standard zu erreichen. Es dürfte allerdings weiterhin eher ein Traum als eine realistische Zielsetzung bleiben …

Der Beitritt zur EU hat die Nationalitätenprobleme jedenfalls nicht aus der Welt geschafft. Angesichts der nationalen Empfindlichkeit in den Nachbarländern ist es nicht verwunderlich, dass die lautstarken Beschwörungen der glorreichen Vergangenheit und das ständige Bekunden der politisch-kulturellen Überlegenheit der Magyaren gegenüber den heutigen Mehrheitsnationen Ängste auslösen. Was Sir Karl Popper (1902–1994), der aus Wien stammende britische Philosoph, während des Zweiten Weltkrieges warnend schrieb, gilt auch heute noch: „Je eher wir zum heroischen Zeitalter der Stammesgenossenschaft zurückkehren, desto sicherer landen wir bei Inquisition, Geheimpolizei und einem romantisierten Gangstertum."[18]

---

18 Karl Popper, Die offene Gesellschaft und ihre Feinde, London 1945.

9. Kapitel
Glanz und Niedergang
Ferenc Gyurcsánys

„Wer in die Öffentlichkeit tritt, hat keine Nachsicht zu erwarten und keine zu fordern."

Marie Ebner-Eschenbach

Die Geschichte Ungarns nach der Wende bestätigt die Richtigkeit der Reflexionen des russischen Denkers und Revolutionärs Alexander Herzen: „Es gibt kein Libretto. Wenn die Geschichte einem bestimmten Libretto folgen würde, dann verlöre alles Interesse, wäre überflüssig, langweilig und lächerlich ... Geschichte ist ganz Improvisation, ganz Wille und geschieht aus dem Stegreif, es gibt in ihr keine Grenzen und keine Marschwege."[1]

Ferenc Gyurcsány, den Mann, dessen ganzes Leben eine faszinierende Illustration dieser Spontaneität und auch des Zufalls in der ungarischen Politik gewesen ist, habe ich erst im April 2004 kennengelernt. Er war damals Minister für Kinder, Jugend und Sport in der sozial-liberalen Regierung von Péter Medgyessy. Ich hatte einige seiner Artikel gelesen, zum Beispiel über die Notwendigkeit, den lähmenden postkommunistischen ideologischen Ballast abzuwerfen und die MSzP nach dem britisch-deutschen Beispiel in eine moderne offene sozialdemokratische Partei umzuwandeln. Freunde, deren Meinung ich schätzte, sahen in ihm einen Hoffnungsträger, während führende linke Politiker kaum

---

1   Isaiah Berlin, Russische Denker, Frankfurt am Main 1981, S. 137.

verhüllt den ehrgeizigen jungen Mann als einen „steinreichen Abenteurer" mit unberechenbaren Ideen bezeichneten. All das, was ich damals vor unserem Treffen über ihn gehört hatte, ließ ihn beinahe als einen sprühenden Exoten im grauen Alltag der von den langweiligen Kadern des Spätkádárismus geführten Sozialistischen Partei erscheinen.

Unser Gespräch in seinem Ministerzimmer dauerte weit über eine Stunde und war überraschend freimütig. Der groß gewachsene, schlanke und sportliche Mann machte mir gegenüber kein Hehl aus seinen politischen Ambitionen. Auf meine etwas spöttische Bemerkung, was denn ein ernsthafter Politiker in einem solchen Ministerium überhaupt sucht, gab Gyurcsány ohne Umschweife zu, dass man es eigentlich in der Tat nicht brauche und für den gleichen Zweck eine Hauptabteilung in irgendeinem Ministerium völlig ausreichen würde. Stolz erzählte er zugleich über seine vor einigen Wochen erfolgte Wahl zum Vorsitzenden der sozialistischen Parteiorganisation im wichtigen Komitat Győr-Moson-Sopron nahe der österreichischen Grenze.

Ohne den Regierungschef, dessen Chefberater er ja seit Anfang 2003 bis zu seinem Aufrücken in die Regierung gewesen war, offen zu kritisieren, ließ er kein gutes Haar an der Sozialistischen Partei, die nicht entscheiden könne, wen und was sie vertrete. Er selbst hielt allerdings enge Tuchfühlung mit den Parteimitgliedern und besuchte zwei-, dreimal in der Woche die Parteiorganisationen in den verschiedenen Landesteilen. Auf meine Frage, was er denn mit dieser Aktivität bezweckt, antwortete Gyurcsány bloß mit freundlichem Lächeln, er wolle mit seiner ganzen Kraft der so verspäteten, aber unausweichlichen Modernisierung der ungarischen Linken dienen.

Bereits diese erste Begegnung überzeugte mich, dass der damals 43-jährige Gyurcsány wahrscheinlich der begabteste, schlagkräftigste und dynamischste Politiker des sozial-liberalen Lagers ist. Es war allerdings auch schon damals klar, dass seine Laufbahn und sein Vermögen nicht gerade dem Inbegriff der klassischen sozialistischen Vorstellungen entsprechen. Es stimmt zwar, dass Gyurcsány, lupenreiner proletarischer Abstammung, in drückender Armut in der südwestungarischen Kleinstadt Pápa aufgewachsen ist. Doch rückte der talentierte Student bereits 21-jährig an die Spitze des kommunistischen Jugendverbandes an der Hochschule für Lehrerausbildung in der Stadt Pécs auf.

Einige Monate später wurde Gyurcsány schon zum voll angestellten Sekretär der mit der Hochschule vereinigten Universität mit einem für die damaligen Verhältnisse recht passablen Gehalt bestimmt. Der Aufstieg des jungen Parteibürokraten im Apparat des Jugendverbandes war schnell und unbehindert. Am Vorabend des Zusammenbruches des Systems 1988 finden wir den jungen Gyurcsány bereits in Budapest als einen der Sekretäre des landesweiten kommunistischen Jugendverbandes. Schließlich nimmt er von der Politik (vorläufig) Abschied als die Nummer zwei des umbenannten, noch von den Jungkommunisten kontrollierten, allerdings bald verschwundenen demokratischen Jugendverbandes.

Nach der Wende war der junge Mann aus der Provinz auch nicht gerade vom Pech verfolgt. Seine Kontaktfreudigkeit ebnete den Weg nach einer Pause von etwa vier Monaten zu einer Finanzberatungsfirma. Wie eine moderne Balzac-Figur hatte der ehrgeizige Gyurcsány nach seinem Scheitern als Jungpolitiker die Kraft des Aufbegehrens, um aus der Provinz die Gesellschaft, die Finanzwelt und letzten Endes die Macht zu erobern. Seine Freunde sagten später, er sei aus jenem Holz geschnitzt gewesen, aus dem die Sieger sind. Wie viele andere in der postkommunistischen Welt, nutzte der zielstrebige Gyurcsány, wohl manchmal auch am Rande der Legalität, die neuen Möglichkeiten der Privatisierung, des Überganges von der Staatswirtschaft zum freien Markt unbekümmert aus.[2]

---

2   Für die zum Teil umstrittenen und von den politischen Feinden hochgespielten Transaktionen siehe die Biografie von József Debreczeni, S. 81–166.

Viele Jahre später erzählte er selbst in Interviews, was damals sein erster Schritt als angehender Geschäftsmann gewesen war: Er hatte im legendären (inzwischen abgerissenen) Budapester Warenhaus Corvin einen grünen und einen lilafarbenen Anzug sowie eine Aktentasche aus Kunstleder gekauft. Er habe gedacht, so kleiden sich die modernen Geschäftsleute ... Vom Erfolgszwang getrieben, las er Tag und Nacht die Fachliteratur und versuchte Englisch zu lernen. Sechs Wochen in Edinburgh und ein Monat in London waren dabei etwas hilfreich. Die wichtigste Weichenstellung im Leben des künftigen Unternehmers war die Gründung der „Altus Investitions- und Vermögensverwaltungsgesellschaft".

Durch den Verkauf der Villa seiner Schwiegermutter und seiner Frau in Pécs konnte die Familie ihm nach der Übersiedlung in die Hauptstadt drei Millionen Forint leihen, um die Mehrheit in der mit einem Kompagnon zusammen gegründeten Firma zu übernehmen. Gyurcsány, in der Zwischenzeit Vater von zwei Buben, galt in den frühen neunziger Jahren schon als geschickter und erfolgreicher Geschäftsmann. Eine neue Liebesbeziehung mit Klára Dobrev, der attraktiven, sprachkundigen und begabten Tochter der einflussreichen Geschäftsfrau und Spitzenbeamtin Piroska Apró, führte im Herbst 1994 zu einer Scheidung und mit der (insgesamt dritten) Eheschließung zu einer neuen aufregenden Lebensphase.[3]

Dass Ferenc Gyurcsány, der 35-jährige Sohn einer allein erziehenden Arbeiterin, in vier Jahren zum Forintmilliardär wurde, war zweifellos ein sensationeller Erfolg. Die Medien zollten seiner Leistung den nötigen Tribut. Dass aber Gyurcsánys Bild in der jüngsten ungarischen Geschichte wie das kaum eines anderen Politikers schwankt und schillert, hängt wohl in erster Linie mit seiner familiären Beziehung zu Piroska Apró zusammen. Wie hätte sonst ein noch so talentierter junger Mann ohne Hilfe von

---

3   Siehe Details auch im 7. Kapitel über Medgyessy.

außen in wenigen Jahren aus drei Millionen drei Milliarden machen können? Ob er immer Unternehmer sein wollte, fragte ein Journalist den erfolgreichen Geschäftsmann im Herbst 1996: „Nein ... ich dachte, aus mir würde ein sehr guter Politiker werden, ich dachte, eines Tages werde ich Ministerpräsident sein. Armes Land – es hat auch ohne mich genug Probleme! ... Heute würde ich mich auslachen, aber damals glaubte ich es im Ernst".[4]

Acht Jahre später wurde der scheinbar so bescheidene Geschäftsmann dann doch Ministerpräsident Ungarns! Zu Recht betonte sein Biograf, dass Gyurcsány eine in der ungarischen Geschichte beispiellose, in der Tat phänomenale Karriere gemacht hat: Noch nie seit dem Regimewechsel wurde aus einem Milliardär der ersten Generation ein Spitzenpolitiker der ersten Generation, noch nie war ein Politiker so unglaublich schnell zum Gipfel der Macht aufgestiegen: 2002 noch nicht einmal Abgeordneter und 2004 bereits Regierungschef!

Wie ist dieser geradezu unvorstellbare Glücksfall überhaupt möglich geworden? Wir haben schon (im Kapitel 7) den zum Teil selbst verursachten Sturz des Ministerpräsidenten Péter Medgyessy beschrieben, der den jungen Unternehmer zuerst als Chefberater und dann als Kabinettsminister in die Politik (zurück)geholt hatte. Heute gibt Medgyessy selbst zu, dass Gyurcsány nicht der eigentliche Hauptdrahtzieher hinter seinem Sturz gewesen sei. Nicht der „Putsch" seiner Gegner, wie von ihm zuerst behauptet, sondern die eigenen Fehlkalkulationen und amateurhaftes Handeln führten dazu, dass dem menschlich sympathischen, aber politisch schwachen Medgyessy die Macht zwischen den Fingern zerronnen ist. Ein „Kartell der Angst" in der von selbstmörderischen, weil dilettantischen Eskapaden des Regierungschefs verunsicherten, ja schließlich empörten sozialistischen Parteiführung handelte damals blitzschnell, um den zum Ballast gewordenen

4 Népszabadság, 21.9.1996.

143

Medgyessy zu stürzen und den zwar farblosen, aber verlässlichen, in der Partei fest verankerten Kanzleramtsminister Péter Kiss zu seinem Nachfolger zu bestimmen.

Die Abstimmung im Parteipräsidium ging ohne Gegenstimme glatt über die Bühne. Die Parteigranden machten aber die Rechnung ohne den Wirt, nämlich ohne die Parteibasis. Innerhalb von 24 Stunden erzwangen die Vertreter der diversen Fraktionen, der Jugend, der Provinz und vor allem der unzufriedenen Aktivisten die Einberufung eines außerordentlichen Parteitages, um die Person des Nachfolgers von Medgyessy zu bestimmen. Kiss, nur zwei Jahre älter als Gyurcsány, war vor der Wende ebenfalls ein Funktionär des kommunistischen Jugendverbandes gewesen. Ein gestandener und allgemein geschätzter Mann, der seinen Weg in der Partei nach oben gemacht hatte. Ihm aber räumten die Kommunikationsexperten keine Chance gegenüber dem charismatischen Viktor Orbán ein.

In dieser Situation witterten plötzlich Gyurcsánys Freunde und bald auch er selbst eine Chance für seine Kandidatur. Unter normalen Umständen wäre das ein höllisches Risiko für den inzwischen zurückgetretenen Sportminister gewesen, der vor vier Jahren überhaupt erst Mitglied der MSzP geworden war. In einer Woche konnten aber Gyurcsány und seine engsten Berater durch eine groß angelegte telefonische Kampagne die Stimmenverhältnisse umdrehen und vor allem die Unterstützung der Provinzvertreter gewinnen. Bei der Vorabstimmung in der Parlamentsfraktion führte zwar noch Kiss, und Gyurcsány blieb Dritter hinter dem späteren Finanzminister Veres. Bei dem Votum im Parteivorstand blieb aber Kiss nur um einige Stimmen vor Gyurcsány und die beiden mussten von einer widerwilligen Parteiführung dann doch als Kandidaten für den Parteitag am nächsten Tag nominiert werden.

Obwohl der glücklose Rivale Kiss von mehreren Präsidiumsmitgliedern und auch vom früheren Ministerpräsidenten Horn unterstützt wurde, erlitt er eine vernichtende Niederlage: Von den 623 Delegierten stimmten 453, also 73 Prozent, für den Außenseiter Ferenc Gyurcsány, der zum Symbol des in der Geschichte der ungarischen Sozialisten beispiellosen Aufstandes von unten geworden war. Ich schrieb damals in der deutschen Tageszeitung „Die Welt": „Nun hängt die politische Zukunft der linksliberalen Koalition davon ab, ob sich letztlich Ferenc Gyurcsány, diese faszinierende und polarisierende Figur, als Totengräber oder Erneuerer der ungarischen Linken entpuppen wird."[5]

In Gesprächen mit seinem Biografen Debreczeni sprach der Sieger ungewöhnlich offen über die Vorgeschichte, die zur Eroberung des Amtes des Ministerpräsidenten geführt hatte. Auch bei der Charakterisierung seiner Weggefährten und der inzwischen abgelösten Minister seiner ersten Regierung sowie bei der Beschreibung seiner Gefühle in den Augenblicken persönlicher Erfolge war Gyurcsány viel zu offen und in seiner Verachtung für andere viel zu eindeutig. Obwohl er in Interviews und saloppen Bemerkungen immer wieder darauf hinwies, dass man stets durch die eigene Seite gestürzt würde, vergaß er selbst viel zu oft die Warnung Churchills: „In der Politik, vor allem ganz oben, gibt es keine Freundschaft."

Dass die sozial-liberale Koalition die Parlamentswahlen im April 2006 gewinnen und ihre Mehrheit von 10 auf 36 Mandate steigern konnte, ging in erster Linie auf das Konto von Gyurcsány. Ein glänzender Redner trotz eines (inzwischen überwundenen) Sprachfehlers, manchmal mit kaum verhohlener Arroganz in Debatten mit den politischen Gegnern, gelang es ihm, seinen Vorgänger als Ministerpräsident Viktor Orbán in einem entscheidenden Fernseh-Duell am 5. April 2005, laut allen Umfragen haushoch überlegen, zu deklassieren: 54 Prozent der Zuschauer sahen ihn als den Gewinner des Disputs, bloß 23 Prozent stimmten für Orbán.

Der Mann, der zur Zeit seines Aufstiegs zur politischen Führungsspitze den 60. Platz auf der Rangliste der hundert reichsten

---

5 Die Welt, 28.8.2004.

ungarischen Unternehmer einnahm, besaß in einem Land, wo jeder fünfte Einwohner an oder unter der Armutsgrenze lebte, dreieinhalb Milliarden Forint (umgerechnet zum damaligen Kurs etwa 14 Millionen Euro) Vermögen. Dass er, wie schon erwähnt, in die Apró-Familie eingeheiratet hatte und in die elegante dreistöckige Villa in den Hügeln von Buda eingezogen war, trägt bis heute zur gehässigen Mythenbildung bei. Nicht zuletzt deshalb war schon in jener Zeit Gyurcsány samt seiner erfolgreichen Familie die Hauptzielscheibe der unter der Gürtellinie geführten Medienattacken.[6]

Sein Biograf schloss sein Buch nach dem Wahlsieg mit der Würdigung der unglaublichen politischen Leistung Gyurcsánys ab, wie er zwischen dem Sommer 2004 und dem Frühjahr 2006 aus einer beinahe hoffnungslosen Situation die Regierungsseite zum Sieg führen konnte. Am Ende des Buches reflektiert dann der siegreiche Ministerpräsident über seine Gefühle in Momenten des Jubels und des leidenschaftlichen Applauses: Im Gegensatz zu Orbán möchte er, so wie seine Frau auch, keine Berührung mit dem Enthusiasmus der Massen haben und lehne jeden Personenkult ab. Im Rückblick klingen solche Sorgen heute, also nach seinem politischen Debakel, fast wie blanker Hohn. Auf meine zur Zeit seines innerparteilichen Sieges gestellte rhetorische Frage („Totengräber oder Erneuerer der ungarischen Linken?"), über

---

6 Antal Apró (1913–1994), ein Bauarbeiter und Vorkriegskommunist, war während der gesamten kommunistischen Ära Mitglied des Politbüros, Gewerkschaftschef, Präsident des Parlaments; seine Frau und sein Sohn bekleideten ebenfalls wichtige Positionen. Seine Tochter Piroska Apró, Nationalökonomin, war unter anderem stellvertretende Außenhandelsministerin, Kabinettschefin von Ministerpräsident Gyula Horn, Vorstandsvorsitzende der Kreditbank etc. Ihr Mann Petar Dobrev war im bulgarischen Außenhandel tätig. Klára Dobrev war unter anderem stellvertretende Staatssekretärin in der Nationalen Entwicklungsbehörde. Aus dieser (dritten) Ehe Gyurcsánys stammen zwei Kinder. Zwei Söhne aus der zweiten Ehe wohnen auch zum Teil in der Villa, die die Witwe und die Tochter nach dem Tod Antal Prós von der Selbstverwaltung angekauft und später ausgebaut haben.

die seinerzeit auch in ungarischen Medien berichtet worden war, bemerkte irgendwann, vielleicht im Jahr 2008, eine einst enge Mitarbeiterin Horns in einer knappen SMS an mich: „Keine Zweifel – er ist *der* Totengräber!"

Wohl ohne eine Ahnung von seinem kommenden Unheil zu haben, beendete Gyurcsány sein immerhin 14 Seiten langes Schlusswort (mit dem Titel „Nach dem Sieg") in der Biografie, von Wehmut erfasst: „Ich weiß, das Schicksal des demokratischen Politikers ist letzten Endes die Ablöse. Ich weiß: am Ende werde ich im persönlichen Sinn scheitern. Die Frage ist, ob man vier oder acht Jahre bleiben darf ... Am Ende verlierst du. Die geheimnisvolle und unveränderbare Sympathie des Volkes entscheidet über das Schicksal des Politikers." Im Vollgefühl des Sieges brüstete er sich allerdings schon im nächsten Satz: „Mich interessieren kaum die Sachen, die man mir sagt, etwa dass ‚du sicher in die Geschichtsbücher eingehen wirst, als der Erste, der nach 16 Jahren sein Regierungsmandat fortsetzen kann'. Dass so etwas noch nie vorgekommen sei, rührt mich überhaupt nicht an ... In Wirklichkeit interessiert mich auch nicht, was man über mich im Geschichtsbuch schreiben wird. Mich interessiert meine Aufgabenstellung. Mich interessiert Ungarn."

Diese vielleicht größte politische Begabung in der Geschichte der Linken leuchtete nur für kurze Zeit über Ungarn, um wieder relativ schnell zu verschwinden. Ferenc Gyurcsány entpuppte sich im Sinne Jacob Burckhardts in dessen „Weltgeschichtlichen Betrachtungen" als eine „momentane Größe", in der sich eine kurze Phase der Geschichte verdichtet. Er war vor allem der Sieger, der das linke Lager zum ersten Mal seit der Wende noch einmal zur Erringung der absoluten Mehrheit nach dem ersten Mandat (2002–2006) geführt hatte. Siegen – aber wofür? Persönlich wollte er „sozialdemokratische Signale" in der Marktwirtschaft setzen, wie einst Bruno Kreisky und später Tony Blair oder Gerhard Schröder. Der beispiellose Sieg barg schon den Keim der künftigen Niederlage in sich.

Zum Ende des Sommers fanden die politischen Flitterwochen ein jähes Ende. Gyurcsánys Popularität fiel von 55 Prozent im April auf 34 Prozent im August.[7] Keine Regierung vorher musste einen so schnellen, gewaltigen Rückgang in ihrer Beliebtheit hinnehmen. Beide Parteien hatten im Wahlkampf 2006, so wie schon 2002, nur Erleichterungen in Aussicht gestellt. Gyurcsány verschwieg den Ernst der Situation und die geplanten Sparmaßnahmen, während Orbán sogar eine 14. Alterspension, radikale Steuersenkungen sowie einen billigeren Strom- und Gaspreis versprochen hatte.

Gerade deshalb, weil Gyurcsány schon seit zwei Jahren regierte und nach Wahlversprechungen nun endlich die aus den Fugen geratene Wirtschaft zu konsolidieren begann, war die Enttäuschung so groß. Sein „Paket" sah unter anderem Gaspreis- und Steuererhöhungen vor. Dass er noch dazu salopp bemerkte, „es wird nicht wehtun", trug zur Enttäuschung vieler Wähler bei. Zugleich konnte der Sieger seine Partei nicht bewegen, Mut zur Unpopularität zu beweisen und, ungeachtet der Tagesmeinung und der Tagespolitik, weitere unausweichliche Initiativen zur wirtschaftlichen Gesundung und zu radikalen Reformen zu setzen. Der Zeithistoriker Zoltán Ripp stellte treffend fest, die Sozialistische Partei sei nicht die Organisation der gleiche Meinungen vertretenden, sondern der ihre unterschiedlichen Ansichten verschweigenden Menschen gewesen.

Der geschlagene, aber im Gegensatz zur Voraussage mancher westlicher Beobachter keineswegs „erledigte" Viktor Orbán überstand indessen seine dritte Niederlage (1994, 2002, 2006) spielend und fing bereits knapp nach dem neuerlichen Rückschlag während der Sommerpause an, mit eiskaltem Willen zur Macht und mit beispielloser Rücksichtslosigkeit die Voraussetzungen für

---

7 Ich bedanke mich bei Herrn Endre Hann, dem Leiter des Meinungsforschungsinstitutes „Median" in Budapest, der mir die Daten über die Beliebtheit von Gyurcsány und seinem Nachfolger zur Verfügung stellte.

eine Kehrtwendung in der ungarischen Politik zu schaffen. Das Signal zur offenen Kriegserklärung gab er in einer außerordentlich scharfen Rede, gehalten bei einer Massenversammlung in Siebenbürgen und detailliert dargelegt in einer Artikelserie im Fidesz-Sprachrohr „Magyar Nemzet" (29. Juli, 5. August und 11. September 2006).

Orbán malte düstere Gefahren an die Wand: „Zum ersten Mal seit dem Systemwechsel ist eine offene, organisierte politische Lüge geschehen ... Ungarns wirkliche Probleme sind trotz der immer wieder verbreiteten politischen Gemeinplätze nicht wirtschaftlicher Natur. Das wahre Problem ist das Lügen durch die Regierung, die bewusste Verzerrung der Tatsachen, die Politik ohne Auftrag und die Tatsache, dass sich gegenüber all dem die ungarische Demokratie nicht zur Wehr setzen konnte. Das Gyurcsány-Paket (d. h. die Sparmaßnahmen, Anm. P. L.) ist nicht ein demokratisch beauftragtes Regierungsprogramm, sondern ein willkürliches Diktat – nicht legitim. Die Regierung hat kein Recht, das Gyurcsány-Paket durchzuführen. Bis der Winter anbricht, werden nicht die rechte und linke Seite miteinander diskutieren, sondern ein verbittertes und aufgebrachtes Land wird gegenüber seiner illegitimen Regierung stehen."

Mit an Sicherheit grenzender Wahrscheinlichkeit hatte der Fidesz-Chef schon damals die Beweise für die Kampagne gegen die „Lügenregierung Gyurcsány" in der Tasche gehabt. Jedenfalls meinten dies die meisten ernst zu nehmenden Beobachter vor den Lokalwahlen, die am 1. Oktober einen großen Sieg der Opposition brachten.

Bald nach der zitierten Artikelserie explodierte am 17. September 2006 – mit den Worten des Orbán- und Gyurcsány-Biografen József Debreczeni – „eine politische Atombombe" in Ungarn. Radio- und Fernsehsender, Internetportale und tags darauf die Zeitungen brachten Originalzitate aus einer Rede, die Gyurcsány fast vier Monate vorher am 26. Mai bei einer internen Versammlung der sozialistischen Parlamentsfraktion mit rund 200 Menschen im Ferienort Balatonőszöd am Plattensee gehalten hatte. Mit dieser leidenschaftlichen und aufrüttelnden, mit derben, ja ordinären Schimpfwörtern gespickten, improvisierten Rede wollte der Regierungschef die von zynischer Gleichgültigkeit geprägten und sich vor der Volkswut fürchtenden Genossen von der Unvermeidbarkeit der schmerzhaften Reformen überzeugen. In der Substanz der etwa 25 Minuten langen Wortmeldung gab Gyurcsány unverschlüsselt zu, dass er, seine Regierung und die Partei die Ungarn „morgens, nachts und abends" vor den Wahlen angelogen hatten. Diese Rede hat in Ungarn zweifellos Geschichte gemacht und das Land unwiderruflich verändert.

Bis heute ist es ein Geheimnis, wie der Mitschnitt aus dem Regierungsferienheim in die Öffentlichkeit gelangte. Wer hat die brisante Aufnahme von einer internen Sitzung der Sozialisten den Medien, ja möglicherweise noch früher der Opposition zugespielt? Ich hatte wiederholt mit Gyurcsány selbst, sowohl vor als auch nach seinem Rücktritt, über die Őszöd-Affäre gesprochen. Nicht nur mit ihm, sondern auch mit vier weiteren Präsidiumsmitgliedern seiner Partei sowie mit einer Reihe von politischen Beobachtern. Nicht nur Biograf und Autor Debreczeni, sondern auch die meisten Beobachter sind überzeugt davon, dass Viktor Orbán beziehungsweise seine Leute die Aufnahme schon im Sommer vor dem Anlaufen ihrer Lügenkampagne gekannt hatten.

Der angesehene deutsche Politikwissenschaftler Karl-Dietrich Bracher hat einmal festgestellt: „Nicht nur machen Wörter Geschichte, Wörter lassen auch Geschichte geschehen, lassen Wirklichkeit verdrehen". Bracher warnte, auch „der Rückbezug historischer Schlüsselwörter auf ihre politische Substanz kann ihrer Degradierung zu bloßen Manipulationsmitteln entgegenwirken".[8] Gerade das geschah mit dieser Rede, die in ihrem ganzen Kontext ein flammender Appell zur Wahrhaftigkeit in der Politik gewesen

---

8   Vgl. Karl-Dietrich Bracher, Schlüsselwörter in der Geschichte, Düsseldorf 1978, S. 11 und S. 53.

war. Deshalb brachen – trotz oder gerade wegen der Kraftausdrücke – die herausragendsten ungarischen Schriftsteller von
Péter Nádas bis zu Péter Esterházy in Lobeshymnen über den Stil
und die moralische Substanz der Gyurcsány-Rede aus.

Nach meiner Meinung war die Rede von Őszöd, um wieder
einmal den Talleyrand zugeschriebenen Spruch zu variieren, zwar
kein Verbrechen, aber ein irreparabler politischer Fehler. Natürlich hat man immer wieder in den Medien und in den Aussagen
der politischen Feinde nur die gravierenden und zynisch klin-
genden Eingeständnisse der bewussten Lügen zitiert und nicht
den Kontext, also den vollen Text. Dieser hätte nämlich bestätigt,
dass es Gyurcsány in Wirklichkeit um einen Bruch mit der Politik
der Lügen ging. Darin, in dieser fatalen Umkehr der Deutungen,
liegt seine von ihm wahrscheinlich bis heute nicht voll wahrge-
nommene persönliche Tragödie.

Es reicht, wenn wir einige längere Passagen wörtlich zitieren:

„Wir haben kaum eine andere Wahl (als das Sparprogramm,
Anm. P. L.), weil wir es verschissen haben. Nicht ein wenig, sondern richtig. Kein Land in Europa hat solche Blödheiten begann-
gen wie wir. Man kann es erklären. Offensichtlich haben wir die
letzten eineinhalb, zwei Jahre hindurch gelogen. Es war ganz klar,
was wir sagten, war nicht wahr … Und inzwischen haben wir
übrigens vier Jahre lang nichts getan. Nichts. Ihr könnt mir keine
einzige wichtige Regierungsmaßnahme nennen, auf die wir stolz
sein könnten, abgesehen davon, dass wir die Regierung am Ende
(das heißt nach dem Sturz Medgyessys, Anm. P. L.) wieder aus der
Scheiße gezogen haben. Nichts. Wenn wir dem Land Rechen-
schaft ablegen müssten, was wir in vier Jahren getan haben – was
sagen wir?

… Reform oder Scheitern. Es gibt nichts anderes. Und wenn
ich Scheitern sage, dann spreche ich über Ungarn, über die Linke
und, sehr aufrichtig gesagt, auch über mich selbst.

Ich bin fast daran verreckt, dass wir die letzten eineinhalb
Jahre so tun mussten, als ob wir regierten. Stattdessen logen wir

morgens, nachts und abends. Das will ich nicht mehr weiterma-
chen. Entweder wir packen es, und ihr habt den Mann dafür, oder
ihr macht mit jemand anderem weiter ... Ewig in Ausschüssen
herumsitzen, wo wir uns am Ende auf kein einziges Gesetz einigen können, wo immer nur die ewig gleichen Kompromisse des
Nichtstuns erzielt werden, damit nur alles bleibt, wie es ist, denn
alles andere würde irgendjemandes Interessen verletzen: Dafür
braucht es eine andere Madame ..."

Bevor wir uns den stürmischen Folgen der Enthüllungen zu-
wenden, müssen wir die Frage aufwerfen, wer und warum spielte
den brisanten Mitschnitt den Medien oder dem politischen Gegner – oder beiden – zu? Es gab Untersuchungen, Unterstellungen
und Ungereimtheiten, doch die harten Fakten bleiben bis heute
ein sorgsam gehütetes Geheimnis.

Die bestinformierten sozialistischen Gewährsleute gehen von
zwei Versionen aus. Die erste in den oberen Parteigängen verbreitete Version lautet, dass die von der Leidenschaftlichkeit und dem
Mut der Rede beeindruckten Kommunikationsberater beziehungsweise Medienmitarbeiter des Ministerpräsidenten den Text
gutmütig, allerdings möglicherweise ohne Kenntnis ihres Chefs,
an die Medien weitergegeben hatten und der Text dann an Fidesz
weitergespielt wurde. Immer wieder habe ich diese Version von
hochrangigen Persönlichkeiten, einschließlich zweier früherer
Parteichefs, gehört. Gyurcsány selbst, seine Familie und die ihm
noch immer zugetanen Journalisten sind dagegen felsenfest überzeugt, dass Verrat im Spiel gewesen sei, dass innerparteiliche
Rivalen und Verschwörer bewusst den verhassten Aufsteiger in
dieser teuflischen Weise loswerden wollten. In der Umgebung
Gyurcsánys und in den mit ihm sympathisierenden Kreisen kur-
sieren einige Namen, vor allem jene eines langjährigen Finanz-
referenten und eines Vizechefs der Partei.

Wie dem auch sei: Die berüchtigte „Lügenrede" hat – aus dem
Kontext herausgerissen, landauf und landab je nach Bedarf zitiert
und auch im Ausland wiederholt berichtet – die Glaubwürdigkeit

des Ministerpräsidenten unwiderruflich zerstört. Orbán nannte ihn einen „krankhaften Lügner" und dessen Maßnahmen bezeichnete er als ein „dilettantisches Paket". Manche meinen, Gyurcsány hätte das Schlimmste noch verhüten können, wenn er schnell und öffentlich, allerdings ohne Kraftausdrücke, eine unbarmherzig freimütige Rede gehalten hätte. Jedenfalls gab Orbán das Signal für eine Kampagne, die schließlich ein fast weltweites Echo auslöste und im Lande selbst zum Aufstieg der Rechtsradikalen führte.

10. Kapitel
Die Macht der diskreten Pressezaren

„Die Presse hat nur einen absolut einwandfrei ehrlichen Teil: den Inseratenteil."

Kurt Tucholsky

Wenn man heute die ungarische Medienlandschaft betrachtet, fällt dem Beobachter fast unweigerlich der berühmte Spruch Paul Sethes ein, des Gründungschefredakteurs der konservativen „Frankfurter Allgemeinen Zeitung". In einem Leserbrief an den „Spiegel" vom 5. Mai 1965 schrieb Sethe, der später bei der „Welt" beziehungsweise der „Zeit" Leitartikler war: „Pressefreiheit ist die Freiheit von 200 reichen Leuten, ihre Meinung zu verbreiten."

Nun, im kleinen Ungarn gibt es nur relativ wenige (Forint-) Milliardäre, auf die Sethes Spruch angewandt werden könnte. Noch schwerwiegender ist freilich der Unterschied, was die Meinungen betrifft. Ungarns diskrete Oligarchen, die man heute schon als Pressezaren charakterisieren kann, verbreiten nämlich nicht ihre eigenen Ansichten in den von ihnen direkt oder indirekt kontrollierten Zeitungen, TV-Sendern und Internetportalen. Alle, ausnahmslos alle Tages- und Wochenzeitungen, Fernseh- und Radiostationen, die sich gänzlich oder teilweise in ihrem Besitz befinden, vertreten bereits seit Jahren nur eine Linie, nämlich die des von Viktor Orbán geführten „Bundes junger Demokraten" (Fidesz), jener Partei, die nicht zuletzt dank des geschickten Einsatzes des heute bestimmenden rechten Medienimperiums die Parlamentswahlen im Frühjahr 2010 so überlegen gewinnen konnte. Am Rande darf man freilich nicht verschweigen, dass die offen rechtsextreme „Jobbik"-Partei, samt ihrer berüchtigten und bis vor Kurzem uniformierten „Ungarischen Garde", ebenfalls von der wohlwollenden Berichterstattung der gleichen Medien reichlich profitiert hat.

Ich hatte gemeinsam mit anderen westlichen Journalisten auf Initiative des (inzwischen verstorbenen) Direktors des Internationalen Presse Institutes (IPI, damals in London, heute in Wien) Peter Galliner vor und erst recht nach der „Wende" Seminare und Workshops für Journalisten in Ungarn (wie auch in anderen früheren Ostblockstaaten) organisiert[1]. Damals dachten wir nicht einmal im Traum daran, dass die von den jungen ungarischen Medienmitarbeitern bewunderten westlichen Presse- und Medienhäuser unabhängige Chefredakteure ablösen würden, statt die junge demokratische Presse zu verteidigen, und dass sie imstande wären, mit den postkommunistischen oder rechtspopulistischen Parteien und deren Presse- oder Propagandachefs faule Kompromisse zu schließen.

In allen postkommunistischen Staaten vollzog sich ein Wechsel in der Medienlandschaft, bei dem es auch zu unerfreulichen Vorgängen gekommen ist. Auf den ersten Blick scheint sich die Situation der ungarischen Printmedien nicht von den allgemeinen westeuropäischen Tendenzen zu unterscheiden: Der Vormarsch der Boulevardblätter und der kostenlosen „U-Bahn-Zeitungen", der Auflagenknick der Qualitätszeitungen, der Erfolg der Online-Zeitungen im Internet und der wachsende Einfluss der Inserenten infolge der finanziellen Schwierigkeiten ist hier wie dort zu beobachten.

Trotzdem entstand nur in Ungarn eine so scharfe und bis heute unüberbrückbare Trennlinie zwischen den rechtsgerichteten, populistischen Blättern und den linksliberalen Zeitungen. Diese Kluft spiegelte freilich sofort nach der Wende die realen politischen Differenzen wider. Zugleich führte der Kampf zuerst um die Kontrolle des öffentlich-rechtlichen Rundfunks, später

---

1   Siehe auch das 3. Kapitel über József Antall in Bezug auf die Rolle des IPI.

auch um die Printmedien zu einer weiteren Polarisierung. Ich habe die für viele ausländische Beobachter verwirrenden Vorgänge hautnah erlebt.

Im Lauf der Jahre als Auslandskorrespondent für die Londoner „Financial Times" beziehungsweise als Chefredakteur der Osteuroparedaktion des ORF hatte ich mit verschiedenen TV- und Printjournalisten während der langen Kádár-Ära Arbeitskontakte gepflegt und nach dem Zusammenbruch den nunmehr freien Medien zahlreiche Interviews gegeben. Darüber hinaus war ich durch die IPI-Mitarbeit kurze Zeit auch Mitglied des ausländischen Beratergremiums für MTV (das öffentlich-rechtliche Fernsehen) gewesen. Als zum Beispiel im März 1994 der von der Antall- beziehungsweise damals schon Boross-Regierung eingesetzte geschäftsführende Generaldirektor über Nacht 129 Rundfunkmitarbeiter kündigte, wurde ich vom Budapester Öffentlichkeitsklub der Journalisten (zusammen mit anderen westlichen Medienleuten) eingeladen, um über die Situation beziehungsweise über die Rechte der Angestellten beim ORF zu sprechen. Bald nach dem Wahlsieg der sozialistisch-liberalen Koalition wurden viele Entlassene wieder aufgenommen, während manche federführende Journalisten von der rechten Seite in Pension gehen mussten.

Um die verkehrte Welt der ungarischen Medien begreifen zu können, muss man auch in dieser Hinsicht die Vergangenheit in Erinnerung rufen. Dass viele Journalisten während der vier Jahrzehnte der kommunistischen Ära als „IM" (Informelle Mitarbeiter) und Agenten, manche sogar als „streng geheime Offiziere", für den Staatssicherheitsdienst im In- und Ausland tätig gewesen waren, hat man vermutet und später bestätigt gefunden. Über meine eigenen, manchmal verblüffenden Erfahrungen[2] habe ich

---

2 Siehe besonders meine Memoiren: Auf schwarzen Listen. Erlebnisse eines Mitteleuropäers, erw. Neuauflage, Wien 2004, und das Kapitel „Michael Coles' Glück und Ende oder Die Geschichte einer gescheiterten Anwerbung", in: Best of Paul Lendvai. Begegnungen, Erinnerungen, Einsichten, Salzburg 2004, S. 81–100.

mehrmals geschrieben. Als mir Ende 2005 das Historische Archiv der Staatssicherheitsdienste 395 Seiten operatives Material und Vorgangsakten über mich (allerdings überwiegend nur für die Zeit zwischen 1958 und 1966) zur Verfügung gestellt hatte, beschrieb ich die manchmal empörenden, manchmal lächerlichen Vorgänge in einem großen Bericht für die literarische Wochenzeitung „Élet és Irodalom". Mithilfe der Klarnamenkarten identifizierte ich einige der Spitzel.

Jene, die seit vielen Jahren gegen das „institutionalisierte System des Lügens im öffentlichen Leben" angekämpft hatten, wie die Zeithistoriker János Kenedi und Krisztián Ungváry[3], haben den Artikel begrüßt, aber sonst herrschte unter den befreundeten Kollegen totale Funkstille. Viele Ungarn betrachten die Taten der Denunzianten und Spitzel heute noch als „Kavaliersdelikte". Diese Haltung war und ist die Folge des (freilich erzwungenen) Sich-Abfindens und dann Sich-Arrangierens der überwiegenden Mehrheit der Ungarn mit dem Kádár-Regime der 1970er und 1980er Jahre.[4]

Jene, die dem Gebot des Vergessens und erst recht der Verdrängung huldigten, haben offen oder verklausuliert die Autoren von Forschungsberichten und Studien als Nestbeschmutzer oder sogar als Werkzeuge der jeweils anderen politischen Gruppen angegriffen beziehungsweise verdächtigt. Der junge und mutige Zeithistoriker Ungváry schätzt, dass zwischen 1950 und 1990 insgesamt 200.000 Personen für kürzere oder längere Zeit als Agenten oder Spitzel der politischen Polizei beschäftigt worden waren. Laut Kenedi wurden zur Zeit der Wende, also 1989, noch 11.000 Agenten in Evidenz geführt. Im Jahr 2005 schätzte er in einem Gespräch mit mir, dass 50.000 bis 60.000 Angehörige der

---

3 Siehe János Kenedi, Das kleine Lesebuch über die Staatssicherheit I-I, Budapest 1996, sowie Krisztián Ungváry und Gábor Tabajdi, Die verschwiegene Vergangenheit – die Tätigkeit der politischen Polizei 1956–1990, Budapest 2009 (beide auf Ungarisch).

4 Vgl. für Details das 2. Kapitel „Systemwechsel der Halbheiten".

seinerzeitigen politischen und administrativen Elite in Agenten- oder Spitzeltätigkeit verstrickt waren.[5] Aus der zur Zeit der Geheimdienstaffäre des Ministerpräsidenten Medgyessy versprochenen „Aktenrevolution" ist während der sozial-liberalen Koalition nichts geworden.

Nichts könnte die Absurdität der Situation besser illustrieren als das Kesseltreiben der entlarvten „Informellen Mitarbeiter" und ihrer Schirmherren gegen Krisztián Ungváry. Nachdem dieser unabhängige und freie Geist eine ganze Reihe von Kirchenfürsten einschließlich der letzten drei Vorsitzenden der katholischen Bischofskonferenz, darunter die Kardinäle László Lékai und László Paskai als Spitzel entlarvt hatte, wurde er von einem betroffenen bekannten Bischof geklagt. Obwohl der Forscher sogar dessen Klarnamenkartei vorgelegt hatte, kam dem Bischof vor Gericht der für den mutmaßlichen Spitzel zuständige ehemalige Geheimdienstoffizier zu Hilfe. Dieser verneinte, dass der Kirchenmann ihm je Geheimberichte geliefert hätte. Derselbe Bischof, der vor der Wende dem kommunistischen Regime nachweisbar Handlangerdienste geleistet hatte, trat übrigens dann bei den Wahlen im April 2010 als lautstarker Gönner der Fidesz-Partei auf …

Obwohl über die Verstrickung vieler ungarischer Bischöfe in Budapest und Rom sogar mutige Dokumentationen gedreht wurden, hat der Episkopat trotz der couragierten Initiativen des Erzabtes von Pannonhalma, Asztrik Várszegi, bisher alle Untersuchungen der Vergangenheit abgewürgt. In einem anderen Fall hat ein heutiger Verfassungsrichter, dem Ungváry die enge Zusammenarbeit mit dem Innenministerium an der Universität Pécs nachgewiesen hatte, mit Erfolg den Forscher und die Zeitung „Élet és Irodalom" vom Obersten Gericht zu einer hohen Geldstrafe (über 10.000 Euro) verurteilen lassen.

Diese Literaturzeitung „Élet és Irodalom" nimmt deshalb einen besonderen Platz in der Medienlandschaft ein, weil sie seit vielen

---

5 Der Standard, 30.12.2004.

Jahren neben den Artikeln und Novellen der herausragenden Schriftsteller und Kritiker des Landes regelmäßig entlarvende Reportagen und Recherchen über Korruption, Schwarzmarktgeschäfte und dubiose Transaktionen in allen Parteien (so unter anderem auch über die Familie Viktor Orbáns) brachte und bringt. Vor und nach meiner Enthüllung über die auch international bekannte „Sportlerlegende" György Szepesi, der unter dem Decknamen „Galambos" seit 1950 (!) wahrscheinlich nicht nur über meine Freunde und mich, sondern über Sportler und Staatsbeamte hunderte Spitzelberichte geschrieben haben soll[6], wurden im Blatt auch bekannte Persönlichkeiten des kulturellen Lebens bloßgestellt.

Mich persönlich erschütterte der gut recherchierte Bericht eines Filmkritikers, dass mein alter Bekannter, der Oscar-Preisträger und international berühmte Filmregisseur István Szabó, nach der Revolution von 1956 zwischen 1957 und 1961 48 Spitzelberichte über Kollegen für das Innenministerium verfasst hatte. Viele bekannte Vertreter der liberalen künstlerischen und medialen Elite sprachen sich in einer Erklärung solidarisch für den großen Künstler aus, ohne freilich auf die Vorwürfe einzugehen. Der Autor – nicht Szabó – wurde dann zur Zielscheibe einer gehässigen Flüsterkampagne über seine möglichen Gründe für den Artikel.

In diesen Rahmen fügt sich auch das linksliberale Wochenblatt „Magyar Narancs" („Ungarische Orange"), das in den letzten Jahren unter anderem über die unglaublichen Bestechungsaffären in der sozialistisch dominierten Spitzenbürokratie der Hauptstadt berichtet hat. Hier findet man auch glänzende kritische Aufsätze nicht nur über Fidesz- oder Jobbik-Politiker, sondern auch über sozialistische oder liberale politische Figuren. Im Großen und Ganzen gilt aber hinsichtlich der Rolle der Geheimdienste und ihrer Netzwerke bis heute zwischen Fidesz und der

---

6   Szepesi bestritt nicht meine Behauptungen, blieb aber weiterhin Ehrenbürger von Budapest. Noch am Nationalfeiertag, dem 15. März 2008, verteilte er als Vorsitzender des „Komitees der Goldenen Feder" die entsprechend benannten Journalistenpreise an verdiente Kollegen …

Sozialistischen Partei ein merkwürdiger Burgfriede. Das hängt damit zusammen, dass in den (fünf!) Geheimdiensten beide großen politischen Lager verankert sind. In der Verwaltungselite von den Ministerien bis zu den höheren Rängen der Gerichte und der Staatsanwaltschaft findet man unzählige Wendehälse. Auf viele dieser Leute trifft der (freilich aus der kommunistischen Zeit stammende) Spruch des polnischen Satirikers Stanisław Jerzy Lec zu: „Es ist schwer erkennbar, wer freiwillig mit dem Strom schwimmt" ...

In den ersten Jahren nach der Wende prägten zuerst die Sympathisanten der Liberalen und die einstigen Reformkommunisten die Welt der Medien. Doch bereits unter der Regierung Antall begann der Kampf um die Kontrolle des Fernsehens und Hörfunks. So wurde buchstäblich über Nacht einer der begabten Reformjournalisten, Endre Aczél – samt seiner Mannschaft – unter einem fadenscheinigen Vorwand aus der Chefredaktion der TV-Nachrichten und -Magazine entfernt. Der Wechsel diente der Vorbereitung für den letztlich gescheiterten Plan, eine Regierung des Demokratischen Forums mit dem bald in der Versenkung verschwundenen Pozsgay-Flügel der Postkommunisten zu bilden.

Diesem Erdbeben folgten viele größere und kleinere Nachbeben in den öffentlich-rechtlichen Medien. So hat der geschäftsführende Generaldirektor des MTV, wohl in Erwartung des als sicher geltenden Fidesz-Sieges, bereits Ende September 2009 mit sofortiger Wirkung den Vertrag mit dem langjährigen Betreiber der Frühstücksshow „Sonnenaufgang" gelöst; die besten Redakteure (auch Endre Aczél) waren schon vorher unter dem Druck des Fidesz durch stromlinienförmige Moderatoren ersetzt worden. Am nächsten Tag erschien demonstrativ Viktor Orbán persönlich für ein Interview; bis dahin hatten die Fidesz-Leute den Sender wegen seines angeblich linken Übergewichts boykottiert.[7]

---

7 Mit den vollzogenen Maßnahmen und Regierungsplänen seit der Machtübernahme der Partei Orbáns beschäftige ich mich im Schlusskapitel.

Viel wichtiger waren die Verschiebungen bei den Journalisten, den Zeitungen, den privaten TV-Sendern und bei den Internetportalen. Seit der überraschenden Wahlniederlage im Jahr 2002 verfolgte Viktor Orbán zielstrebig den bereits in seiner ersten Regierungszeit begonnenen Aufbau eines Medienreiches, das direkt von seinen steinreichen Vertrauten kontrolliert wird. Zwei einst angesehene Tageszeitungen, zwei Wochenblätter, eine „U-Bahn-Zeitung", zwei TV-Sender und zwei Radios sind die zentralen Überbringer der politischen Botschaften. Sie dienen zugleich als offensive Plattformen für die diversen Kampagnen gegen politische Gruppen und ihre Führungspersönlichkeiten. Aus ungeklärten und unbekannten Quellen finanzierte die Orbán-Gruppe bereits Ende der 1990er Jahre die Umwandlung des traditionsreichen, 1938 von progressiven bürgerlichen Journalisten gegründeten, später freilich von den extrem rechten und dann von den Kommunisten gleichgeschalteten Intelligenzblattes „Magyar Nemzet" in ein Kampforgan von Fidesz.

Anders verlief der Weg des einstigen kommunistischen Regierungsblattes, der nach der Wende eher linksliberalen Tageszeitung „Magyar Hírlap". Nach einer bewegten Zeit (zuerst vom umstrittenen britischen Medienmogul Robert Maxwell übernommen) wurde das Blatt später an den Schweizer Verleger Jürg Marquard und dann an die Schweizer Ringier-Gruppe, schließlich an die Belegschaft verkauft. Im September 2005 erwarb der Milliardär Gábor Széles (derzeit mit einem Vermögen von fast 300 Millionen Euro auf dem fünften Platz der Liste der reichsten Ungarn) das defizitäre Blatt. Der politisch ehrgeizige Unternehmer, der zunächst dem MDF nahestand, wandte sich demonstrativ der Partei Orbáns zu und stellte die personellen Weichen für einen stramm rechtsnationalen redaktionellen Kurs. Bereits im Herbst 2006 musste der langjährige Chefredakteur abtreten; jedes zweite Redaktionsmitglied wurde entweder entlassen oder ging aus eigenem Antrieb.

In einem Interview verglich sich Széles einmal selbst mit dem ungarischen Oberbefehlshaber im Freiheitskampf von 1848/49 und den von ihm bewunderten Viktor Orbán gar mit Lajos Kossuth, dem legendären politischen Führer der 1848er-Revolution. Der 65-jährige Elektroingenieur Gábor Széles soll die Grundlagen seines Vermögens noch in der kommunistischen Ära gelegt haben, als er als Leiter von großen staatlichen Mikroelektronik- und Computerfirmen angeblich in der Schattenwelt der „CoCom-Listen" – also der damaligen NATO-Ausfuhrverbote und -Kontrollen von hoch entwickelter Elektronik – gerissen operierte. Es gibt viele ähnliche Karrieren von Industriekapitänen und Spitzenbankiers, die bereits in den letzten Jahren des Kádár-Regimes mit staatlicher Genehmigung kapitalistische Inseln in Ungarn geschaffen und nach der Wende mit sozialistischer oder rechtsgerichteter politischer Unterstützung milliardenschwere Imperien errichtet hatten.

Dass in der Welt der Medien ein allzu aggressives Auftreten unter Umständen gefährliche Abwehrreaktionen auslösen kann, zeigt das tragische Schicksal des Unternehmers János Fenyő. Nach langen Jahren in den Vereinigten Staaten hatte er nach seiner Rückkehr als angeblicher Fotoreporter in Ungarn einen Medienkonzern zusammengezimmert und mit seinem auffallenden Lebensstil viele Neider auf den Plan gerufen. Er besaß damals in seinem Konzern „Vico" 13 Zeitungen mit einer Gesamtauflage von fast 14 Millionen. Am 11. Februar 1998 wurde der damals 44 Jahre alte Medienzar inmitten des Budapester Spitzenverkehrs, als er bei Rotlicht mit seinem Mercedes halten musste, von einem Attentäter mit fast 30 Schüssen ermordet. Der Täter, der aus einem Auto sprang und dann zu Fuß verschwand, wurde ebenso wenig wie der Fahrer des Mordautos gefunden. Später gab es von Zeit zu Zeit Spekulationen über einen albanischen Gangster und dessen Auftraggeber, der angeblich ein rivalisierender Geschäftsmann aus der Medienwelt war.

Der Betreiber jener Firma, die bis zur Kündigung das Programm „Sonnenaufgang" für MTV produziert hatte, Tamás Gyárfás, ist – nebenbei bemerkt – auch nach dem politisch motivierten Hinauswurf nicht auf Bettelbrot angewiesen – steht er doch immer noch auf der Liste der hundert reichsten Ungarn. Übrigens findet man unter den Forint-Milliardären auch mehrere Unternehmer, die, wie mein erster ungarischer Verleger, eher mit dem linken Lager verbunden geblieben sind.

Außer Gábor Széles, der 2007 auch den rechtsradikalen TV-Sender „Echo TV" gegründet hatte, gibt es eine ganze Reihe von bekannten Forint-Milliardären aus dem Kreis um Viktor Orbán, die seit 2002 planmäßig an der rechten Medienhegemonie mitgewirkt haben. So wurden unter anderem schon früher ein weiterer TV Sender („Hír TV", nach dem Beispiel von CNN), ferner Radios („Inforádió", „Lánchíd Rádió") sowie gehobene („Heti Válasz") und radikale („Magyar Demokrata") Wochenmagazine ins Leben gerufen. Ein gewisser Tamás Vitézy (64. Platz auf der Liste der Milliardäre) hatte nach seinen eigenen Worten zuerst Milliarden bei der Gründung der „U-Bahn-Zeitung" „Helyi Thema" verloren. Heute druckt er 1,2 Millionen Exemplare wöchentlich, die ihm zufolge „dem Geist Viktor Orbáns dienen sollen".

Nicht alle Orbán-Freunde, -Helfer und -Diener sprechen so unbekümmert. Im Vordergrund spielen eher solche Figuren eine Rolle, wie sein früherer Pressesprecher Gábor Borókai, seinerzeit Generaldirektor von „Hír TV", jetzt Herausgeber der Wochenzeitung „Heti Válasz"; oder sein früherer Staatsminister im Amt des Ministerpräsidenten, István Stumpf, der als vorgeschobener „Strohmann" beim Erwerb einer Drittelbeteiligung an der ungarischen Tochterfirma von „RTL-Klub" auftrat. Eine der dynamisch wachsenden, absolut Orbán-treuen Firmen ist das „Infocenter RT", das nach dem Kauf der Wochenzeitung „Heti Válasz" und des „Lánchíd Rádió" im Herbst 2009 (übrigens in einer Abmachung mit den Sozialisten) entscheidend weiter expandierte. „Infocenter RT" gelang es, eine der zwei frei gewordenen wichtigen, früher von ausländischen Firmen betriebenen landesweiten Radiofrequenzen ohne Ausschreibung in die Hand zu bekommen. Als Krönung gewann der Medienriese heuer noch bestimmenden Einfluss über den meistgesehenen TV-Sender „RTL Klub“.

Zufällig war der Mehrheitseigentümer jener Dr. Tamás Fellegi, der in den achtziger Jahren Universitätslehrer Orbáns gewesen war und nach seiner Rückkehr aus den USA, wo er als Gastdozent wirkte, wieder in den engsten Beraterkreis des Fidesz-Chefs aufrückte. Er gilt als der Gebildetste unter den Superreichen und zugleich als der weitaus Reichste unter den wichtigsten Hofschranzen Orbáns. Vor der zweiten Runde der Parlamentswahlen gab Fellegi seine Beteiligungen an andere Fidesz-Leute ab, da er nach dem fulminanten Fidesz-Sieg das Schlüsselministerium für Verwaltung des Nationalen Vermögens übernehmen sollte.

Neben den Zeitungen, TV- und Rundfunksendern vergisst Fidesz auch die neuen Medien nicht. Zwei weitere Forint-Milliardäre, Zoltán Speder (mit 28 Milliarden Nummer 18 auf der Liste) und Kristóf Nobilis (mit 17 Milliarden an der 28. Stelle), besitzen das Wirtschaftsblatt „Napi Gazdaság“ und die Web-Wirtschaftszeitung „portfolio.hu“. Zu ihrem Imperium gehört Ungarns meistbesuchtes Internet-Portal „index.hu“. Dazu kommen noch ein Boulevardmagazin, eine Autozeitschrift und andere Firmen. Kürzlich hat der Konzern der beiden Milliardäre auch Ungarns einzigen Nachrichten-Rundfunksender „Inforádió“ und dessen Internetportal „inforadio.hu“ gänzlich übernommen. Der Milliardär István Töröcskei (Nummer 42 unter den Superreichen mit 12 Milliarden Forint) ist schließlich gemeinsam mit anderen Investoren der Besitzer von „Hír TV“ und der Zeitung „Magyar Nemzet“.

Vor zehn, fünfzehn Jahren behaupteten Fidesz und rechtsgerichtete Politologen, dass die Linke eine 80-prozentige Hegemonie bei den Medien genieße. Das war freilich damals weit übertrieben, wenn auch links-liberale Journalisten zweifellos tonangebend waren. Heute bekennen sich zwei Drittel der jungen Journalisten als Sympathisanten der Rechten. Das ist nicht überraschend, zumal die rechtsgerichteten Medien heute ein absolutes Übergewicht haben. Miteinander vernetzt, beginnen sie auch die Programme der Kommerzsender zu prägen oder sogar zu dominieren. Laut der führenden unabhängigen und liberalen Kommunikationswissenschaftlerin Mária Vásárhelyi sei es völlig unübersichtlich, aus welchen Geldquellen und nach welchen geschäftlichen Überlegungen immer wieder rechtsgerichtete Medien entstehen.

Die zentrale Figur nicht nur der Medien, sondern der gesamten Finanzwelt der Fidesz-Leute ist ein gewisser Lajos Simicska. Er war und ist der begnadete Dirigent der Geldbeschaffung mit allen möglichen Mitteln. Orbáns vielleicht ältester Freund (zusammen mit Parlamentspräsident László Kövér) stand 1998 im Mittelpunkt eines Parteifinanzierungsskandals und musste als Präsident des Amtes für Steuer- und Finanzkontrolle zurücktreten. Seit Jahren ist er Chef der größten Werbefirma MAHIR und die eigentliche Schaltstelle für alle größeren Finanz- und Medientransaktionen sowie für das private Vermögen der Familie Orbán.[8]

Die für die Öffentlichkeit und erst recht für die ausländischen Beobachter kaum wahrnehmbaren[9] Verflechtungen und die raffinierte Arbeitsteilung hinsichtlich der Kapitalverhältnisse und der

---

8 Für die noch aus der Studentenzeit stammenden Verbindungen und Aktivitäten des facettenreichen „Machers" siehe in erster Linie József Debreczenis zweite Orbán-Biografie, Budapest 2009 (auf Ungarisch).

9 Siehe Balázs Sipos, Medien und Demokratie in Ungarn – nach 20 Jahren, Budapest 2010; Mária Vásárhelyi, Sein Beruf: Journalist, Budapest 2006, ferner ihre Aufsätze in „Élet és Irodalom", 19.6.2009, 23.4. und 25.6.2010 (alle auf Ungarisch). Vgl. für die Superreichen die jährlichen Bände Top 150 („Népszabadság") 2008 und Top 100 („Napi Magyaroszág") 2010. Bei den Angaben muss man davon ausgehen, dass diese die tatsächlichen Vermögensverhältnisse eher zurückhaltend darstellen und manche Milliardäre auf eigenen Wunsch keine Angaben gemacht hatten. Für den aktuellen Stand siehe „Népszabadság", Wochenendbeilage vom 15.5.2010, Seite 2 und 3 (alle Quellen auf Ungarisch).

äußerst geschickten Abstufung innerhalb des Fidesz-treuen Medienimperiums sind durch die Kommunikationswissenschaftlerin Mária Vásárhelyi und in letzter Zeit auch durch einige Titelgeschichten des unabhängigen wirtschaftlichen Wochenblattes „Figyelö" entlarvt worden. Vásárhelyi sieht drei Hauptrichtungen beim Fidesz: eine gemäßigt-konservative, eine national-populistische und eine rechtsradikale, rassistische Richtung. Dementsprechend wenden sich das „Inforádió" und das Wochenblatt „Heti Válasz" an das gemäßigte Publikum; an die national-populistischen Kreise das „Hír TV", „Lánchíd Rádió" und die Tageszeitung „Magyar Nemzet"; an die radikalen, extremistischen und rassistischen Schichten die Tageszeitung „Magyar Hírlap", das Wochenmagazin „Magyar Demokrata" und das „Echo TV". Dazu kommen die Gratiszeitungen, Internetportale und die immer intensiveren Verbindungen zu den Unterhaltungskanälen und Boulevardblättern.

Die Macht der politisch korrumpierten Presse ist immer und überall zugleich eine Macht des Verschweigens. Auch für diese Zeitungen gilt die aus der kommunistischen Zeit stammende Beobachtung von Stanisław Jerzy Lec: „Den Blick in die Welt kann man mit einer Zeitung versperren." So wie seinerzeit unter dem kommunistischen System verschweigen die oben erwähnten Zeitungen die westliche Kritik an den romafeindlichen, antisemitischen und rassistischen Entgleisungen in Ungarn ebenso wie etwa die Kritik am politischen Stil von Orbán und seinen Leuten.

Die großen Reportagen aus der „Neuen Zürcher Zeitung" und dem „Tagesanzeiger" (aus der Schweiz), aus den österreichischen und deutschen Zeitungen und Zeitschriften, von der „Zeit" und dem „Spiegel", der „Welt" und der „Süddeutschen", dem „Standard", der „Presse" bis hin zum „profil", werden nie abgedruckt. Nur in den im weinerlichen oder empörten, spöttischen oder aggressiven Stil verfassten gelegentlichen Zusammenstellungen werden einige Sätze aus dem Zusammenhang gerissen und oft verzerrt zitiert. So erfährt die rechtskonservative oder national gesinnte Elite, abgesehen von den Diplomaten und den wenigen sprachkundigen Fachreferenten, praktisch nichts davon, wie die westlichen Medien Ungarn sehen.

In der verkehrten Welt der ungarischen Medien wäre ein Sender wie Radio Freies Europa (RFE), der Tag und Nacht die Ungarn (wie auch die anderen Osteuropäer) in ihrer Muttersprache informiert hatte, von großer Bedeutung. Leider haben aus finanziellen Gründen und wegen des Vormarsches des Internets alle Westsender, wie BBC, Deutsche Welle und Stimme Amerikas, ihre Sendungen nach Ungarn eingestellt. Seinerzeit war jeder vierte Ungar ein regelmäßiger RFE-Zuhörer. Auch die gehobenen kommunistischen Partei- oder Staatsbürokraten sowie „verlässliche" Intellektuelle hatten von der staatlichen Nachrichtenagentur eine als „vertraulich" oder „streng vertraulich" gekennzeichnete Artikelsammlung aus der „feindlichen" Westpresse erhalten.

So erstaunt es nicht, wenn heute selbst die Angehörigen der Orbán-treuen katholischen, gemäßigt-nationalen Mittelklasse je nach Temperament überrascht, betroffen, irritiert oder erzürnt reagieren, wenn ausländische Freunde oder Besucher sie auf das besorgniserregende Bild Ungarns in der Weltpresse ansprechen. Ein bekannter deutscher Journalist, der vor einigen Jahren in einem international angesehenen Blatt einen sehr kritischen, aber völlig wahrheitsgetreuen Artikel unter anderem über den politischen und ideologischen Hintergrund der romafeindlichen und antijüdischen Exzesse geschrieben hatte, wurde von der Familie seiner bereits seit Jahrzehnten im Westen tätigen ungarischen Ehefrau praktisch exkommuniziert; keiner will mit ihm je wieder sprechen.

Schuld am „Zerrbild" Ungarns seien die Agenten und Statthalter des ausländischen, vor allem jüdischen Finanzkapitals, die alles aufkaufen wollten, erst recht die Nestbeschmutzer ungarischer Herkunft, die im In- und Ausland die fremden Journalisten irreführen, kann man immer wieder hören. Es war und ist für mich unheimlich, wie die offiziellen oder regierungsfreundlichen Beamten bereits während der Regierung Antall und dann noch offener in der ersten Regierung Orbán genauso handelten wie vorher die kommunistischen Agitprop-Funktionäre. Sie hatten schwarze Listen über unliebsame Auslandskorrespondenten zusammengestellt. Bereits während der achtjährigen Oppositionszeit schreckte die rechte Presse weder vor persönlichen Verunglimpfungen noch vor einem für europäische Standards unglaublich rabiaten Tonfall zurück.

Paradoxerweise erinnern heute jene Zeitungen, die sich als „bürgerliche Tageszeitungen" bezeichnen, in Stil und Inhalt an die kommunistischen Propagandablätter und teilweise an den rechtsradikalen Jargon der 1930er Jahre. Nur einige Beispiele aus meinem Referat bei einer Budapester Journalistenkonferenz im Februar 2008, also zur Zeit der Regierung Gyurcsány: „Was Minister Péter Kiss zusammen mit dem Genossen Gyurcsány kennzeichnet, ist die ungenierte politische Lüge. Und diese findet im Westen reißenden Absatz, zumal in jenem bunten, linken und materialistischen Umfeld, das der Außenwelt kaum noch etwas Sinnvolles mitzuteilen hat" (László Tőkéczki, „Magyar Nemzet", 23. Februar 2008).

Der führende Fidesz-Politiker László Kövér bezeichnete Gyurcsány als „paranoiden Nero", der „die Schlüsselpositionen der Macht in seiner Verzweiflung mit politischen Abenteurern besetzt" („Magyar Demokrata", 27. Februar 2008). In derselben Nummer schrieb ein „diplomierter Philosoph und Investmentberater" Folgendes: „Gegenwärtig hat es den Anschein, dass das Schicksal der EU (und damit auch jenes der USA) von Ungarn abhängt. Die führenden politischen Kreise in den USA haben die Krise noch nicht erkannt, da sie mit den Problemfeldern Irak-Iran, den Präsidentschaftswahlen und der Kreditkrise beschäftigt sind …" Gyurcsány wiederum „spielt nach einem Drehbuch, das vom slowakischen, serbischen, rumänischen und russischen Geheimdienst gleichermaßen unterstützt wird, den Russen das Karpatenbecken, die Ukraine und den Ostbalkan zu …" (Attila Szabo Olgyay).

Besonderes Aufsehen erregte ein Jahr später ein Artikel in der Wochenzeitung „Magyar Demokrata", in dem eine „Kulturpolizei" gefordert wurde. Drei- bis vierköpfige Sonderkommandos sollten die ehrenvolle Aufgabe übernehmen, Bibliotheken und andere kulturelle Einrichtungen durchzukämmen und sie von „anti-ungarischem Dreck", das heißt Büchern von Péter Esterházy, György Spiró, Péter Nádas und anderen, zu reinigen. Orbán hatte vor Jahren persönlich die Redaktionen von „Magyar Hírlap" und „Magyar Demokrata" besucht und sie zusammen mit „Magyar Nemzet" als seine „Lieblingsmedien" bezeichnet.

Was die Stichhaltigkeit der persönlich-politischen Angriffe dieser Medien betrifft, so hat Mária Vásárhelyi nachgewiesen, dass seit 2002 „Magyar Nemzet" mehr als 200 gerichtlich erzwungene Berichtigungen von etwa 450 unwahren oder rechtswidrigen Behauptungen abdrucken musste. Selbst diese Zahl ist nur ein Bruchteil aller hetzerischen und unwahren Angriffe des Fidesz-Blattes, meint die Forscherin. Von den zahlreichen Beispielen muss der Fall des ehemaligen MDF-Abgeordneten und Orbán-Biografen József Debreczeni als besonders erschreckend hervorgehoben werden.

Dieser mutige Publizist wurde im Frühjahr 2006 durch einen anonymen, von der obskuren rechtslastigen Nachrichtenagentur „Havaria Press" verbreiteten, von der Zeitung „Magyar Nemzet" und von „Hír TV" sofort groß wiedergegebenen Brief beschuldigt, „auf Anweisung der Staatssicherheit überhaupt als MDF-Gründer in die Politik gegangen" zu sein. Auch nachdem die Absurdität der lächerlichen Anschuldigungen von dem im Brief genannten Offizier selbst bewiesen wurde, dauerte es zwei Jahre, bis das Gericht die drei Fidesz-Sprachrohre zur Kompensation verurteilte. Darüber wurde weder in den drei inkriminierten Medien berichtet, noch ist der Fall im Archiv von „Magyar Nemzet" wiederzufinden. Die gegen prominente sozial-liberale Politiker,

bekannte Journalisten und öffentliche Persönlichkeiten erfunde-
nen und verbreiteten Unwahrheiten hätten laut Vásárhelyi sicher-
lich zur Demoralisierung der linksliberalen Seite beigetragen.

Jene Auslandskorrespondenten, die nicht nur die sozial-libe-
rale Regierung Gyurcsány, sondern auch die oppositionelle Fidesz-
Partei und Viktor Orbán kritisiert hatten, wurden – wie der
„NZZ"-Außenpolitiker und Ostkorrespondent Ulrich Schmid,
der „Tagesanzeiger"-Berichterstatter Bernhard Odehnal sowie
der „DPA"- und „Standard"-Korrespondent Gregor Mayer – zu
Zielscheiben. Sie wurden von den von extrem rechten Sprechern
beherrschten Emigrantengruppen in der Schweiz angegriffen. Die
Emigranten und ihre Helfershelfer forderten sogar in Briefen und
Petitionen die Ablösung der Journalisten, die die „historischen
Tatsachen" verdrehten. Inzwischen wieder an der Macht, dürften
die Orbán-Propagandisten ihr Kesseltreiben gegen unliebsame
Korrespondenten und Kommentatoren stärker forcieren und
auch durch diplomatische Kanäle fortsetzen.

Auch in dieser Hinsicht bewahrheitet sich die bereits vor rund
sieben Jahren getroffene Feststellung des Schriftstellers Péter Nádas über einen „Ehebund zwischen Horthyismus und Kádárismus" in der ungarischen Gesellschaft und Politik. Die nostalgi-
sche Erinnerung an die Sicherheit und den (verglichen mit den
anderen Blockstaaten) bescheidenen Wohlstand während der
Kádár-Ära geht Hand in Hand mit der undifferenzierten Verur-
teilung der Errungenschaften der Demokratie seit der Wende,
erzeugt das bizarre Trugbild eines „Sozialismus ohne Kommunisten und eines Kapitalismus ohne Privateigentum und Konkur-
renz" (Mária Vásárhelyi).

Etwa 60 Prozent der Ungarn sehen ihr Land als den Verlierer
des Regimewechsels. Nicht weniger als drei Viertel der jungen
Menschen glauben an die Möglichkeit eines neuen Systemwechsels mit der Wiederverstaatlichung der wichtigen Betriebe und der
Abrechnung mit den schuldigen Politikern, die dem Land Schaden zugefügt hätten. Zwei Drittel der erwachsenen ungarischen

Bürger meinen, „das Land dient auch heute noch den Interessen fremder Mächte" und „die ungarischen Interessen kommen nicht in erster Linie zur Geltung."

Diese absurden Ansichten in einem Land, das seit nunmehr 20 Jahren unabhängig und frei ist und sein Schicksal bei freien Wahlen bestimmt hat, sind natürlich ebenso irreal und politisch gefährlich wie die bereits früher skizzierten Fehldeutungen der eigenen Geschichte. Die herben und bei der jungen Generation fast grenzenlosen Enttäuschungen konnten von dem genialen Machtpolitiker Viktor Orbán zwischen 2007 und 2010 deshalb so flächendeckend und erfolgreich ausgeschlachtet werden, weil die Sozialisten und die in der Versenkung verschwundenen Liberalen dem Land tatsächlich schweren Schaden zugefügt hatten und in einem Sumpf der Korruption und der Intrigen von Skandal zu Skandal getaumelt waren.

Schon in diesen Jahren waren die Würfel zugunsten des rechtspopulistischen und nationalistischen Kurses unter Orbán gefallen. Dies auch deshalb, weil sich Orbáns diskrete, reiche und bedingungslose Medienzaren vom Anfang bis zum Ende des „politischen Bürgerkrieges" als souveräne und in den verwendeten Mitteln bedenkenlos agierende Vasallen erwiesen hatten. Das Kernstück dieser Strategie war die Kampagne für die politische Vernichtung von Ferenc Gyurcsány, des mit Abstand fähigsten Wortführers der Linken.

11. Kapitel
Auf Gedeih und Verderb im Kalten Bürgerkrieg

Die Jahre zwischen 2006 und 2010 brachten eines der merkwürdigsten, aufregendsten und für Ungarn zweifellos entscheidenden Duelle in der modernen europäischen Geschichte – das Duell zwischen zwei außerordentlichen und doch grundverschiedenen Politikern, Ferenc Gyurcsány und Viktor Orbán.

Beide waren Vertreter der gleichen Generation. Orbán hatte drei Mal gegen sozialistische Kandidaten verloren: 1994 gegen den postkommunistischen Routinier Gyula Horn, 2002 gegen den geschmeidigen und sympathischen Herrn aus der oberen Mittelklasse, Péter Medgyessy, und 2006 gegen den Selfmade-Millionär aus der Unterschicht, Ferenc Gyurcsány. Vor allem diese letzte Niederlage empfand der Berufspolitiker Orbán als unerträglich und ungerecht.

In den nächsten vier Jahren hat Viktor Orbán in einem Kampf auf Gedeih und Verderb den um nur zwei Jahre älteren strahlenden Überraschungssieger der Parlamentswahlen vom April 2006 durch eine beispiellose persönliche und politische Vernichtungskampagne besiegt und zugleich alle linken, liberalen und gemäßigt konservativen Rivalen zertrümmert. Sein unbändiger Siegeswille, seine Fähigkeit, politische oder taktische Fehler blitzschnell zu korrigieren, seine Begabung, potenzielle oder vermeintliche Konkurrenten rechtzeitig kaltzustellen, und seine zynische Entschlossenheit, gleichzeitig den „Homo Kádáricus" und Teile des rechtsextremen Randes durch eine Mischung aus nationalistischen, klerikalen und linkspopulistischen Phrasen zu gewinnen, bildeten den Hintergrund zu seinem epochalen Wahlsieg im Frühjahr 2010.

Selbst dann wäre der Durchbruch nicht oder nicht in dieser Dimension möglich gewesen, wenn die folgenden Faktoren nicht den Boden für Orbán und seine Fidesz-Partei bereitet gehabt hätten:

a) Die katastrophale geheime „Lügenrede" des siegreichen Ministerpräsidenten Ferenc Gyurcsány in Mai 2006, die Unfähigkeit des in vieler Hinsicht genialen Politikers und Kommunikators, mit einem Team konsequent und überzeugend zu regieren sowie Wichtiges von Unwichtigem zu unterscheiden. Die chronische Schwäche, sein impulsives Temperament zu zügeln und seine Neigung zu rhetorischen Kunststücken in vielen Interviews, anstatt mit Mut zur Unpopularität zu handeln. Es gibt keinen einzigen Regierungschef in einem modernen Staat, der, wie Gyurcsány, jahrelang einen allgemein zugänglichen Blog mit vielen Details aus seinem persönlichen Alltag schreiben und seinem Biografen gegenüber brisante innerparteiliche Details ausplaudern würde. Ein menschlich ungemein sympathischer Amateur in der unheimlichen Schlangengrube der sich als Sozialdemokraten gebärdenden Altkommunisten und linken Karrieristen.

b) Die Sozialistische Partei (MSzP), die in den 20 Jahren seit der Wende 12 Jahre lang regiert hatte, konnte und vor allem wollte nicht das Erbe des Kádár-Regimes überzeugend aufarbeiten und sich in eine Sozialdemokratie westlichen Typs umwandeln. Erst Ferenc Gyurcsány hat diesen Versuch unternommen und ist dabei kläglich gescheitert. Viele seiner engsten Kollegen haben unvergleichlich mehr Zeit und Energie für die Untergrabung Gyurcsánys als Partei- und Regierungschef als für die Abwehr der Herausforderung von rechts verwendet.

174

Trotz scheinbarer Unterstützung durch die Parlamentsfraktion hat die Elite der Partei im politischen Kampf teils versagt, teils war sie im Sumpf der Korruption, vor allem in der wahlentscheidenden Hauptstadt Budapest, verstrickt gewesen.

c) Das Scheitern der Liberalen Partei, des SzDSz, die 1989–1990 die kommunistische Staatspartei am heftigsten attackiert hatte. Sie verlor eigentlich bereits durch den Eintritt in die Regierung Horn zwischen 1994 und 1998 einen Teil der bürgerlichen und kritischen Wähler. Durch die internen Fraktionskämpfe der Intellektuellen und Jungpolitiker büßten selbst die einstigen Bürgerrechtskämpfer ihre Glaubwürdigkeit ein. Sie dienten bei den Wahlen 2002 und 2006 nur als (manchmal unbequeme) Steigbügelhalter für die Sozialisten, die sonst über keine tragfähige parlamentarische Mehrheit verfügt hätten. Dass es ausgerechnet der liberale Gyurcsány war, der durch unbedachte Handlungen und „Ausrutscher" die lebenswichtigen und vollauf zerstrittenen Verbündeten links von der Mitte 2008 zuerst in die Opposition und letzten Endes in die politische Versenkung gezwungen hatte, darf als eine besonders makabre Fußnote in der unendlichen Geschichte der unentwegt miteinander streitenden und ständig schrumpfenden liberalen Elite betrachtet werden.

d) Die Inkompetenz, Feigheit und Rivalität der für die Wirtschaftspolitik zuständigen Minister und ihrer hochrangigen Beamten in den Regierungen Medgyessy und Gyurcsány. Das durch die Rivalen erzwungene politische Scheitern des fähigsten Wirtschaftspolitikers Lajos Bokros und die zu späte und bruchstückhafte Reaktion Gyurcsánys auf die globale Finanzkrise. Durch die Kompetenz und den Mut des als Krisenfeuerwehr zwischen März 2009 und Mai 2010 auftretenden Ministerpräsidenten Gordon Bajnai (41) konnte Ungarn den drohenden Finanzkollaps zwar vermeiden, doch kam das

175

Krisenpaket zu spät, um der diskreditierten sozialistischen Minderheitsregierung noch politisch helfen zu können.

e) Durch die systematische Hetzkampagne der rechten und extrem rechten Medien wiederholte sich das Phänomen, das man in den 1930er Jahren in Ungarn und – freilich in abgewandelter Form – in den 1990er Jahren in Österreich beobachten konnte: der scheinbar unaufhaltsame Aufstieg der Rechtsradikalen. Viele enttäuschte und wütende Wähler aus den ärmsten Schichten oder Verlierer der Wirtschaftskrise hatten 1939 in den Arbeiterbezirken und Bergarbeitersiedlungen Ungarns die Pfeilkreuzler statt der Sozialdemokraten gewählt. Auch in Österreich wandten sich 1999 viele sozialistische Wähler wegen der haarsträubenden Privilegien und Pensionsmissbräuche in der Staatsverwaltung der von Jörg Haider virtuos geführten Rechtspartei FPÖ zu. Dass in Ungarn 2010 fast so viele Menschen die rechtsradikale, antisemitische und extrem nationalistische Partei „Jobbik" (das Wortspiel bedeutet „rechts" und „besser") mit ihrem paramilitärischen Arm, der Ungarischen Garde, gewählt hatten wie die Sozialisten, war eine schallende Ohrfeige für die MSzP. Zugleich war der Einbruch der mit pfeilkreuzlerischen Symbolen werbenden Gruppe in die Reihen der Jungwähler auch eine Warnung an Orbán, dass er diese durch eine zu konservative und zu zurückhaltende Politik verlieren könnte.[1]

Vor diesem für das Verständnis unverzichtbaren Hintergrund müssen wir zuerst die dramatischen Ereignisse im Herbst 2006 in Budapest und dann ihre politischen Folgewirkungen in den nächsten Jahren unter die Lupe nehmen. Manche dieser Ereignisse er-

---

1 Wie dann der neue Regierungschef Orbán durch eine Flucht nach vorne die Herausforderung von extrem rechts bestehen möchte, werden wir im Schlusskapitel behandeln.

lebte ich als Zuschauer der TV-Nachrichtensendungen, andere Vorgänge wurden mir von den verschiedenen direkt oder indirekt betroffenen, oft offen oder heimlich miteinander rivalisierenden Politikern erzählt.

Zwar hatte Viktor Orbán das gehässige Kesseltreiben gegen die „fremdherzigen" Regierungen schon ab der Niederlage im Jahr 2002 in Gang gebracht, doch den eigentlichen Anfang des besonders „heißen Herbstes" 2006 stellten die Veröffentlichung und massive Verbreitung der brisantesten Ausschnitte der geheim gehaltenen „Lügenrede" Gyurcsánys dar. Die schon zitierten Ausfälle Orbáns und seiner Assistenten gegen die beinahe aus „genetischen Gründen" antinationale Linke und gegen die „illegitime", weil durch ein Lügengeflecht an die Macht gelangte Regierung Gyurcsány dienten bewusst oder unbewusst als Auftakt zu jenen Unruhen, die das Image Ungarns in der Welt als eine feste, friedliche und auf Konsens errichtete Demokratie für lange Zeit zerstörten.[2]

Es fing bereits am Abend der Ausstrahlung der Redeausschnitte mit Versammlungen von Rechtsextremisten, Fußballhooligans und Anhängern der rechtsradikalen Jobbik vor dem Parlament an, die in Sprechchören den Rücktritt Gyurcsánys forderten. Die Schlachtrufe der an ihrer Aufmachung und an den geschwungenen rot-weiß gestreiften Árpád-Fahnen sofort erkennbaren Demonstranten auf den Straßen blieben in diesen Tagen und Wochen dieselben. Am 18. September zog die aufgebrachte Menge vom Parlament zum nahe gelegenen Fernsehzentrum, das bald darauf gestürmt und zum Teil in Brand gesetzt wurde. Die Polizei war überrascht und überfordert gewesen.

---

2 Als gute Zusammenfassung vgl. Gregor Mayer/Bernhard Odehnal, Aufmarsch. Die rechte Gefahr aus Osteuropa, St. Pölten/Salzburg 2010. Siehe auch Sebastian Garthoff, Szenen aus Budapest, in: Aus Politik und Zeitgeschichte, Beilage der Bonner Wochenzeitung Das Parlament, 13.7.2009, und für eine fundierte politische Analyse Zoltán Ripp, Haza a mélyben, in: Mozgó Világ, 2007/1, S. 5–23 (auf Ungarisch).

Auch in den folgenden zwei Tagen kam es zu schweren Zusammenstößen zwischen rechtsextremen Demonstranten und der Polizei. Orbán spielte vor den landesweiten Kommunalwahlen politisches Roulette, indem er alles auf die erfolgreiche Mobilisierung der Massen setzte. Er hatte die Lokalwahlen in eine „Volksabstimmung" gegen die Regierung umfunktioniert. Als die Sozialisten und ihre liberalen Koalitionspartner bedeutende Einbußen erlitten, forderte der Oppositionsführer noch in der Wahlnacht den Rücktritt des „krankhaften Lügners" an der Spitze der Regierung.

Nachdem Staatspräsident László Sólyom bereits kurz nach der Schließung der Wahllokale in einer vom Fernsehen übertragenen Rede de facto die Ablöse des umstrittenen Regierungschefs empfohlen hatte, stellte Orbán den Regierungsparteien ein 72-stündiges Ultimatum, um Gyurcsány abzulösen. Durch die beispiellose Intervention des konservativen Staatspräsidenten entstand eine besonders gefährliche Situation. Sólyom griff nicht vermittelnd ein, sondern goss – im Gegensatz etwa zum österreichischen Bundespräsidenten Rudolf Kirchschläger zur Zeit der großen Korruptionsaffären oder Heinz Fischer zur Zeit der Regierungskrise 2008–2009 – mit seiner scharfen Stellungnahme in diesem Land ohne Dialogbereitschaft sogar Öl ins Feuer.[3] Nach dem überzeugenden Sieg bei den Lokalwahlen hatte Orbán eine große Massenversammlung vor dem Parlament einberufen, um

---

3   Der Rechtswissenschaftler László Sólyom hatte eine wichtige Rolle bei der Wende gespielt und wurde dann zum Präsidenten des Verfassungsgerichtes gewählt. Im Jahr 2005 waren die Liberalen nicht bereit, die sozialistische Parlamentsvorsitzende Katalin Szili zur Staatspräsidentin zu wählen. Nach demütigenden Intrigen bei zwei Wahlgängen gelang es der Opposition mit einer Mehrheit von drei Stimmen, den ursprünglich von Umweltschützern und Bürgerrechtlern nominierten Sólyom durchzusetzen. Es war eine folgenschwere Niederlage der Linken, gemeinsam verursacht durch das sture Beharren Szilis auf ihrer chancenlosen Kandidatur und durch die Unfähigkeit der beiden Regierungsparteien, eine für beide Seiten annehmbare Lösung zu finden.

dem Ruf nach Gyurcsánys Rücktritt Nachdruck zu verleihen. Als Antwort auf Orbáns ultimative Forderung stellte Gyurcsány im Parlament die Vertrauensfrage. Er gewann sie mit 207 gegen 165 Stimmen.

Trotzdem gingen die Proteste und die Zusammenstöße weiter und erreichten an dem zutiefst symbolträchtigen 23. Oktober, dem 50. Jahrestag des Gedenkens an die ungarische Revolution, ihren Höhepunkt. Rechtsextremen Organisatoren gelang es, den gewaltbereiten Pöbel mit friedlichen Fidesz-Anhängern zusammenzuführen, die soeben eine von Orbán geleitete Massenversammlung mit mehreren zehntausend Teilnehmern verlassen hatten. Die abermals schlecht geführten Polizisten gingen nach ihrem Versagen einige Wochen früher mit unverhältnismäßiger Härte, ja mit Brutalität auch gegen friedliche Kundgebungsteilnehmer vor. Eine bizarre und in der internationalen Berichterstattung oft gezeigte Szene war, wie ein rechtsextremer Rentner einen zum Gedenktag ausgestellten historischen Panzer in seine Gewalt brachte und mitten in der Stadt herumfahren konnte.

Dass all das zeitlich mit der Anwesenheit von dutzenden ausländischen Staats- und Regierungschefs zusammenfiel, trug zum weltweiten negativen Echo bei. Die mehrwöchigen Unruhen erschütterten das Land: 326 Zivilisten wurden verletzt, unter ihnen 16 schwer, sowie 399 Polizisten, unter ihnen 47 schwer. Der Menschenrechtsaktivist Ferenc Donáth bezeichnete in einem Zeitungsartikel[4] die Belagerung und zeitweilige Besetzung des öffentlich-rechtlichen Fernsehens als einen gewaltsamen Putschversuch. Er kritisierte scharf die Verharmlosung der 42 Tage langen öffentlichen Hetze vor dem Parlament durch die Opposition. Damals lasen rechtsextreme Randalierer die Namen angeblich jüdischer Politiker und Journalisten sowie die Adressen jener Richter und Staatsanwälte vor, die die gewalttätigen Ruhestörer verurteilt hatten.

---

4 Népszava, 20.12.2006

Während die Erinnerung an die Gewaltakte am Rande des gescheiterten Versuches zum Sturz der Gyurcsány-Regierung verblasste, wurde das zuweilen zweifellos brutale Vorgehen der Polizei noch Jahre später zu einem Dauerthema in den Nachrichten und Kommentaren der Rechtspresse.[5] Bei den Unruhen fiel als „inzwischen bestorganisierte politische Kraft am rechten Rand" (so Gregor Mayer) die Jobbik auf. Diese 2003 gegründete Gruppe profitierte am meisten von dem „heißen Herbst". Der im November zum Vorsitzenden gewählte 28-jährige Lehrer Gábor Vona, den bereits Viktor Orbán einige Jahre vorher in seine lose mit Fidesz verbundenen Bürgerkreise aufgenommen hatte, baute sein Netz vor allem in den Reihen der Jugend energisch aus.

In den folgenden Jahren trat die Strafrechtsdozentin Krisztina Morvai, vor allem als bereits siegreiche Spitzenkandidatin bei der Europawahl, neben Vona als Aushängeschild der rechtsradikalen Bewegung auf. Die bekannte Frauenrechtlerin und Ehefrau eines prominenten liberalen Fernsehjournalisten jüdischer Herkunft hatte eine totale Kehrtwendung vollzogen, nachdem die sozial-liberale Regierung ihr Mandat in einem UNO-Menschenrechtsausschuss nicht verlängert hatte. Nach den Oktoberunruhen gründete die erbitterte und kämpferische Frau eine Kommission zur Untersuchung der polizeilichen Übergriffe und solidarisierte sich sogar mit verurteilten Jobbik-Anhängern. Berüchtigt wurde sie durch einen emotionalen Ausbruch in einem Leserbrief an die Literaturzeitung „Élet és Irodalom" (14. November 2008), in dem sie Ungarn in „unseresgleichen" (magunkfajtak) und „ihresgleichen" (magukfajtak) mit einem unmissverständlich antisemitischen Unterton eingeteilt hatte.

In ihren Reden warnte Krisztina Morvai wiederholt, Ungarn dürfe kein zweites Palästina werden, und wetterte gegen die „zio-

---

5 Die von der Polizei eingesetzten Gummigeschosse verursachten offene Wunden an Brust und Bauch, zwei Demonstranten verloren sogar jeweils ein Auge. Vgl. Gregor Mayer, wie Fußnote 2, S. 47.

nistischen Verbrecher". Als ein in New York lebender ungarischer Manager sich als „stolzer jüdischer Ungar" bezeichnete und Morvai in einem ungarischen Internetforum hart kritisierte, geriet die Mutter dreier Töchter in ihrem Antwortschreiben in solche Wut, dass der folgende Ausbruch in mehreren Zeitungen zitiert wurde: „Ich würde mich freuen, wenn die, die sich selbst als stolze ungarische Juden titulieren, lieber mit ihren winzigen beschnittenen Schwänzchen herumspielten, anstatt mich zu diffamieren ..."[6]

Die Radikalisierung der ungarischen Politik spiegelte sich auch in der Aushöhlung des Vertrauens zu den demokratischen Institutionen wider. Oppositionsführer Viktor Orbán diktierte das Tempo nach dem Scheitern seines 72-Stunden-Ultimatums bei der Verwirklichung seines düsteren Szenarios. Es war der Auftakt zur „Macht der Angst" in der ungarischen Politik. So verkündete er den totalen Boykott des „illegitimen" Ministerpräsidenten, indem die gesamte Fidesz-Fraktion aus dem Parlamentssaal auszog, wenn sich der Regierungschef im Voraus zu Wort gemeldet hatte.

Die Begleitmusik zum angelaufenen Vernichtungskrieg gegen Gyurcsány lieferte die im Stil, in der Wortwahl und der Häufigkeit der Attacken beispiellose Medienkampagne, die in den radikalsten Zeitungen an eine seltsame Mischung aus dem „Völkischen Beobachter" des Dritten Reiches und der „Prawda" aus der Stalin-Ära erinnerte. György Dalos hatte rückwirkend bereits über die Wendezeit festgestellt: „... die Gespenster der Vergangenheit füllten die Rhetorik des politischen Diskurses mit scheinbar vergessenen antisemitischen, chauvinistischen, europafeindlichen Inhalten. Statt einer politischen entstand in Ungarn eine Hasskultur."[7]

Der Eindruck der Beruhigung nach den Krawallen erwies sich bald als trügerisch. Der Autor der beiden Orbán-Biografien und beste Kenner des Oppositionsführers, József Debreczeni, warnte

---

6   Gregor Mayer, wie Fußnote 2, S. 81.
7   György Dalos, Der Vorhang geht auf. Das Ende der Diktaturen in Osteuropa, München 2009, S. 196.

in einer aufsehenerregenden Serie von Artikeln in diversen liberalen und sozialistischen Publikationen vor den verhängnisvollen Folgen des von Orbán verfochtenen totalen Konfrontationskurses. Er drückte „ernsteste Sorgen" über den nationalistischen, hasserfüllten, aggressiven, populistischen, fremdenfeindlichen und verhüllt antisemitischen Kurs der nach rechts gerutschten Oppositionspartei Fidesz aus. Zugleich stellte er die Ratlosigkeit, Verwirrung und Angst der sozialistischen und linksliberalen Seite fest.

Anfang 2007 hatte eine Stellungnahme Orbáns in der rechtskonservativen Fidesz-Wochenzeitung „Heti Válasz" mit dem reißerischen Zitat als Aufmacher auf der Titelseite „Da gibt es nichts zu handeln!" auch Menschen, die dem Ministerpräsidenten Gyurcsány seit seiner geheimen „Skandalrede" kritisch gegenüberstanden, vielfach erschreckt. Orbán drohte Gyurcsány, ja beinahe der ganzen regierenden Elite unverhüllt mit strafrechtlicher Verfolgung und lehnte jedes Gespräch mit Gyurcsány, dem „pathologischen und für die Demokratie gefährlichen Lügner", ab. Zugleich machte er kein Hehl aus seiner Hoffnung, dass nur „die politische und soziale Unzufriedenheit" der Menschen eine Wende durch eine Expertenregierung oder vorzeitige Parlamentswahlen erzwingen könnte. Ein redaktioneller Artikel im Fidesz-Blatt „Magyar Nemzet" präzisierte, Orbáns Vision der Volksempörung bedeute, dass die drastischen Sparmaßnahmen der Regierung Gyurcsány eine zum Bersten gespannte Lage schaffen würden.

In diesem Sinne bedeutete die auch von der internationalen Presse berichtete Gründung der „Ungarischen Garde" eine Wende, die in jeder Hinsicht die düsteren Vorahnungen der kritischen Beobachter bestätigte und dem internationalen Ansehen Ungarns enormen Schaden zufügte. Am Samstag, dem 25. August 2007 spielte sich die ganze gespenstische Vereidigungszeremonie der ersten 56 Mitglieder der Garde auf der Budapester Burg, noch dazu praktisch unter dem Balkon des Sándor-Palais, des Amtssitzes des ungarischen Staatspräsidenten, ab. Die Gardisten trugen schwarze Gilets über weißen Hemden, schwarze Käppis, schwarze Hosen und lederne Stiefel. Die Uniformen weckten in Schnitt und Farbe, vor allem die rot-weiß gestreiften sogenannten Árpád-Wappen auf Kappenschirmen oder als Armabzeichen, Erinnerungen an die Schreckenszeit des Horrorwinters 1944, als die vom Dritten Reich eingesetzten Pfeilkreuzler in Budapest unbeschreibliche Gräueltaten begingen.

Die Fernsehbilder von der militärischen Aufstellung und den Marschbefehlen, den feierlichen Eidesformeln und der Weihe der Fahnen durch katholische, evangelische und reformierte Pfarrer sowie die im schwülstigen Stil angekündigte nationale Mission zur Rettung des „physisch, seelisch und geistig" tödlich gefährdeten Ungartums samt der ganzen Pfeilkreuzler-ähnlichen Ausrüstung verblüfften die Kommentatoren der Weltpresse und empörten vor allem die jüdischen Organisationen, aber keineswegs nur diese. Dass neben dem Chef der „Jobbik", Gábor Vona, auch der ehemalige Verteidigungsminister der ersten Antall-Regierung, Lajos Für, bei der makabren und von einigen tausend Zuschauern bejubelten Veranstaltung auftrat und nach der Vereidigung sogar die namentlichen Urkunden den Gardisten überreichte, sollte den harmlosen Charakter der paramilitärischen Einheit der „Jobbik" symbolisch unterstreichen.

Am Rande der bizarren Zeremonie und erst recht nachher beurteilten in- und ausländische Beobachter das Schweigen des Staatsoberhauptes als merkwürdig, nicht zuletzt deshalb, weil die Vereidigung vor den Fenstern seines Amtssitzes stattgefunden hatte. Erst zwei Wochen später nahm László Sólyom in einer umständlich formulierten Rede bei der Eröffnung der Herbstsession des Parlaments zu den Vorfällen Stellung. Wie in einem späteren Zeitungsinterview so auch in der ersten verspäteten Stellungnahme verurteilte Sólyom nicht nur die rechtsradikalen Veranstaltungen, sondern in gleicher Weise auch die Manipulation mit der dadurch ausgelösten Angst[8]. Der häufigste Vorwurf gegen Sólyom

---

8 Siehe Frankfurter Allgemeine Zeitung, 23.12.2008.

war, dass er stets schwieg, wenn er hätte sprechen sollen, und stets seine Stimme erhob, wenn er lieber hätte schweigen sollen.

In einer äußerst kritischen Stellungnahme zu Sólyoms Amtsführung wies der ungarische Regisseur und Übersetzer László Kornitzer auf einen in der innerungarischen Kontroverse nicht erwähnten Aspekt hin: „Man stelle sich vor, auf dem Rasen vor Schloss Bellevue in Berlin, dem Amtssitz des Bundespräsidenten, würden 2000 Nazis einen Eid ablegen wollen. Weit und breit wäre kein Polizist zu sehen, auch kein Bundespräsident, höchstens dessen Schatten als Gespenst hinter dem Vorhang eines der Schlossfenster. Die Zeremonie würde zwei Stunden dauern und sogar noch vom Fernsehen übertragen, dann würden die Nazis wieder abmarschieren, unbehelligt, mit erhobenem Haupt und unbekanntem Ziel. Undenkbar. Genau das hat sich in Budapest im Sommer 2007 abgespielt, ohne dass der Staatspräsident sich bemüßigt gefühlt hätte, sich zu diesem Vorgang jemals zu äußern".[9] Ein solcher Vorgang wäre übrigens in einem ähnlichen Fall auch auf dem Heldenplatz vor dem Sitz des österreichischen Staatsoberhauptes nicht möglich gewesen.

In einem Absatz seiner Parlamentsrede warnte Sólyom aus Respekt vor den Überlebenden des Holocausts davor, die rotweiß gestreifte Árpád-Fahne zu benutzen. Worum geht es? Die Árpád-Fahne mit ihren rot-weißen Streifen ist eine der zwölf historischen Fahnen Ungarns; sie war bis ins 13. Jahrhundert in Gebrauch. Die Pfeilkreuzler wählten in den 1930er Jahren diese Fahne. Die Árpád-Streifen wurden 1944 auch zum Symbol für die Massenmorde der Pfeilkreuzler, weil deren Parteimiliz Armbinden mit Árpád-Streifen trug.[10] Ich erinnere mich lebhaft, als Halbwüchsiger das mörderische Treiben der faschistischen Schergen

---

9 Vgl. für das ganze Interview die Zeitschrift Osteuropa (Berlin), 6/2010, S. 19–30.

10 Siehe den informativen Aufsatz von Krisztián Ungváry, Belastete Orte der Erinnerung, in: Aus Politik und Zeitgeschichte, Beilage der Bonner Wochenzeitung Das Parlament, 13.7.2010, S. 26–44.

mit den rot-weißen Armbinden zwischen Oktober 1944 und Februar 1945 in der belagerten ungarischen Hauptstadt gesehen zu haben. Allerdings irrte sich Sólyom, als er sich nur auf die Gefühle der Juden bezog. Als Folge der Taktik der „verbrannten Erde" mussten nämlich knapp vor Kriegsende auch zehntausende Zivilisten sowie ungarische, deutsche und sowjetische Soldaten sterben.

Selbst die Gründung der Garde wurde von den Fidesz-Politikern für ihre Anti-Gyurcsány-Kampagne instrumentalisiert, statt die Rechtsradikalen klar zu verurteilen. So erklärte der damalige Fidesz-Vizepräsident wörtlich, die Gründung der Garde sei als Reaktion auf die Persönlichkeit und Haltung von Ferenc Gyurcsány zu verstehen. Die tragischen Ereignisse in den folgenden zwei Jahren und das dadurch entstandene internationale Echo bestätigten vollauf die düsteren Prognosen. Die Geister, die Viktor Orbán in seinem Machtrausch rief, gerieten außer Kontrolle.

12. Kapitel

Roma und Juden im Fadenkreuz der Rechtsradikalen

Die rechtsradikale Jobbik-Partei und ihre paramilitärische Ungarische Garde verdanken ihren rasanten Aufstieg der zielbewussten und ungezügelten Hasskampagne gegen die Roma. Zugleich werden in ihren Internetforen und Publikationen regelmäßig gehässige und, kaum verhüllt, antisemitische Artikel auch gegen ausländische, in erster Linie israelische Geschäftsleute und Investoren, aber auch gegen liberale und vor allem jüdische Intellektuelle veröffentlicht.

Was Péter Nádas, einer der bedeutendsten ungarischen Romanciers, im Herbst 2009 sagte, wird von den meisten meiner Freunde oder Bekannten geteilt: „Der Staat funktioniert nicht. Der Staat ist zerfressen von Korruption ... Alle bisherigen Regierungen tragen dafür die Verantwortung, aber davon wollen sie natürlich nichts wissen. Der Staat ist sozusagen zusammengebrochen ... Die Linke hat total versagt. Auch die Liberalen haben versagt. Sie sind alle korrupt ... Die Rechtsextremisten beherrschen die Medien und die Sprechweise in der Öffentlichkeit. Ich kann nicht aus der Wohnung gehen, ohne ihre schrecklichen Parolen zu hören oder zu sehen."[1]

Die Roma, die man in Ungarn fast immer, auch in der Fachliteratur, als Zigeuner bezeichnet, kamen bereits ab dem 16. Jahrhundert nach Ungarn. Laut einer von der EU durchgeführten

---

1   Interview im Standard, 5.9.2009.

Untersuchung in sieben mittel- und osteuropäischen Staaten gaben alle befragten Roma in Ungarn an, Ungarisch sei ihre Muttersprache. Die befragten Vertreter der größten ethnischen Minderheit (geschätzt auf 600.000 bis 700.000, das sind sechs bis sieben Prozent der Gesamtbevölkerung) fühlen sich auf allen Ebenen – sozial, kulturell, institutionell und politisch – diskriminiert. Rund 90 Prozent teilten die Auffassung, dass ihre Diskriminierung weit verbreitet und im Vergleich zu den anderen Ländern am stärksten ausgeprägt sei; 62 Prozent fühlten sich in den vergangenen zwölf Monaten persönlich als Opfer von Diskriminierung.[2]

Es ist unbestritten, dass die Roma die größten Verlierer des Systemwechsels und des Zusammenbruchs der sozialistischen Großindustrie waren und sind. Vier Fünftel der Roma sind heute ohne Arbeit; bei den Frauen ist wegen der hohen Geburtenrate die Dauerarbeitslosigkeit noch ausgeprägter. Man schätzt, dass zwei Drittel der Roma von der Wohnsegregation und drückender Armut – oft in Elendshütten in Nord- und Ostungarn – betroffen sind. Trotz verschiedener Verbesserungen haben die Roma-Kinder durch ihren niedrigen Bildungsstand nicht die gleichen Ausgangsbedingungen wie die ungarischen.

Ein auch gesamteuropäisch einzigartiges und erfolgreiches Experiment ist in Pécs das erste Roma-Gymnasium, das Gandhi-Gymnasium, errichtet 1994 auf Initiative des 2006 verstorbenen

---

2 Vgl. EU Agency for Fundamental Rights, Part 1, The Roma, Budapest 2009. Zitiert von Melani Barlai/Florian Hartleb, Die Roma in Ungarn, in: Aus Politik und Zeitgeschichte, Beilage der Bonner Wochenzeitung Das Parlament, 13.7.2009, S. 33–39. Für die Angaben über die Lage der Roma siehe zahlreiche Artikel in den Wochenzeitungen „Élet és Irodalom", „Magyar Narancs", „HVG" etc., unter anderem von János Kis, Szilvia Varró, zuletzt auch die Studie der Politologen Gergely Karácsony und Daniel Rona über die „Kriminalisierung der Zigeunerfrage" und den damit verbundenen Aufstieg der Jobbik in der Zeitschrift „Politikatudományi Szemle", Januar 2010 (alle auf Ungarisch).

Soziologen János Bogdán.[3] Insgesamt aber schließt nicht einmal die Hälfte der Roma-Kinder die Grundschule ab, der Anteil der Maturanten beträgt etwa fünf Prozent und jener der Hochschulabsolventen weniger als ein Prozent. Die Lebenserwartung der Roma liegt um acht bis zehn Jahre unter dem Landesdurchschnitt.

Angesichts der Arbeitslosigkeit, der sozial verwahrlosten Minderheitenghettos und der Aussichtslosigkeit eines gesellschaftlichen Aufstiegs ist es kaum überraschend, dass Kleinkriminalität in der Form von Hühner- und Ladendiebstählen gerade in den ärmsten Regionen des Landes fast zum Alltag gehört. Eine ganz andere Dimension hatte ein tragisches und zugleich spektakuläres Verbrechen, das spontan und ohne Vorsatz am 15. Oktober 2006 in der nordostungarischen Ortschaft Olaszliszka begangen wurde. Der Lehrer Lajos Szögi fuhr mit seinem Wagen ein kleines Roma-Mädchen an und verletzte es dabei leicht. Als der Lenker aus dem Auto stieg, wurde er von den umstehenden Roma, die das Mädchen für tot hielten, an Ort und Stelle attackiert und erschlagen. Die Polizei nahm sofort mehrere Verdächtige fest. Nach einem dreijährigen und von der Jobbik sowie von der rechtsextremen Presse jahrelang ausgeschlachteten komplexen Verfahren wurden sechs Täter zu Gefängnisstrafen von 15 bis 30 Jahren (faktisch lebenslänglich) verurteilt; zwei Minderjährige erhielten Jugendstrafen von 10 Jahren.

Der brutale Mord von Olaszliszka mit seinen schaurigen Einzelheiten (der Lehrer wurde vor den Augen seiner beiden im Auto sitzenden Töchter erschlagen) löste landesweit eine Welle verbaler und tätlicher Angriffe gegen Roma aus. Umfragen ließen darauf schließen, dass rund 80 Prozent der Magyaren – nicht zuletzt infolge der systematischen Hetze der Jobbik und der rechtsextremen Medien gegen die „Zigeunerkriminalität" – roma-

---

3 Seine Frau leitet bis heute das Gymnasium, das 300 Schüler mit einem angeschlossenen Internat erzieht.

feindlich eingestellt sind.[4] Nach einer Umfrage der „International School Psychology Association" würde sich jeder zweite ungarische Pennäler nicht neben einen Roma-Mitschüler setzen.[5]

Am 8. Februar 2009 wurden spät in der Nacht drei populäre Handballspieler einer örtlichen Mannschaft in der westungarischen Stadt Veszprém angegriffen. Der Rumäne Marian Cozma wurde erstochen; zwei weitere Spieler erlitten lebensgefährliche Verletzungen. Die Tatsache, dass die Angreifer Roma waren, gab der Debatte über die „Zigeunerkriminalität" einen enormen Auftrieb. Nicht zuletzt deshalb, weil nur einige Tage zuvor der Polizeichef der wichtigen Industriestadt Miskolc in Nordungarn, Kapitän Albert Pásztor, bei einer Pressekonferenz öffentlich die Zigeuner als verantwortlich für die meisten Raubtaten bezeichnet hatte. Er fügte noch hinzu, „aus den vielen lieblichen Zigeunerkindern werden oft die groben und unbarmherzigen Verbrecher … Die Zusammenarbeit mit unseren Landsleuten aus der Minderheit geht nicht …"[6]

Innerhalb von 24 Stunden wurde der Polizeichef abgesetzt, und genauso schnell, 24 Stunden später, mit einer bloßen Verwarnung wieder in Amt und Würden eingesetzt. Die Erklärung war ganz einfach. Hinter Pásztor war in Windeseile eine noch nie da gewesene Koalition in der Stadt entstanden, die vom sozialistischen Bürgermeister bis zur städtischen Organisation der Jobbik reichte. Dieser auch für den Regierungschef peinliche Gesichtsverlust infolge des innerparteilichen Drucks bestätigt, was mir die mutige Reporterin Szilvia Varró von „Magyar Narancs" bitter sagte: „Olaszliszka war nur ein Vorwand. Die rechtsextre-

---

4 Die Kommunikationsforscherin Mária Vásárhelyi in: Mozgó Világ, August 2009; siehe auch András Biró, Der Preis der Integration, in: Élet és Irodalom, 10.3.2010 (alle auf Ungarisch).

5 Zitiert bei Stephan Ozsváth, Ungarns Anti-Roma-Hetzer, in: Die Furche, 2.10.2008.

6 Zitiert von János Kis, Die Kriminalisierung der Zigeunerfrage, in: HVG, 21.2.2009 (auf Ungarisch).

men Gruppen, wie die Ungarische Garde, sind seit dem Herbst 2006 stärker geworden. ‚Kuruc.info', das rechtsextreme Internetportal, funktioniert wieder; die Nationale Sicherheitsbehörde war nicht energisch genug, den Server auszuschalten ... Es gab Fälle, wo die Polizei die Veranstaltung der Jobbik gegen die Zigeuner sogar abgesichert hatte. Die Anschläge zeigen, dass die extreme Rechte immer selbstsicherer wird. Es gibt in der Sozialistischen Partei mindestens so viele rassistische Zigeunerhasser wie anderswo. Die sozialistische Regierung hat in acht Jahren bei der Liquidierung der Ghettos, bei der Schaffung von Arbeitsmöglichkeiten etc. nichts getan. Das bereitete den Boden für die Rechtsradikalen. Die Magyaren begegnen ja nicht den Zigeunern, weder am Wohnort noch am Arbeitsplatz, noch in der Schule. Das Krebsübel ist die Ghettoisierung. Die Ungarische Garde und die Roma-Morde wirken zusammen als Katalysator bei dem Sich-Finden der Zigeuner – Stärkung der Identität, Radikalisierung, Angst."[7]

Nicht nur Szilvia Varró, sondern auch viele andere Beobachter wiesen darauf hin, dass bei der Polizei eine eigene rechtsextreme Jobbik-„Gewerkschaftsgruppe" mit 5500 Polizisten (rund ein Zehntel des gesamten Personenstandes bei den Ordnungskräften) entstanden ist. Nach dem Mord an den Handballspielern in Veszprém habe die Rechtspresse eine beispiellose Hetze betrieben, meinte der Philosoph János Kis und zitierte die beiden Fidesz-Blätter „Magyar Nemzet" („Wieder mordet der Zigeuner") und „Magyar Hírlap" („Diese mörderischen Tiere waren Zigeuner, wieder Zigeuner").

Noch unheilvoller und schädlicher fand der liberale Vordenker János Kis die Tatsache, dass sich das Parteipräsidium des Fidesz knapp 48 Stunden nach dem Mord in Veszprém beeilte, die „dramatische Steigerung der durch Menschen von Zigeuner-Abstammung begangenen schweren Verbrechen" festzustellen.

---

7 Das Gespräch mit der Journalistin fand am 17.12.2009 in Budapest statt.

Solcherart mache das Präsidium von Fidesz in den Augen der Öffentlichkeit eine ganze ethnische Gruppe für die verbrecherischen Taten einiger Menschen verantwortlich, meinte der liberale Philosoph und Professor an der Budapester Central European University: „Damit hat Fidesz eine Grenze überschritten, welche eine verantwortliche politische Kraft nicht überschreiten dürfte".[8]

Während die Kampagne mit dem Kampfbegriff „Zigeunerkriminalität" in den rechten und extrem rechten Medien auf Hochtouren lief, trat die Ungarische Garde mit theatralischen und medienwirksamen Veranstaltungen in Erscheinung, etwa durch die feierliche Aufnahme von 600 neuen Gardisten auf dem geschichtsträchtigen Budapester Heldenplatz am 15. März, dem Nationalfeiertag. Viel gefährlicher waren allerdings die martialischen Garde-Aufmärsche an Wochenenden in Ortschaften mit relativ starken Roma-Siedlungen. Auch ohne (sichtbare) Bewaffnung verbreiteten die Gardisten in schwarzen Uniformen im Gleichschritt mit militärischen Kommandos, in Springerstiefeln, Tarnzeug oder schwarzer Kampfmontur ein Klima der Furcht bei den Roma. Ihre Sprecher benahmen sich wie Beschützer der gesetzestreuen ungarischen Bürger vor den Machenschaften der kriminellen Roma.

Hier und dort versuchten die Polizisten, mit einem Kordon die Gardisten der Jobbik von den eingeschüchterten und wegen der Provokation von außen auch verbitterten Dorfbewohnern zu trennen. Statt zu beruhigen, sorgen die Gardisten und ihre Jobbik-Hintermänner überall für ein Aufheizen der Stimmung. Wenn die schwarzen, paramilitärischen Trupps in den Dörfern erscheinen, wollen sie bewusst aufreizend durch die Roma-Siedlungen marschieren. Angst und Schrecken werden oft auch von den Banden der Motorradfahrer in schwarzen Ledermonturen verbreitet, die dröhnend durch die Gassen der Roma-Siedlungen rasen. Als

---

8   Siehe Fußnote 6.

eine besondere Provokation nennen sie ihren Konvoi die „Goi-Kolonne" nach dem hebräischen Wort für Nichtjuden.

Kein Wunder, dass bedeutende westliche Zeitungen und Fernsehsender lang und breit über die in einem EU-Mitgliedsstaat registrierten bizarren und zugleich bedrohlichen Aufmärsche der Schwarzjacken berichteten.[9] Im Rückblick mag die Wahl des Dorfes Tatárszentgyörgy für den ersten großen Aufmarsch von fast 300 Männern und sogar ein paar Dutzend Frauen ein besonders makabrer Zufall gewesen sein.[10] In dieser Gemeinde, 50 Kilometer südöstlich von Budapest, sind ein Viertel der 1800 Einwohner Roma. Ein Jobbik-Führer forderte die Wiedereinführung der Todesstrafe sowie Segregation (Trennung) statt Integration und versicherte der „vom Zigeunerterror bedrohten Bevölkerung: Sie bleibt nicht allein!" Dank eines großen Polizeiaufgebots gab es keine Zwischenfälle.

Vierzehn Monate später, in der Nacht vom 22. zum 23. Februar 2009 machte das kleine Dorf Tatárszentgyörgy wieder Schlagzeilen. Unbekannte Täter warfen einen Brandsatz auf das Haus des 27-jährigen Róbert Csorba. Die Familie floh aus ihrem brennenden Haus am Ende der sogenannten „Ciganysor" (Zigeunerreihe). Die Mörder erschossen kaltblütig den Familienvater und seinen fünfjährigen Sohn, den er in den Armen hielt. Der Doppelmord war der Anfang einer furchterregenden Serie von Anschlägen mit sechs Todesopfern und zahlreichen Verletzten.

---

9   Besonders starkes Echo lösten vor den Europawahlen im Juni 2009 die großen Reportagen in der „Zeit" vom 7. Mai („Unter der Fahne der Faschisten" von Christian Schmidt-Häuer), in der „Süddeutschen Zeitung" vom 4. Mai („Nein, nein, niemals!" von Richard Swartz), in der „Neuen Zürcher Zeitung" vom 10. Juni („Klima der Furcht und des Misstrauens bei ungarischen Roma" von Charles E. Ritterband) und im „Spiegel" Nr. 14/2010 („Der Seiltänzer von Budapest" von Walter Mayr) aus.

10   Eine gründliche und verlässliche Beschreibung der Aktivitäten der Garde und der Jobbik findet man bei Gregor Mayer, Aufmarsch. Die rechte Gefahr aus Osteuropa, St. Pölten/Salzburg 2010.

Die Roma in Tatárszentgyörgy versuchten durch freiwillige Patrouillen ihre Verteidigung zu organisieren, mussten aber bald aus Geldmangel aufhören. Vier mutmaßliche Täter wurden im Sommer 2009 gefasst; bis zur Drucklegung dieses Buches hat die Staatsanwaltschaft noch keine Anklage veröffentlicht. Sie waren nicht Mitglieder der Garde, sondern einer rechtsradikalen Gruppe, die auch für Sprengstoffanschläge und Schüsse auf Wohnungen sozialistischer Politiker verantwortlich gewesen sein soll.

Die enge Verbindung zwischen der Garde und Jobbik und ihrer gemeinsamen Instrumentalisierung der angeblichen „Zigeunerkriminalität" spielte eine entscheidende Rolle bei der Mobilisierung der potenziellen Wähler. Die schon zitierten jungen Politikwissenschaftler[11] wiesen nämlich auf die komplexen Wirkungen der Medien hin, wonach selbst die Serie von schrecklichen Roma-Morden und vor allem die ausführliche Berichterstattung darüber zum Unbehagen und zu Ressentiments gegen die Roma („Es ist immer was los mit den Zigeunern …") beigetragen habe. Dass bei den Europawahlen die Jobbik fast eine halbe Million Stimmen (rund 15 Prozent) erhielt, bedeutete nicht, dass sie sich aus den ärmeren, ungebildeten Schichten rekrutierte. Ihre Wähler waren oft Hochschulabsolventen und Angehörige der Mittelklasse, keineswegs Verlierer der Wende oder der globalen Krise. Sie waren jünger als der Durchschnitt, eher Männer, die in kleineren Ortschaften lebten.

Obwohl sowohl die Fidesz-Führung, namentlich Viktor Orbán, als auch die rechtsgerichteten Medien und nicht zuletzt die Kirchen hinsichtlich der Ungarischen Garde schwiegen oder sehr zurückhaltend agierten, löste das Budapester Berufungsgericht im Juli 2009 endlich die Garde und den von Jobbik-Chef Gábor Vona geführten Trägerverein rechtskräftig auf. Umgehend wurde die Miliz als „Neue Ungarische Garde" wiedergegründet. Diese zählte Anfang 2010 laut der Wochenzeitung „Figyelö" (25. Feb-

---

11 Siehe Fußnote 2.

ruar) 3000 Mitglieder und mehr als 10.000 unterstützende Mitglieder. Anfang Juli 2010 wurde wieder unter der Federführung von Gábor Vona offensichtlich wegen des Gerichtsurteils eine „Ungarische Nationalgarde" ins Leben gerufen. Rund tausend Menschen leisteten den Treueid auf die Garde. Mehrere Jobbik-Abgeordnete sprachen bei der Veranstaltung.

Wenn auch der demonstrativ bekundete Hass gegen die Roma das „offene Geheimnis" der politischen Erfolge der Jobbik gewesen sei, so hätte auch der Antisemitismus einen „signifikanten" Einfluss auf die radikalen Parteipräferenzen, hieß es in der bereits zitierten politikwissenschaftlichen Studie.[12] Die in einem früheren Kapitel beschriebenen Resultate der Meinungsforschung sind natürlich nicht nur die Folgen der ausgebliebenen Aufarbeitung der Vergangenheit, insbesondere des Verschweigens oder der Verniedlichung des ungarischen Anteils an der Massenvernichtung des ungarischen Judentums. Der damalige Osteuropa-Korrespondent der „Neuen Zürcher Zeitung", Ulrich Schmid, schrieb schon vor den letzten Wahlgängen (Europawahl im Juni 2009 und Parlamentswahl im April 2010) einen gründlich recherchierten Artikel über den zunehmenden Antisemitismus, der bei den oft von rechtsextremen Elementen geführten Emigrantenvereinen wie auch bei den betroffenen Zeitungen und Parteien einen Sturm der Entrüstung hervorgerufen hatte.

In Ungarn gilt nämlich seit dem Regimewechsel die ebenso gängige wie verlogene Antwort: Es gebe überhaupt keinen Antisemitismus und die Behauptungen, von welcher Seite immer, über angebliche judenfeindliche Tendenzen gingen „seit zwanzig Jahren auf die gleichen überwiegend liberalen Quellen" zurück. Die mit Glacéhandschuhen arbeitenden Redakteure des gemäßigten Fidesz-Sprachrohrs „Heti Válasz" behaupten dies und sehen sogar „im Hintergrund der offensichtlichen Tendenz ausländische Geheimdienste, die an der Destabilisierung Ungarns interessiert

12 Wie Fußnote 2.

195

sind." Nun, Ulrich Schmid konnte man genauso wenig solche Absichten unterstellen wie anderen Korrespondenten angesehener internationaler Blätter. Die Gründe für die Empörung findet man bei Nietzsche: „Nicht wenn es gefährlich ist, die Wahrheit zu sagen, findet sie am seltensten Vertreter, sondern wenn es langweilig ist."[13]

Schmids Befund war ernüchternd: „Es gibt massiven, besorgniserregenden Antisemitismus in Ungarn"; die Lage sei nicht wirklich dramatisch, dennoch sei sie ernst. „Parteien, die das antisemitische Ressentiment pflegen, haben Zulauf. Paramilitärische Formationen ... wettern zwar primär gegen ‚Zigeunerkriminalität‘, aber sie meinen die Juden genauso. Auf den Tribünen von Fußballklubs manifestiert sich Judenhass von unfassbarer Bösartigkeit – wer einmal Zeuge dieser Ausbrüche wurde, neigt nicht mehr zur Verniedlichung. Im Feuilleton etlicher Blätter gehört die despektierliche Anspielung auf diesen oder jenen Juden oder das Judentum schon fast zum guten Ton".

Der Anlass für diese Bestandsaufnahme war ein offen antisemitischer und deshalb berüchtigter Artikel, der in der einst liberalen Tageszeitung „Magyar Hírlap" (am 18. März 2008) erschien. Der Autor, der in den Worten des Schriftstellers Péter Esterházy „den mit Abstand verabscheuungswürdigsten Artikel der letzten Jahre" verfasst hat, war ein bekannter Journalist, der als Gründungsmitglied des Fidesz zum engeren Kreis um Orbán gehört. Im „elenden, im Grunde nicht der Rede werten Artikelchen" (so auch Esterházy) hieß es nach einer namentlichen Denunziation von jüdischen Journalisten: „1967 haben die Budapester jüdischen Journalisten noch Israel geschmäht. Dieselben Budapester jüdischen Journalisten schmähen heute die Araber. Und den Fidesz. Und uns. Weil sie uns mehr hassen als wir sie. Sie

---

13 Friedrich Nietzsche, Menschliches, Allzumenschliches, Leipzig 1886, hier zitiert nach Goldmann Klassiker, Band 7596, S. 258.

sind unsere Rechtfertigungsjuden, sprich: ihre schiere Existenz rechtfertigt den Antisemitismus".

Weit über hundert prominente ungarische Intellektuelle protestierten in einem offenen Brief an den Besitzer der Zeitung, den Industriellen Gábor Széles, dass man solche antisemitische Ausfälle nur aus den rechtsextremen Medien der dreißiger und vierziger Jahre kenne. Mit diesem Artikel hätte die Zeitung „eine wichtige Grenzlinie in der ungarischen Publizistik überschritten. Bislang haben jene Vertreter der ungarischen Presse und des öffentlichen Lebens, die von ihren Kritikern als Antisemiten bezeichnet wurden, diesen Vorwurf umgehend zurückgewiesen. Der Autor hingegen bekennt sich nun bewusst dazu".

Besondere Aufmerksamkeit löste das mutige Auftreten der Obfrau der kleinen konservativen Oppositionspartei (MDF), Ibolya Dávid, aus. Die einstige Justizministerin der ersten Regierung Orbán schrieb in einem offenen Brief, es sei skandalös und empörend, verblüffend und verabscheuungswürdig, dass ein solcher Artikel erscheinen durfte. Besonders infam war das Vorgehen des Artikelautors auch deshalb, weil eine der Hauptzielscheiben der rechtsnationalen Angriffe der herausragende katholische Publizist Rudolf Ungváry war. Dieser entschlossene Bürgerrechtskämpfer, einer der wenigen vor der Wende, wurde von einem journalistischen Wendehals attackiert, der selbst einige Jahre bei dem gleichnamigen Nachfolgeblatt des früheren kommunistischen Zentralorgans „Népszabadság" gearbeitet hatte.

Es ist generell zutiefst bezeichnend für die verlogene Atmosphäre der ungarischen Politik und der Medienwelt, dass sie von Figuren wimmeln, die sich nachweislich ihre Sporen im kommunistischen Machtapparat verdient hatten und nun als überzeugte geeichte Antikommunisten die linken oder liberalen Politiker und Publizisten, nicht selten ihre früheren Kollegen, unflätig beschimpfen. So ist zum Beispiel der Co-Gründer der Ungarischen Garde (gemeinsam mit dem Jobbik-Chef Vona) jener Chefredakteur des rechtsradikalen Wochenblattes „Magyar Demokrata", der noch vor der Wende bei der kommunistischen Zeitung im sogenannten „Parteiressort" jahrelang als braver Redakteur gearbeitet hatte. In „Magyar Demokrata" erscheinen seit Jahren Artikel, die etwa den berüchtigten Holocaust-Leugner David Irving als „Vorkämpfer des freien Denkens" (9. März 2006) loben oder die Waffen-SS-Offiziere als Helden des gescheiterten Ausbruchsversuchs bei den Kämpfen um Budapest feiern (8. Februar 2007). In den letzten Jahren wurden diese Zeitungen sowie andere Blätter und TV-Sender innerhalb des rechten Medienimperiums[14] zu erfolgreichen Hebeln bei den Bemühungen, für die Fidesz-Partei den breiten und stimmenstarken rechten Rand zu gewinnen. Der Autor des lobend zitierten und berüchtigten antisemitischen Aufsatzes feierte kurz nachher (und ein Jahr später wieder) persönlich ostentativ und mit breitem Lächeln mit Viktor Orbán den Jahrestag der Fidesz-Gründung. Kein Wunder, dass er im Herbst (8. Oktober 2008) in einem beispiellos aggressiven Ton „die geldgierigen unersättlichen jüdischen Finanziers für die amerikanische und letztlich weltweite Finanzkrise" verantwortlich machte. Was immer in Ungarn passiert – eine Finanzspritze für die notleidende Israelitische Kultusgemeinde oder der erste Besuch des Friedensnobelpreisträgers Elie Wiesel – die journalistischen Hofschranzen Orbáns benutzen den Anlass, antisemitische Ressentiments zu wecken.

All das schuf eine Atmosphäre der Angst und ein Gefühl des Ausgegrenztseins bei der jüdischen Gemeinde. Niemand von der gemäßigten rechten Seite rief die Hetzer gegen Roma und Juden und die Hetzer gegen die brutalen Angreifer bei den Regenbogen-Umzügen von Lesben und Schwulen öffentlich zur Ordnung. Man könnte seitenlang Beispiele für die hetzerischen Reden von Jobbik-, aber zuweilen auch von Fidesz-Politikern während der Wahlkampagne 2010 zitieren. Nicht nur die Juden, sondern auch

---

14 Vgl. 10. Kapitel: „Die Macht der diskreten Pressezaren".

liberale und konservative Kreise empörten sich über den provokativen Abbau bisheriger Tabus.

Es ist, als lebte man in einer verkehrten Welt. Im „Spiegel" konnte man nachlesen, wie am Nationalfeiertag beim Denkmal für den Freiheitsdichter Sándor Petőfi am Donauufer Jobbik-Parteigänger und sympathisierende Passanten den liberalen (Noch-) Bürgermeister von Budapest, Gábor Demszky, einst einer der wenigen sehr mutigen Kämpfer gegen das Kádár-Regime, als „Judenschwein, Judenschwein" beschimpfen und ihn mit Rufen wie „In die Donau mit dir" verjagen wollen. Nicht sehr weit von der Szene an der Donau, wo tausende Juden im Winter 1944 erschossen und ihre Körper in den Fluss geworfen wurden, stehen heute zum Gedenken 60 bronzene Schuhe. Kürzlich hat jemand abgehackte Schweinefüße in diese Schuhe gesteckt. In einer Gemeinde in Ostungarn wurde vor einiger Zeit trotz Protesten und entlarvenden Berichten der liberalen Zeitungen ein Lehrer als Direktor der örtlichen Schule eingesetzt. Der Mann hatte sich vorher aus „Spaß" in einer SS-Uniform fotografieren lassen und sich im Internet über den Holocaust lustig gemacht. Er lehrt Geschichte; seine Kollegen sagten dem Reporter, es ginge sie nichts an, was der Betreffende in seiner Freizeit treibe …

Nicht nur die Universitäten, auch die Mittelschulen sind zu Schauplätzen des Ringens mit den Rechtsextremisten geworden. In einer Budapester Schule wurde der Direktor, seit 13 Jahren in dieser Funktion, im rechtsradikalen Internetportal „Kuruc.info" durch einen anonymen Briefschreiber angegriffen, weil er einem Schüler nahegelegt habe, sein Polohemd mit der Abbildung Großungarns und des Turul-Vogels nicht mehr zu tragen.[15] Das Hetzportal veröffentlichte den Namen, das Foto, die Telefonnummer und die E-Mail-Adresse des Schuldirektors mit dem Hinweis,

---

15 Der Turul-Vogel wurde wie die Árpád-Fahne nach 1933 zum Symbol nationalsozialistischer Parteien, auch der Pfeilkreuzler. Vgl. Krisztián Ungváry, Belastete Orte der Erinnerung, in: Aus Politik und Zeitgeschichte, Beilage der Bonner Wochenzeitung Das Parlament, 13.7.2010, S. 26–44.

dass der Mann Jude sei. Nach der Veröffentlichung des Briefes –
mit dem Titel „Jüdischer Schuldirektor terrorisiert die national
gesinnten Schüler!" – bekam der Mann eine Flut wüster antisemitischer Schimpfbriefe.

Über einen ähnlichen Fall berichtete „Magyar Hírlap" mit
einer Schlagzeile auf der Titelseite. Ein liberaler Schuldirektor,
Mitglied des SzDSz, habe in der westungarischen Stadt Székes-
fehérvár das Tragen einer Schulkappe mit dem Árpád-Streifen
und der Abbildung Großungarns verboten. Der Vorsitzende der
lokalen Jobbik-Organisation brachte den Fall im Lenkungsaus-
schuss der Stadt aufs Tapet. Alle diese Fälle bilden dem Verneh-
men nach nur die Spitze des Eisberges. Ich habe von Bekannten
und Freunden in Budapest gehört, wie ihre Kinder oder Enkel
entweder selbst mit rassistischen Lehrern oder Mitschülern konfrontiert wurden beziehungsweise Zeugen von solchen Vorfällen
betreffend Roma oder jüdische Mitschüler waren.

Und die Erwachsenen? Eine Freundin meiner Frau, eine bekannte Rundfunkjournalistin, und später auch ein älterer Journalist erzählten uns, wie sie in einem Budapester Autobus von uniformierten Rechtsradikalen ohne Reaktion der anderen Passa-
giere beschimpft worden seien. Oder das Beispiel jener religiösen
Juden, die wegen der Anpöbelungen ihre Kippa nicht mehr offen,
sondern unter einer Sportkappe tragen. Oder der Fall einer Sab-
bat-Feier, bei der die Fenster in der Wohnung von der Straße aus
durch einen Stein beschädigt wurden. Einzelfälle gewiss, die nicht
mit Massenaufmärschen und Gewaltakten in den Roma-Siedl-
lungen verglichen werden dürfen – trotzdem eine unerträgliche
Zumutung für Menschen jüdischer Herkunft, die selbst oder deren Eltern und Großeltern mit dem deutschen (Exil-)Schriftsteller
Hans Sahl sagen könnten:

„Wir sind die Letzten.
Fragt uns aus.
Wir sind zuständig."

Die antijüdische Stimmungsmache erreichte am Vorabend der Parlamentswahlen einen neuen Höhepunkt. So brachte das Jobbik-Wochenmagazin „Barikád" Anfang des Jahres auf der Titelseite eine Fotomontage, die den Benediktinermönch und Stadtpatron Gellért zeigt, wie er von einem Hügel auf der Budaer Seite aus einen siebenarmigen Leuchter statt eines Kreuzes über Budapest schwingt. Ein Hinweis darauf, dass israelische Investoren – im Volksmund natürlich „die Juden" – das Land aufkaufen wollten. Laut dem Bericht der Wirtschaftszeitung „Figyelö" hat Jobbik bis zur ersten Runde der Wahlen 4000 Wahlveranstaltungen abgehalten; rund eine halbe Million Interessenten klickten täglich die Jobbik-Internetseiten an.

In diesem Zusammenhang sei noch die feierliche Präsentation eines Porträtfilms über István Csurka erwähnt. Sie fand im Juni 2010 im Nationalen Filmtheater Urania statt. Der 78 Minuten dauernde Film porträtierte den einst begabten Dramatiker, der zum Frontmann der extremen Rechten wurde, bis Jobbik auftauchte. Die Wochenendbeilage von „Magyar Hírlap" machte mit einem ganzseitigen, sehr freundlichen Bericht über den Csurka-Film auf.

Csurka war der Chef der ersten rechtsradikalen Partei nach der Wende gewesen und saß mit seiner Fraktion von 1998 bis 2002 im Parlament. Darüber hinaus hatte der auch international berüchtigte Mann die erste offen antisemitische Zeitung „Magyar Fórum" gegründet.

Besonders symbolträchtig bei dieser Filmpremiere war die Tatsache, dass an der rechten Seite des gefeierten Csurka in der Ehrenloge Mátyás Szűrös saß, der prominenteste und bei der Linken und den Liberalen am meisten verachtete Wendehals aus der alten Zeit. Er war zwar nach der Wende kurze Zeit provisorisches Staatsoberhaupt gewesen, aber vorher in der Kádár-Ära langjähriger Botschafter in Moskau (eine Vertrauensposition ersten Grades) und anschließend Sekretär des Zentralkomitees und sogar Mitglied des Politbüros. Szűrös und Imre Pozsgay sind stets willkommene Gäste bei groß angelegten Fidesz-Veranstaltungen.

Zu Recht sagen selbst liberale Ungarn, dass es überall, auch in anderen EU-Staaten, Extremisten mit Umzügen und Krawallen gibt. Wo sind aber die Gegendemonstrationen der Linken, der Liberalen, der um das Ansehen Ungarns besorgten Demokraten geblieben? Wegen des scheinbar unaufhaltsamen Vormarsches der Rechtsradikalen, vor allem in den Reihen der Jugend über das Internet, sehen pessimistische Beobachter bereits die Rückkehr der Gespenster aus den dreißiger Jahren. Manche Publizisten zogen und ziehen Vergleiche mit der Weimarer Republik. So weit ist es allerdings noch nicht.

Das Verhalten der Jugend bei den letzten Parlamentswahlen ist zweifellos eine Folge des Rechtsschwenks der Medien, der Aushöhlung des linken und liberalen Reservoirs und des totalen Versagens der Linken, der Liberalen und der gemäßigten Konservativen. Nicht weniger als 23 Prozent – also fast jeder Vierte der 18- bis 29-Jährigen – stimmten für Fidesz, bloß 10 Prozent für die Sozialisten; bei den 30- bis 39-Jährigen erhielt Jobbik 18 Prozent, genau das Doppelte des sozialistischen Anteils.

All das zeigt, dass die Herausforderung von rechts, so wie in der Zwischenkriegszeit, die politische Lage in den nächsten Jahren bestimmen wird. Auch nach dem Einzug von 47 Jobbik-Abgeordneten in das neu gewählte ungarische Parlament glaube ich noch immer, dass nicht die braune oder die relativ kleine gewaltbereite Szene wirklich gefährlich ist, sondern das „feine" Schweigen der politischen Rechten um Orbán und (mit sehr wenigen Ausnahmen) der katholischen und protestantischen Kirche.

Wir müssen uns freilich die Warnung des französischen Denkers und Politikers Alexis de Tocqueville (1805–1859) vor Augen halten: Man dürfe das Ende eines Aktes nicht mit dem Ende des Stückes verwechseln.[16]

---

16 Zitiert aus seinen Erinnerungen „Souvenirs" nach der englischen Übersetzung, New York 1970, S. 12.

13. Kapitel
Selbstmord der Linken – auf Raten

„Eine Notlüge ist immer verzeihlich. Wer aber ohne Zwang die Wahrheit sagt, verdient keine Nachsicht."

Karl Kraus

Das politische Erdbeben bei den Wahlen im April 2010 war in Wirklichkeit weder für die Sieger noch für die Verlierer eine Überraschung. Vom Megaskandal der durch internen Verrat zum politischen Dauerthema instrumentalisierten geheimen Rede Gyurcsánys vom Mai 2006 über die Volksabstimmung am 9. März 2008 und die Europawahl im Mai 2009 führte ein kurvenreicher Weg zur katastrophalen Niederlage der sozialistischen Minderheitsregierung. Die Zeitspanne der scheinbaren sozialistischen Führungsrolle zwischen 2002 und 2010 war in Wirklichkeit ein auf Raten vollzogener politischer Selbstmord der Linken und darüber hinaus auch des in den Abgrund mitgerissenen gesamten linksliberalen Lagers.

Angesichts der herausragenden Bedeutung der doppelten Funktion Ferenc Gyurcsánys als Ministerpräsident (2004–2009) und Parteivorsitzender (2007–2009) stand stets seine vielschichtige Führungspersönlichkeit im Mittelpunkt der offenen und verdeckten Debatten inner- und außerhalb der Sozialistischen Partei. Der deutsche (Exil-)Soziologe Norbert Elias (1897–1990) hat sich unter anderem mit dem Problem beschäftigt, dass gesellschaftliche Prozesse in der Regel das Ungeplante hervorbringen, dass im Kampf um die von Gruppen und besonders von den Mächtigen gehegten Hoffnungen nie das herauskommt, was ihr ursprüngliches Ziel war. Wir haben in einem früheren Kapitel gezeigt[1], wie dieser Selfmademan-Multimillionär nach dem Scheitern seines Vorgängers mit Konsequenz und Dynamik den damals bei den Umfragen vorne liegenden Viktor Orbán bei den Wahlen schlug und die Macht für die sozial-liberale Koalition rettete. Gyurcsány allein konnte zu Recht den Sieg an seine Fahnen heften. In einer Partei, in der die Feigheit der Führung den Blick auf die Realität verstellt und in der sich die Funktionärselite in einem jahrzehntelang von Korruption genährten Klientelsystem bestens zurechtgefunden hat, fand man in Gyurcsány jemanden, der handeln konnte und befreiend wirkte.

Von Anfang bis Ende wurde Gyurcsány und mit ihm die ganze Führung von der offen gebliebenen Frage nach der Glaubwürdigkeit und der Verantwortung verfolgt. Bereits vor der Veröffentlichung der kathartischen, aber politisch katastrophalen Rede von Őszöd vor der sozialistischen Parlamentsfraktion musste die Regierung Gyurcsány zwischen Juni und August die Rechnung für ihr Schweigen über die wahre Finanzlage beziehungsweise für die gebrochenen Versprechungen zahlen. Dass die Fidesz-Opposition die ihr auf einem silbernen Tablett (von wem auch immer) servierte „Lügenrede" bis zur bitteren Neige im Vernichtungsfeldzug gegen den „illegitimen" Ministerpräsidenten als Munition ausgenutzt hatte, war vorauszusehen. Am Rande des Abgrunds musste die in permanente innerparteiliche Fraktionskämpfe verstrickte Sozialistische Partei den Reformkurs ihres einzigen Politikers mit Strahlkraft nach außen hin mittragen. Hinter der Maske der sozialistischen Politiker steckte allerdings oft ausschließlich Selbsterhaltungsstreben.

In diesen Jahren habe ich Gyurcsány mehrmals zu informellen Gesprächen getroffen. Seine Kreativität, seine Energie und seine Offenheit haben nicht nur mich beeindruckt. So blieb ihm über die Amtszeit der beiden hinaus der langjährige österreichische

---

1 Vgl. 9. Kapitel: „Glanz und Niedergang Ferenc Gyurcsánys".

Bundeskanzler und ÖVP-Politiker Wolfgang Schüssel persönlich verbunden. Doch wurde auch das, was sein enger Mitarbeiter Viktor Szigetvári einmal dem Gyurcsány- (und Orbán-) Biografen József Debreczeni gesagt hatte, im Lauf der Jahre immer offensichtlicher: „Ein genialer politischer Stratege – aber weniger als Manager." Obwohl es ihm Anfang 2007 bei einem 89-prozentigen Ja-Votum der Parteitagsdelegierten gelang, auch den Parteivorsitz zu übernehmen, änderte diese Tatsache nichts an der treffenden Diagnose des liberalen Philosophen János Kis, „Gyurcsány sei der Gefangene jener politischen Kräfte, die ihn an die Regierungsspitze hievten, aber er fing mit der Umgestaltung der Linken in dem Augenblick an, als sein Ansehen zusammenbrach, und er hatte sich jenen ausgeliefert, die er im Interesse der Modernisierung der Partei hätte neutralisieren sollen".

Der Schein der doppelten Machtstellung als Ministerpräsident und als Parteivorsitzender trog. Sein Spielraum wurde durch die Dynamik einer dreifachen – finanziellen, gesellschaftlichen und politischen – Krise zusehends eingeengt. Während die Sozialisten mit ihrer Identitätskrise und der Untergrabung der Manövrierfähigkeit Gyurcsánys beschäftigt waren, gingen auch die intrigenreichen Grabenkämpfe bei dem liberalen Koalitionspartner SzDSz weiter. Die Liberalen waren die treibende Kraft bei der Privatisierung und Sanierung des Gesundheitswesens gewesen. Die Opposition hatte aber geschickt eine Unterschriftenaktion für ein Referendum gegen die bereits beschlossene Einführung von geringfügigen Ordinations- und Spitalsgebühren – jährlich maximal 24 Euro pro Person – sowie gegen die geplanten Studiengebühren organisiert. Trotz Bedenken von Verfassungsjuristen hat das Verfassungsgericht die Abhaltung der umstrittenen Volksabstimmung gebilligt.

Das Resultat war eine beispiellose politische Niederlage für die Regierung. Mehr als die Hälfte der Wahlberechtigten nahmen teil und mehr als 82 Prozent lehnten die drei Gebühren ab: 3,4 Millionen waren dagegen und nur 640.000 unterstützten die maßvollen, aber schlecht präsentierten Reformvorschläge. Die Regierung entsprach sofort dem Votum und strich die Gebühren sowie den geplanten Vorschlag für die Einführung von Studiengebühren. Dieser Ausgang des Referendums war ein massiver Misstrauensbeweis gegen die sozial-liberale Regierung. Die über die massive Ablehnung erschrockenen Sozialisten haben ihre Pläne für den Umbau der staatlichen Sozialversicherung begraben und Gyurcsány begann von „samtenen Reformen" zu sprechen. Manche Beobachter meinten, Gyurcsány hätte spätestens damals demissionieren sollen. Der Konflikt zwischen den Sozialisten und Liberalen über die Reform des Gesundheitssystems löste nach dem Referendum eine Koalitionskrise aus. Die SzDSz-Minister verließen die Regierung und Gyurcsány führte ab Mai 2008 eine Minderheitsregierung, die sich allerdings bei wichtigen Abstimmungen auf die Mehrheit der liberalen Abgeordneten stützen konnte.

Obwohl es der Regierung gelang, das Budgetdefizit in zwei Jahren von fast 10 Prozent auf 3,8 Prozent des Bruttoinlandsproduktes zu reduzieren, löste der Ausbruch der globalen Finanzkrise sofort einen neuerlichen mächtigen ausländischen Druck auf Ungarn, den unsicheren Kantonisten in Mitteleuropa, aus. Ungarn stand vor dem Staatsbankrott. Nur durch die massive und damals noch einmalige Kreditzusage von 20 Milliarden Euro durch den Internationalen Währungsfonds (IWF), die Weltbank und die EU konnte das Land die erste Phase der globalen Krise überleben. Die Bedeutung dieser internationalen Rettungsaktion kann man daran ermessen, dass die Kreditzusage drei Mal so viel betrug als die gesamten Nettodeviseneingänge aus der Privatisierung zwischen 1989 und 2007. Man muss auch daran erinnern, dass die internationale Gemeinschaft ohne die noch von der Regierung Gyurcsány durchgeführte Senkung der öffentlichen Ausgaben damals kaum bereit gewesen wäre, Ungarn einen so groß angelegten Notkredit zu gewähren.

Trotzdem geriet die Regierung Gyurcsány bald in eine ausweglose Situation. Die strengen Sparauflagen der internationalen

Finanzinstitutionen ebenso wie das Konzept des von parteilosen und angesehenen Ökonomen gegründeten Reformbundes drängten die Regierung in die Richtung weiterer Ausgabenkürzungen im sozialen Bereich. Es zeichnete sich bereits ein starker Rückgang des Bruttoinlandsproduktes im ersten Quartal ab. Die Schrumpfung für das Gesamtjahr betrug dann fast sieben Prozent. Die Krise erforderte zusätzliche radikale Schritte. Gleichzeitig wuchs aber in der Sozialistischen Partei der Widerstand der verschiedenen linken Fraktionen gegen weitere einschneidende Maßnahmen. Diese kollektive Realitätsverweigerung, garniert mit linken Phrasen, war der Hauptgrund dafür, dass es Gyurcsány nicht gelang, die von ihm klar erkannten Reformen durchzusetzen.

Man darf freilich auch nicht vergessen, dass Fidesz mit wiederholter Unterstützung des Staatsoberhauptes statt Reformen vorgezogene Wahlen und nebenbei weitere Ausgabensteigerungen gefordert hatte. Die Hysterisierung des politischen Betriebs trug natürlich zum wachen Misstrauen der EU-Beobachter und der internationalen Finanz gegenüber Ungarn bei. Im Frühjahr 2009 hatte Gyurcsány außerdem hastig, übereilt und ohne richtige Vorbereitung bei einem EU-Gipfel über die globale Wirtschaftskrise ein Kreditpaket in der Höhe von 160 bis 190 Milliarden Euro für die neuen Mitgliedsstaaten vorgeschlagen und dadurch sich selbst aus Warschau, Prag und Pressburg öffentlich einen Korb geholt. Diese politische Panne, die darauf folgende abschlägige Antwort des Präsidenten der Europäischen Zentralbank auf den Budapester Wunsch nach engeren Kontakten mit der Euro-Zone und sein nach wie vor katastrophales Abschneiden in den Meinungsumfragen haben offensichtlich den Ausschlag für seine Entscheidung gegeben, beim Parteitag am 21. März 2009 der Öffentlichkeit seinen Rücktritt vom Amt des Ministerpräsidenten mitzuteilen.

In seiner großen und leidenschaftlichen Parteitagsrede bekundete Gyurcsány seine Entschlossenheit, weiterhin die Sozialistische Partei zu führen. Die Delegierten hingen, wie stets, an seinen

Lippen und der abtretende Regierungschef bekam eine massive Mehrheit – über 85 Prozent der Stimmen. Selbst seine engsten Kollegen dachten, Gyurcsány hätte bereits ein Drehbuch für seine Nachfolge in der Tasche. Die Woche der öffentlichen und zunehmend peinlichen Suche nach einem für das Parteipräsidium und dann für den Parlamentsklub, aber auch für die SzDSz annehmbaren Kandidaten endete aber mit einem Knalleffekt. Gyurcsány demissionierte auch als Parteichef. Es ist müßig darüber zu spekulieren, ob bei der tragikomischen Suche nach einem Krisenmanager 12 oder 18 Namen aufs Tapet gebracht wurden. Der würdelose Vorgang samt den offensichtlich telefonisch übermittelten ständigen Indiskretionen durch verschiedene Teilnehmer an den Sitzungen der Parteiführung boten ein Bild von politischer Verkommenheit, Vetternwirtschaft und Filz, dass es selbst erfahrenen Beobachtern den Atem verschlug.[2]

Alexis de Tocqueville stellte in seinem 1856 erschienenen Buch „Der alte Staat und die Revolution" fest: „... die Erfahrung lehrt, dass der gefährlichste Augenblick für eine schlechte Regierung der ist, in dem sie sich zu reformieren beginnt" und dass Politiker häufig dann stürzen, wenn sie – aus welchem Grund auch immer – der Erfüllung ihrer Führungsaufgaben für unwürdig befunden worden sind. Damit hat er genau die Situation Ungarns 150 Jahre später beschrieben. Die Behauptung einer Leitartiklerin des Fidesz-Sprachrohrs „Magyar Nemzet" Anfang 2010, dass die wirtschaftliche und soziale Lage schlechter sei als nach einem Weltkrieg[3], war natürlich Unsinn im Einklang mit der zügellosen Stimmungsmache einer siegessicheren Opposition. Der Vernichtungsfeldzug gegen die sozial-liberale Regierung im Allgemeinen und gegen Gyurcsány als Sündenbock Nummer eins im

---

2   Eine drei Seiten umfassende Darstellung der Konflikte erschien in der Wochenendausgabe der Tageszeitung Népszabadság am 18.3.2010 (auf Ungarisch).

3   Magyar Nemzet, 6.2.2010.

Besonderen war allerdings die Folge und nicht die Ursache des Scheiterns der Regierungen Medgyessy und Gyurcsány.[4]

Ich hatte damals Gelegenheit, bald nach seinem doppelten Rücktritt mit Gyurcsány zu sprechen. Im Garten seincs Hauses an Szemlöhegyi út auf dem Hügel von Buda sprach er noch immer verbittert, wie er nach seiner angekündigten Demission als Regierungschef sofort die hinterhältigen Intrigen bei der Suche nach einem Nachfolger erlebt und verstanden hatte, dass er auch als Parteichef auf verlorenem Posten stand. Im Vertrauen sagte mir Gyurcsány, dass auch er von Anfang an den als allerletzten Kandidaten schließlich von den Sozialisten und Liberalen akzeptierten Manager und zuletzt Wirtschaftsminister Gordon Bajnai zu seinem Nachfolger durchsetzen wollte. Dass er bei der Sitzung des Parteipräsidiums zuerst andere Namen ins Gespräch gebracht hatte, hing mit seiner Überzeugung zusammen, dass man sonst Bajnai als seinen Klon betrachtet und dessen Kandidatur sofort torpediert hätte. Wie dem auch sei, die Wahl des 41-jährigen Wirtschaftsexperten erwies sich letzlich als eine glückliche Fügung für Ungarn – wenn auch schon nicht mehr für die völlig diskreditierte Sozialistische Partei.

Der Sanierungskurs des parteilosen Ministerpräsidenten, der nur ein symbolisches Gehalt von einem Forint monatlich akzeptierte, hat Ungarn vor dem Abgrund gerettet. Die Wirtschaftskorrespondentin der konservativen „Frankfurter Allgemeinen Zeitung" zog nach einem Jahr, wie übrigens alle wichtigen ausländischen Zeitungen, eine äußerst positive Bilanz: „Bajnais Krisenmanagement kann sich sehen lassen. Es sollte fortgeführt werden ... Den Ungarn wäre jedenfalls zu wünschen, dass die nüchterne, nicht auf Wählerbestechung ausgerichtete Arbeit der Vorgängerregierung fortgesetzt wird. Denn diese hat das Vertrauen in die Krisenfestigkeit des Landes wiederhergestellt und so der Bevölkerung genützt."[5]

---

4 Vgl. die Einleitung zum 11. Kapitel.
5 Michaela Seiser in der Frankfurter Allgemeinen Zeitung am 7.4.2010.

Was war geschehen? Was hat Gordon Bajnai in knapp einem Jahr getan?

Ungarn stand im Frühjahr 2009 wieder am Rande des Abgrunds. Seit fast zehn Jahren lebten die Ungarn auf Pump. Es gab 1,7 Millionen Privatkundenkredite, die in Fremdwährung zu bedienen waren. Rund ein Drittel der Erwerbstätigen ging keiner offiziell registrierten Lohnarbeit nach. Die Beschäftigungsrate lag in Ungarn bei 57 Prozent gegenüber dem EU-Durchschnitt von 65 Prozent. Alle neuen Mitgliedsstaaten wiesen höhere Arbeitsquoten auf: Slowenien 68 Prozent, Tschechien 66 Prozent, die Slowakei 61 und Rumänien 59 Prozent. Immer mehr Ungarn erhielten Transferleistungen vom Staat. Im Jahr 2007 bekam zum Beispiel ein neuer männlicher Pensionist eine höhere Rente als sein Nettolohn vorher. Die Staatsverschuldung stieg zwischen 2001 und 2008 von 66 Prozent des Bruttoinlandsproduktes auf fast 80 Prozent. Die höchsten Lohnnebenkosten in der EU bildeten die Kehrseite der Finanzierung eines aufgeblähten, „zu früh geborenen"[6] Wohlfahrtsstaates. Vor dem Hintergrund der durch das hohe inländische Zinsniveau verursachten enormen Fremdwährungsschulden und der Tatsache, dass zeitweise kein Zugang zum internationalen Kapitalmarkt möglich war, aber zugleich die Hälfte der ungarischen Staatspapiere in westlichen Pensionsfonds gelagert wurde, geriet die Landeswährung immer wieder in die Gefahrenzone gegenüber dem Euro.

In dieser Situation hat sich Gordon Bajnai entschlossen, das Risiko auf sich zu nehmen und von den sozialistischen und den liberalen Abgeordneten praktisch eine unbeschränkte Vollmacht für einschneidende Reformmaßnahmen unterschreiben zu lassen. Aus berechtigter Angst vor vorgezogenen Wahlen und nicht etwa aus plötzlich entstandenem missionarischen Reformeifer hatte die sozial-liberale parlamentarische Mehrheit Regierungschef Bajnai

---

6 Der Ausdruck stammt von dem angesehenen Nationalökonom Professor János Kornai.

und seinem begabten jungen (auch parteilosen) Finanzminister Péter Oszkó (36) praktisch einen Freibrief für die Durchsetzung der radikalsten Sparmaßnahmen der letzten 15 Jahre ausgestellt. Die Fidesz-Opposition stimmte gegen das rigorose Sparpaket. Die Tatsache übrigens, dass in einer solchen Situation Oppositionschef Viktor Orbán von Anfang bis Ende der Interimsregierung (20. April 2009 bis 29. Mai 2010) alle Einladungen Bajnais zu Gesprächen abgelehnt und nur bei dem Begräbnis des Präsidenten Kaczyński in Krakau mit dem amtierenden Regierungschef überhaupt einige Worte gewechselt hat, warf ein bezeichnendes Licht auf das politische Klima im Lande.

In seiner Antrittsrede und in zahlreichen Interviews mit den in- und ausländischen Medien hat der wohlhabende frühere Spitzenmanager kein Hehl aus der Tiefe der weitgehend hausgemachten Krise gemacht. In der Falle der Selbstverblendung gefangen, habe Ungarn zehn Jahre Vorsprung eingebüßt. Zu Recht zitierte Bajnai einmal den britischen Philosophen Edmund Burke (1729–1797): „Jede politische Entscheidung ist eine Wahl zwischen dem Unangenehmen und dem Unerträglichen." Die wichtigsten und schmerzlichsten Einschnitte waren unter anderem die Streichung der 13. Jahresrente und des 13. Monatsgehalts und das Einfrieren der Gehälter im öffentlichen Sektor, die Erhöhung des Renteneintrittsalters von 62 auf 65 Jahre, die Senkung der Lohnnebenkosten der Unternehmen um acht Prozent, die Reduzierung zahlreicher Sozialausgaben und die Senkung der Elternzeit von drei auf zwei Jahre und die Erhöhung der Mehrwertsteuer von 20 auf 25 Prozent. Die Gesamtmenge der Sparmaßnahmen 2009–2010 entsprach fünf Prozent des Bruttoinlandsproduktes.

„Mein Job ist, das Land zu retten", sagte Bajnai und er hat sein Versprechen eingehalten. Im März 2009 war der Wechselkurs 1 Euro = 315 Forint; seit Juni 2009 hat sich der Kurs zwischen 270 und 280 Forint eingependelt. Die Prämien der Kreditausfallversicherung für ungarische Staatspapiere lagen zu Beginn seiner Amtszeit bei 630 Basispunkten; sie fielen unter 200 bis Mai 2010.

Der stets bescheiden gebliebene und sympathische Krisenmanager, dessen Eltern seit zwei Jahrzehnten zum Teil in Wien leben, sagte mir einmal, dass er nach der Amtsübernahme und der Ankündigung drastischer Sparmaßnahmen mit lautstarken Protesten von hunderttausend erbosten Menschen auf dem Kossuth-Platz vor seinem Amtssitz gerechnet hatte. Ein Jahr später konnte er im Ausland „die besondere Reife und Einsichtsfähigkeit der Ungarn" loben: „Ohne einen einzigen Streik, ohne eine einzige Massendemonstration konnte das Sparprogramm verwirklicht werden."[7] Ein eher ungewöhnliches Lob konnten zur Zeit der akuten Finanzkrise um Griechenland Millionen Österreicher in dem eher giftigen Boulevardblatt „Kronen Zeitung" lesen: „Griechenland könnte von Ungarn lernen."[8]

Der Erfolg des Krisenmanagements der Bajnai-Regierung wurde international vom US-Präsidenten Barack Obama bis zu den führenden Persönlichkeiten des Internationalen Währungsfonds und der Europäischen Union hoch geschätzt. Obwohl in der Regierung neben parteilosen Experten auch alt gediente sozialistische Minister ihren Platz behalten hatten, nutzte ihre Leistung zwar dem Land, aber keineswegs der formell noch regierenden Sozialistischen Partei. Die Politiker und Propagandisten von Fidesz, allen voran Orbán selbst, feuerten weiterhin und nun auch gegen Bajnai persönlich aus allen Rohren. So nahe dem so lange ersehnten Wahlsieg waren sie nicht bereit, an der Taktik der Blockierung der Regierungsarbeit etwas zu ändern.

Die Sozialisten sind schwer in den Strudel der Wirtschaftskrise und der von den Medien hochgespielten Bestechungsskandale geraten. Der Sturz ihres Strahlemannes und mutigen Reformers Ferenc Gyurcsány hinterließ eine so große Lücke, dass sie in ab-

---

7 Interview in der Frankfurter Allgemeinen Zeitung, 28.5.2010.
8 Kurt Seinitz in der Kronen Zeitung, 6.3.2010.

sehbarer Zukunft kein derzeit agierender Parteipolitiker füllen kann. Das Experiment der Sozialdemokratisierung der einstigen postkommunistischen Partei ist aus mehreren zum Teil bereits skizzierten Gründen misslungen. Sein Biograf József Debreczeni bezeichnete Gyurcsány in einer Abschiedsbetrachtung als einen „Kamikaze-Ministerpräsidenten".[9]

Diese große politische Begabung hat weder die Zeit noch den Spielraum gehabt, um das Land zu regieren und seine Partei von Grund auf zu reformieren. Ohne politische Erfahrung und von allen Seiten unter Beschuss, scheiterte Gyurcsány nach fast viereinhalb Jahren in beiden Funktionen. „Finalität ist nicht die Sprache der Politik", sagte einmal der große und erfolgreiche Außenseiter der britischen Geschichte, Benjamin Disraeli (1804–1881).[10] Das gilt sowohl für Gyurcsány wie auch für seinen um sieben Jahre jüngeren Nachfolger Gordon Bajnai. Wohl deshalb sind beide noch immer Zielscheiben einer Kampagne der siegreichen Gegner um Viktor Orbán, die auf lange Sicht eine totale Flurbereinigung im politischen Leben Ungarns anstreben.

---

9 Der Kamikaze war ein japanischer Flieger im Zweiten Weltkrieg, der sich mit seinem Bomber auf das feindliche Ziel stürzte und dabei sein eigenes Leben opferte (nach Duden).

10 Disraeli, jüdischer Abstammung, war zwei Mal Premierminister 1868–1869 und 1874–1880. Das Zitat stammt aus einer Unterhausrede vom 28.2.1859.

14. Kapitel
Sieger im Endkampf – Orbán über alles

„Ordinärer Gehorsam gegen irgendwie zur Macht Gekommene findet sich bald."

Jacob Burckhardt

Der überwältigende Fidesz-Sieg bei der Parlamentswahl von April 2010 hat in Ungarn die Weichen für ein völlig neues System gestellt. Ministerpräsident Viktor Orbán nennt es das „System der Nationalen Zusammenarbeit" und lässt den schwülstigen Text des Manifests über die „Revolution an den Urnen", von seiner Zweidrittelmehrheit gehorsam bewilligt, in allen Ämtern (in einem 50 mal 70 Zentimeter großen Glasrahmen) aushängen. Kritiker sprechen von dem unaufhaltsamen Gang in Richtung einer autoritären Ordnung, einer Politik der starken Hand, die die 1989–1990 eingebauten demokratischen Sicherungen und verfassungsmäßigen Grenzen der Macht im Blitztempo aus dem Weg räumt. Orbán rühmte sich in seiner Schlussrede nach der ersten Sitzungsperiode des neuen Parlaments, sein „nationales Zentrum" hätte in 56 Tagen mehr getan als die sozial-liberalen Regierungen in acht Jahren.[1] Niemand kann nach dem schwungvollen Anfang des neuen Regimes daran zweifeln, dass der siegreiche Fidesz-

---

1 Die Fidesz-Partei hat mit ihrer Zweidrittelmehrheit in knapp zwei Monaten 58 Beschlüsse gefasst, einschließlich 12 neue Gesetze, 44 Gesetzesänderungen und zwei Fidesz-Politiker zum Staatspräsidenten beziehungsweise zum Vorsitzenden des Parlaments gewählt. Außerdem wurden 42 weitere Beschlüsse für die Herbstsession angekündigt; vgl. HVG, 31.7.2010 (auf Ungarisch).

Führer seine vor einem Jahr bei einer geschlossenen Veranstaltung zum ersten Mal geäußerten Gedanken über die Schaffung eines nationalen Zentrums im Gewand einer einzigen großen Partei tatsächlich verwirklichen will.

Worin liegt also die Einzigartigkeit des Sieges von Orbán im Endkampf gegen die Sozialisten und Liberalen? Wieso war es ihm überhaupt möglich, eine Zweidrittelmehrheit zu schaffen? Was sind die Folgen dieser politischen Weichenstellung für Ungarn und für Europa? Mit diesen drei Fragen wollen wir uns in unserem Schlusskapitel beschäftigen.

Bei der Bewertung des auch im europäischen Maßstab außerordentlichen Erfolgs des Fidesz muss man allerdings auch den mehrheitsfördernden Effekt des ungarischen Wahlsystems in Betracht ziehen.[2] Mit einem Anteil von über 52 Prozent konnte Fidesz nach zwei Wahlgängen am 11. und 25. April 2010 (zusammen mit der winzigen Satellitenpartei, der Christdemokratischen Volkspartei) mehr als zwei Drittel der Parlamentssitze gewinnen. Wenn man auch bedenkt, dass die Wahlbeteiligung nur 64 Prozent betrug, ist an der Tatsache nicht zu rütteln, dass Fidesz mit den Stimmen eines Drittels der Wahlberechtigten 68 Prozent der Parlamentssitze gewinnen konnte. Angesichts des Geredes über das „System der Nationalen Zusammenarbeit" wies der scharfe Orbán-Kritiker, sein Biograf József Debreczeni, es als „eine auf lauter Lügen aufgebaute Geschichtsfälschung" zurück. Die auf die Fidesz-Liste abgegebenen 2,7 Millionen Stimmen machten knapp über die Hälfte der tatsächlichen Stimmen, rund ein Drittel der Wahlberechtigten und etwa ein Viertel der Bevölkerung aus. Man könne also den Fidesz kaum als den Träger „des ungeteilten Willens der einheitlichen ungarischen Nation" bezeichnen.[3]

---

2   Siehe Kai-Olaf Lang, Rechtsruck. Die Parlamentswahlen in Ungarn 2010, in: Osteuropa (Berlin), Juni 2010, S. 3–12.
3   Vgl. seinen Artikel in: Népszava, 17.5.2010 (auf Ungarisch).

In Wirklichkeit handelt es sich zwar um eine Zäsur in der politischen Geschichte Ungarns, allerdings keineswegs im Sinne der Schaffung eines Systems der nationalen Einheit nach einer „erfolgreichen Revolution an den Urnen", nach einer „historischen Tat der ungarischen Nation". Die hochmütigen Phrasen in dem von der parlamentarischen Mehrheit angenommenen „Manifest der Nationalen Zusammenarbeit" dienen nur als Dekoration für das Übergewicht der rechten und extrem rechten Kräfte im neuen Parlament. Es wäre allerdings unklug, die politische Brisanz der Jobbik, der neuen Kraft am extrem rechten Rand, zu unterschätzen. Für Orbán kann die rechtsradikale Partei im Falle der Verschlechterung der Wirtschaftslage gefährlich werden. Man muss auch betonen, dass die Gefahr für die absehbare Zukunft nur von rechts droht.

Warum? Es geht nicht nur darum, dass Jobbik, nicht zuletzt dank der Publizität um die Ungarische Garde, fast 17 Prozent der Stimmen und damit 47 Mandate gewonnen hat. Beobachter sehen eine potenzielle Gefahr auch darin, dass die Rechtsradikalen bei der Jugend außerordentlich stark sind. So stimmten 23 Prozent der zwischen 18 und 29 Jahre alten Wähler für Jobbik. Wie schon früher erwähnt, schnitt die Partei im Nordosten und Osten, in Regionen mit einem relativ hohen Roma-Anteil besonders gut ab. Die nationalistische, fremden- und romafeindliche sowie offen antisemitische Rhetorik wurde von den rechten Medien ausführlich wiedergegeben. Bei der Anziehungskraft der Jobbik für junge Wähler spielen auch die rechtsextremen Internetportale wie Kuruc.info und Barikad.hu eine wichtige, wenn auch von den der ungarischen Sprache nicht mächtigen Beobachtern oft ignorierte Rolle.

Es darf nicht verschwiegen werden, dass Viktor Orbán sich weder in der Kampagne für die Europawahlen im Juni 2009 noch vor den ungarischen Parlamentswahlen 2010 eindeutig und öffentlich vom extrem rechten Rand distanziert hat. Als er einmal bei einer geschlossenen Sitzung mit Studenten befragt wurde, wie denn er als Ministerpräsident mit der Jobbik umzugehen gedenke, antwortete er salopp: Wie Horthy sich gegenüber den Pfeilkreuzlern verhielt, so würden die Jobbik-Leute von ihm auch „zwei Ohrfeigen kriegen und damit hat sich's ..."[4]

Unabhängig vom Wahrheitsgehalt dieser Anekdote, geht Orbán in der großen Politik ganz anders vor. Wie die „Neue Zürcher Zeitung" zu Recht feststellte, hat Orbán der Jobbik den Wind aus den Segeln genommen, indem er sich ihre nationalistischen Anliegen zu eigen gemacht und diese im Schnellverfahren durchs Parlament gepeitscht hat. Deshalb versucht Fidesz die Reizthemen der Jobbik rasch zu besetzen. Diese Flucht nach vorn motivierte die blitzschnelle gesetzliche Regelung der Vergabe der ungarischen Staatsbürgerschaft an Magyaren in den Nachbarländern, auch dann, wenn sie keinen festen Wohnsitz in Ungarn haben. Ähnlich offensiv ging man bei der Verabschiedung eines „Tages der nationalen Zusammengehörigkeit" anlässlich des 90. Jahrestages der Unterzeichnung des Trianon-Vertrags am 4. Juni 2010 vor. Das Bestreben, Jobbik in Fragen der nationalen Identität sozusagen von rechts das Wasser abzugraben, dürfte unabhängig von der Kritik des Auslandes Vorrang haben vor der Angst, unter Umständen gemäßigte Wähler zu verlieren.[5]

Die Publizistin Krisztina Koenen hob zu Recht eine symbolträchtige Episode bei der konstituierenden Sitzung des neu gewählten Parlaments hervor: Als Gábor Vona, Jobbik-Vorsitzender, vereidigt wurde, zog er plötzlich seine Jacke aus und trug die Uniform der verbotenen Ungarischen Garde. Dazu bemerkt sie: „Doch Vonas Provokation wurde von dem frisch gekürten Ministerpräsidenten Viktor Orbán und den Abgeordneten der Regierungspartei Fidesz geduldet, als wäre nichts gewesen. Warum auch – sangen sie zum Abschluss der Veranstaltung doch alle ge-

---

4   Zit. nach László Kornitzer, in: Osteuropa (Berlin), 6/2010, S. 21.
5   Vgl. Charles E. Ritterband in der Neuen Zürcher Zeitung, 12.7.2010. Siehe auch Kai-Olaf Lang, wie Fußnote 2.

meinsam die sogenannte Szekler Hymne ab, eine revanchistische Weise, die das Elend des von Ungarn abgetrennten Siebenbürgen beklagt."[6]

Diese ideell-politische Nähe zwischen vielen Abgeordneten der 262 Mann starken Fidesz-Fraktion und den 47 Jobbik-Leuten im Parlament dürfte eine doppelbödige Strategie der Regierungspartei ermöglichen: durch die Zerschlagung der Gruppe der unverbesserlichen Extremisten und durch „Inhalieren" der paktfähigen Aufsteiger aus dem Jobbik-Lager die Lufthoheit in Sachen „Sammelpartei der Rechten" zu gewinnen. Dass übrigens der offensiv-nationale und rechtskonservativ-klerikale Kurs der Orbán-Regierung auf keinen Widerstand der Bevölkerung stößt, zeigen die letzten Umfragen, wonach über 70 Prozent der Befragten eine starke Regierung ohne Parteienhader und 50 Prozent sogar eine einzige dominante Partei wünschen.[7]

Dass die Sozialisten durch ihre Unfähigkeit zum Handeln, durch ihre Verstrickung in zahlreiche Korruptionsaffären und durch ihre permanenten Fraktionskämpfe in allen Wählergruppen ein Debakel erlitten, bestätigen die Untersuchungen der Meinungsforscher. Eine besonders düstere Prognose über die Zukunftsaussichten der Partei ergibt die Antwort der Befragten zwischen 18 und 39 Jahren: Nur jeder Zehnte stimmte für die Sozialisten. Zugleich konnten die Rechtsradikalen 18 bis 23 Prozent dieser Altersgruppe für sich gewinnen! Auch die traditionellen Wählergruppen wie die Rentner kehrten der Sozialistischen Partei den Rücken: 2006 hatte die Partei noch 58 Prozent Zustimmung, jetzt genießt der Fidesz bei dieser Kategorie fast 60 Prozent Rückhalt, während der Anteil der Sozialisten auf ein Drittel schrumpfte. Angesichts der linkspopulistischen und gegen die internationalen Finanzinstitutionen gerichteten Phraseologie des Minister-

---

6 Krisztina Koenen, Politische Abenteurer an der Donau, in: Die Welt, 30.6.2010.
7 Zitiert von Universitätsprofessor Gábor Halmai, in: Élet és Irodalom, 16.5.2010.

präsidenten und seiner Partei ist es zweifelhaft, ob die zerstrittenen Sozialisten den Fidesz von links überholen können.

Der Zusammenbruch der einstigen gemäßigten großen Parteien der Wende rechts und links von der Mitte, des linksliberalen Verbundes der Freien Demokraten (SzDSz) und der früheren Regierungspartei MDF (Demokratisches Forum), hat den Erdrutschsieg des Fidesz vor allem in den Einpersonenwahlkreisen begünstigt. Beide Parteien erhielten weniger als drei Prozent der abgegebenen Stimmen und blieben damit unter der Vier-Prozent-Klausel, der Vorbedingung für den Einzug ins Parlament. Der überraschende Erfolg der neuen Gruppierung LMP (Lehet Más a Politika – Politik kann anders sein) landesweit mit 7,5 Prozent (in Budapest sogar mit 10 Prozent) Stimmenanteil und mit 16 Abgeordneten im Parlament war die Folge des Verschwindens dieser beiden Parteien der Mitte und der Anziehungskraft eines „grünen", umweltfreundlichen, bürgernahen Programms. Die LMP-Abgeordneten treten zwar scharf gegen die Rechtsextremen auf, aber sie distanzieren sich auch klar von den Sozialisten und hatten jede Kooperation mit den Sozialisten bei den allgemeinen und auch bei den lokalen Wahlen abgelehnt. Die Chancen für ein gemeinsames Auftreten der Oppositionsparteien sind also äußerst gering, nicht nur wegen der unversöhnlichen Gegensätze zwischen der Linken und den Rechtsradikalen.

In dem bereits zitierten „Manifest der Nationalen Zusammenarbeit" heben die erfolgreichen Fidesz-„Revolutionäre" die folgenden Säulen des „durch den Volkswillen entstandenen neuen politischen und wirtschaftlichen Systems" und „der Verbindung zwischen den Angehörigen der vielfarbigen ungarischen Nation" hervor: „Arbeit, Heim, Familie, Gesundheit und Ordnung". In der Präambel der Trianon-Deklaration zum „Tag der nationalen Zusammengehörigkeit"[8] heißt es: „Gott ist der Herr der Ge-

---

8 Unterzeichnung des Trianon-Vertrages am 4. Juni 1920; vgl. das 8. Kapitel: „Sendungsbewusstsein einer verführbaren Nation".

schichte". Die geplante neue Verfassung soll laut Mitgliedern des Redaktionsausschusses diverse Hinweise auf Gott, die christlichen Wurzeln des Ungartums und die Heilige Stephans-Krone enthalten.

Die verschiedenen hochtrabenden Reden Orbáns und die salbungsvollen Deklarationen bei den nationalen Feierlichkeiten lassen die Mahnung Helmut Schmidts in Erinnerung rufen. „Die Erziehung des Volkes zu einem Ideal hin oder in Richtung auf einen Wertekanon ist eigentlich nicht Sache der Politik und schon überhaupt nicht Sache der Regierungen. Natürlich gibt es immer wieder Politiker, die sich damit schmücken, dass sie pädagogischen oder volkserzieherischen Prinzipien folgen ... Politische Führer, die gleichzeitig kulturelle Führer sein wollen, sind mir zutiefst verdächtig."[9]

Als der Publizist József Debreczeni, der ehemalige konservative Abgeordnete, in den letzten Jahren in aufsehenerregenden Artikeln und auch am Ende des zweiten Bandes seiner (bereits mehrmals zitierten) groß angelegten Orbán-Biografie vor den Folgen des bedenkenlosen Opportunismus und der unersättlichen Gier nach Macht warnte, fanden selbst manche liberale oder linke Fidesz-Gegner seine Analysen und Warnungen vor einer Zweidrittelmehrheit übertrieben pessimistisch. Im Epilog seines Werkes schrieb er: „Im Besitz der Verfassungsmehrheit kann er das Mandat in eine uneinnehmbare Festung der Macht umbauen. Man sollte keine Zweifel haben, dass Orbán hemmungslos und restlos die in seine Hände geratene Macht ausnutzen wird." Die seit dem Wahlsieg erfolgten Verschiebungen im Herrschafts- und Gesellschaftsgefüge bestätigen vollauf Debreczenis düstere Voraussagen.

In den Jahren zwischen 2002 und 2010 bot das sozialistisch-liberale Lager ein jämmerliches, ja zuweilen ekelerregendes Bild von Filz, Vetternwirtschaft und politischer Verkommenheit. Die

---

9   Helmut Schmidt/Fritz Stern, Unser Jahrhundert, München 2010, S. 139.

total diskreditierten Sozialisten bilden für die absehbare Zukunft keine schlagkräftige Opposition. Die meisten linksliberalen Politiker allerdings haben sich jahrzehntelang in der Brutstätte der Korruption und in dem von ihr genährten Klientelsystem bestens zurechtgefunden. Bei seinem Griff nach der absoluten Machtfülle konnte also Viktor Orbán ohne den Widerstand einer funktionierenden Zivilgesellschaft den weit verbreiteten Wunsch nach einer starken, ordnenden Hand erfüllen. In einem tief enttäuschten linken Kreis kursierte vor Jahren das Bonmot: „Gyurcsány will das Gute, aber er macht es schlecht; Orbán will das Böse, aber er macht es gut …"

Der willensstarke Stratege der Macht und gewiefte Taktiker der innerparteilichen Flurbereinigung wollte nach seinem Wahlsieg schnell und unwiderruflich die Rahmenbedingungen schaffen, um den Fidesz zum allein herrschenden Machtfaktor in jenem „zentralen politischen Kraftfeld" zu machen, wo er für die „kommenden 15 bis 20 Jahre" von der Opposition unbehindert schalten und walten kann. Zur Verwirklichung dieses im demokratischen Europa einzigartigen Vorhabens musste Orbán rechtlich und faktisch die 1989–1990 geschaffenen Verfassungsgarantien der Machtteilung rechtzeitig abschaffen. Es ging dabei um sachliche und personelle Entscheidungen, die der 47-jährige starke Mann in 56 Tagen nach Belieben treffen konnte.

Der potenziell wichtigste und selbst in konservativen Kreisen Befremden und Erstaunen auslösende Beschluss war die Nominierung Pál Schmitts, des olympischen Medaillengewinners als einstigem Mitglied der ungarischen Fechtermannschaft in Mexiko und München, zum nächsten Staatspräsidenten. Der 68-jährige Vizepräsident von Fidesz ist als ehemaliger Spitzensportler und langjähriges Mitglied des Internationalen Olympischen Komitees eine zwar populäre Figur, doch zugleich ein politisches Leichtgewicht. Als Vizepräsident des Sportministeriums gehörte Schmitt zur privilegierten Machtelite des Kádár-Regimes. Er hatte dem kommunistischen System ebenso verlässlich gedient wie

222

dem Fidesz seit 2003, zuletzt als Listenführer bei der Europawahl 2009 und als kurzfristiger Parlamentspräsident nach dem Wahlsieg. Sein Vorgänger László Sólyom, ein angesehener Jurist, handelte trotz seiner Fidesz-Sympathie und wiederholter öffentlicher Kritik an Ferenc Gyurcsány in Fragen der Verfassung eigenständig und galt für Orbán doch offensichtlich als ein unberechenbarer Faktor. Der Fidesz-Chef hätte freilich auch die Wahl zwischen mehreren angesehenen Fidesz-freundlichen Persönlichkeiten. Doch mit Pál Schmitt fand man einen Mann des vorauseilenden Gehorsams, der zugleich bei den Meinungsumfragen besser abschneidet als der störrische Sólyom.

Trotz der auch bisher herausragenden Stellung des Regierungschefs wollte Orbán kein Risiko eingehen, zumal der Staatspräsident doch ein Gegengewicht zum Gesetzgeber beziehungsweise zur exekutiven Macht sein könnte. Schmitt hatte schon in seiner ersten Rede klargestellt, dass er das Parlament nicht kontrollieren oder bremsen, sondern ergänzen möchte. Als erster Schritt wurde praktisch der gesamte juristische Stab des Präsidialamtes blitzschnell entlassen. Wenn aber die bremsende Rolle des Staatsoberhauptes entfällt, verliert auch der Verfassungsgerichtshof seine Kontrollfunktion. Selbst die von Personen oder Gruppen erbetene nachträgliche Kontrolle wird praktisch verunmöglicht, zumal jetzt schon die Regierung die Mitglieder des Verfassungsgerichtes bestimmt. Darüber hinaus hatte Orbán auch hier für Verblüffung gesorgt, als er seinen einstigen Staatsminister, den Politologen István Stumpf, zum Verfassungsrichter machte, obwohl der keine juristische Praxis aufweisen und die sonstigen Bedingungen erfüllen kann. Zugleich belohnte er auch einen sozialistischen Renegaten, der als Präsident des Verfassungsgerichtes jene umstrittene Volksabstimmung im Frühjahr 2007 über die ärztlichen und Hochschulgebühren durchzusetzen half, die dann den eigentlichen Todesstoß für die sozial-liberale Regierung bedeutet hatte. Darüber hinaus ernannte der Staatspräsident den Präsidenten des Obersten Gerichtes, den Obersten Staatsanwalt sowie die Ombudsmänner. Schmitt wird kaum je solche Persönlichkeiten ernennen oder vorschlagen, die gegenüber der Regierung kritisch eingestellt sind.

In zwei Monaten hat Viktor Orbán auf allen Ebenen eine beispiellose Umbesetzungswelle ins Rollen gebracht. Von der Armeespitze zu den Polizeichefs, vom Katastrophenschutz zum Pferderennen, von der Lotterie zu den Staatsbahnen, von der Rentenversicherung zum Statistischen Zentralamt wurden Fidesz-Kader eingesetzt oder traten manche Amtsleiter von sich aus zurück. Die umstrittensten Ernennungen erfolgten an der Spitze des Rechnungshofes und der Finanzaufsicht. Nicht Experten, sondern zwei Fidesz-Abgeordnete kamen zum Zug, die Presseberichten zufolge selbst wegen diverser finanzieller Unregelmäßigkeiten keine weiße Weste hatten. Ein neues Gesetz sorgt auch dafür, dass die Staatsbeamten jederzeit und ohne Begründung mit zweimonatiger Kündigungsfrist entlassen werden können. Dass Orbán auf die Empfindlichkeiten der geschlagenen Gegner keine Rücksicht nimmt, zeigt übrigens die Tatsache, dass er zum Vorsitzenden des Parlaments seinen engsten Weggefährten, jenen Laszlo Kövér eingesetzt hat, der während der letzten zwei Jahrzehnte wiederholt mit den derbsten Ausdrücken die Gegner, zuletzt den damaligen Ministerpräsidenten Gyurcsány, beschimpft hatte.

Wichtiger als diese Stilbrüche ist die totale Machtübernahme im Medienbereich. Alle staatlichen Medien, die Fernseh- und Radiosender sowie die Nachrichtenagentur MTI werden von der neuen Nationalen Medien- und Telekommunikationsbehörde zusammengefasst und kontrolliert. In einer zweiten Phase werden die Chefs bestellt und auch die privaten Medien, zumindest was ihre Programme betrifft, ins Visier genommen. Die Zusammensetzung aller Organe wird natürlich durch die Zweidrittelmehrheit des Fidesz bestimmt. Orbán hat bereits Anfang August eine langjährige Fidesz-Medienexpertin für neun Jahre (!) zur Chefin dieser Behörde ernannt. Die Proteste der verschiedenen internationalen Medieninstitutionen werden abgesehen vom aggressiven

Selbstmitleid der kritisierten Fidesz-Presseleute kaum Wirkung haben. Angesichts der einschüchternden Wirkung der neuen „Medienverfassung" auf die privaten Sender und sogar auf das Internet prophezeit der Verfassungsjurist Gábor Halmai die Entstehung einer in Richtung der Selbstzensur gedrängten Presselandschaft.[10]

Man darf allerdings bei der Abwägung der zukünftigen Chancen des Orbán-Regimes die bereits sofort nach der Machteroberung sogar international offensichtlich gewordene Mischung aus Dilettantismus, grenzenlosem Populismus und Voluntarismus[11] nicht übersehen. Bereits Monate vor der Wahl hatten, mit Orbán angefangen, alle Fidesz-Politiker der Regierung Bajnai Budgetfälschung unterstellt und die dem Fidesz nahestehenden Medien über die Bedeutung der vielen „Leichen im Keller" spekuliert. Statt der offiziellen Angaben über ein voraussichtliches Budgetdefizit in der Höhe von 3,8 bis 4 Prozent hatten die Fidesz-Wirtschaftssprecher verkündet, es könnte 6 bis 7,5 Prozent erreichen. In den ersten Junitagen hatte Lajos Kósa, der stellvertretende Fidesz-Vorsitzende und Bürgermeister von Debrecen, bei einer Wirtschaftskonferenz die Bombe gezündet: Er verglich den Zustand der ungarischen Staatsfinanzen mit dem der griechischen und sprach von der Gefahr eines Staatsbankrotts. Statt das von der eigenen Regierung entfachte Feuer zu löschen, beeilte sich einen Tag später der Sprecher Orbáns, Péter Szijjártó, weiter Benzin auf die Flammen zu schütten: Es sei keine Übertreibung, über einen Staatsbankrott zu sprechen, und er fügte noch stolz hinzu, jeder Politiker dürfe es als eine Ehre betrachten, wenn nach einem Wort von ihm Börsen- und Wechselkurse in Bewegung kommen …

Die durchsichtige Diskreditierungskampagne der Amateure gegen die Vorgänger erwies sich bald als ein folgenschwerer Bu-

---

10 Vgl. sein Interview in: Népszabadság, 10.8.2010.
11 Siehe die Analyse der Ökonomin Éva Várhegyi, in: Magyar Narancs, 22.7.2010 (auf Ungarisch). Voluntarismus ist (laut Duden) „die philosophische Lehre, die den Willen als Grundprinzip des Seins ansieht".

merang. Der dilettantische Versuch, die Wählererwartungen nach den vielen Wahlversprechungen zu dämpfen, schickte den Forint auf Talfahrt und hat darüber hinaus dem Image Ungarns laut allen ausländischen Beobachtern ernsthaften Schaden zugefügt. Der Abbruch der Gespräche mit der Delegation des Internationalen Währungsfonds, die Einführung der – gemessen an der Wirtschaftsleistung – höchsten Bankenabgabe auf der Welt und nicht zuletzt die trotzigen nationalistischen Reaktionen des Ministerpräsidenten haben laut der angesehenen Finanzexpertin Zita Mária Petschnig das anfängliche Vertrauen der Auslandsinvestoren größtenteils verspielt.[12] Dass übrigens Orbán knapp zwei Monate nach der Panikmache seiner engsten Mitarbeiter bei der Präsentation des ehrgeizigen Széchenyi-Wiederaufbauplanes für die Wirtschaft vollmundig bekannt gab, „die Finanzlage des Landes ist stabil, berechenbar … wir stehen auf festen Füßen", sei genauso übertrieben gewesen wie die früheren Behauptungen über die Absturzgefahr, fügt sie noch zu Recht hinzu und weist darauf hin, dass entgegen den Erwartungen der Fidesz überhaupt kein wirtschaftspolitisches Programm habe und bloß verschiedene unberechenbare Aktionsprogramme lancieren würde.

Angesichts der beinahe totalen Kontrolle über die Kriminalpolizei und die Staatsanwaltschaft, die Geheimdienste und die staatlichen Medien wird die Regierung weiterhin versuchen, alle Schuld auf die Vorgänger abzuschieben. Der Ablenkung wird auch die bereits angelaufene Jagd nach Sündenböcken dienen. Die von Orbán und seinen Getreuen am laufenden Band verbreiteten Phrasen eines völkischen Antikapitalismus gegen die heimischen Oligarchen und die fremden Spekulanten und über den Schutz der „fleißig arbeitenden ungarischen Menschen" ziehen noch immer, so scheint es zumindest im Spiegel der Umfragen.

---

12 Siehe ihren Artikel „Schlechtes Spiel mit dem Vertrauen" und auch Miklós Losoncz, „Fragezeichen der Selbstbestimmung", in: Élet és Irodalom, 6.8.2010 (auf Ungarisch).

Dass die mit Orbán persönlich befreundeten, weitaus reichsten ungarischen Forintmilliardäre von Spitzenbankiers bis zu den Großindustriellen und Ölbaronen fast alle Fäden in der Hand haben, wissen natürlich nur die eingeweihten Beobachter.

„Macht ohne Missbrauch verliert an Reiz", meinte Paul Valéry schon Anfang des 20. Jahrhunderts. Das galt freilich auch für alle Regierungen seit der Wende. Das Schweigen und Verschweigen prägen nicht nur die Aufarbeitung der Vergangenheit, sondern auch das Krebsübel der Korruption im politisch-sozialen Bereich. Die Ungarn sind wie die meisten Menschen geneigt, sich an „angenehme Illusionen" (wie Edmund Burke es nannte) zu klammern, sich selbst, die eigene Familie und die eigene Nation zu verschonen.[13] Die Zukunft wird zeigen, ob die Ungarn während ihres zweiten Experiments mit Viktor Orbán ihre angenehmen Illusionen, so wie bei den Vorgängern, von Antall bis Gyurcsány, fallen lassen müssen.

Eine noch wichtigere Frage für die Zukunft ist die europäische Dimension des ungarischen Sonderweges zu Orbáns „System der Nationalen Zusammenarbeit". Die Gesetze über die doppelte Staatsbürgerschaft und der Tag des Gedenkens für Trianon hatten vor allem in der Slowakei, aber auch in Rumänien und Serbien Ängste, nationalistische Gegenreaktionen und eine Gewissenserforschung auch bei den Minderheiten ausgelöst. Wird die Regierung Orbán den offensiven Nationalismus aus der Oppositionszeit fortsetzen und wie wird sie auf wahrscheinliche provokative Entgleisungen der von fanatischem Wunschdenken getriebenen Rechtsextremisten von Jobbik reagieren? Krisztina Koenen hatte in ihrem bereits zitierten „Welt"-Artikel gewarnt, Ungarn als einziger gefestigter Nationalstaat in der Region habe das Potenzial, mit sich selbst auch seine ganze Umgebung zu destabilisieren.

Die historischen Erfahrungen zeigen, dass die am Donauraum aus geografischen, politischen und wirtschaftlichen Gründen in-

---

13 Vgl. Fritz Stern, Das feine Schweigen, München 1999, S. 160.

teressierten Staaten, vor allem also Österreich und Deutschland, ein eminentes Interesse am Erfolg der Europäisierung im Gegensatz zum Wiederaufleben des selbstmörderischen Nationalismus haben. Die deutsch-französische Versöhnung oder der österreichisch-italienische Weg zum Südtirol-Kompromiss sollten als Wegweiser für die Entschärfung der Trianon-Erbschaft in den Beziehungen zwischen Ungarn und den Nachbarländern mit großen ungarischen Minderheiten dienen. Nicht nur die politische Elite Ungarns, sondern auch Österreich und Deutschland und darüber hinaus die Europäische Union tragen deshalb eine besondere Verantwortung dafür, dass die Kräfte der Besonnenheit letzten Endes in Budapest und in der ganzen Region die Oberhand gewinnen. Vielleicht sollten sich die Ungarn und alle Mitteleuropäer an Karl Kraus erinnern: „Am Chauvinismus ist nicht so sehr die Abneigung gegen die fremden Nationen als die Liebe zur eigenen unsympathisch."

ENDE

Register

229

232

Abbildungsnachweis

József Balaton / MTI / picturedesk.com: Warteschlange Postbank
First Look / Picturedesk.com: P. Lendvai mit R. Nyers
Attila Kovács / MTI / picturedesk.com: J. Antall und H. Kohl
Tamás Kovács / EPA / picturedesk.com: Ungarische Garde
Attila Manek / MTI / picturedesk.com: J. Kádár und M. Gorbatschow
MTI / Picturedesk.com: P. Lendvai mit P. Medgyessy; P. Lendvai und
  F. Gyurcsány; P. Lendvai mit G. Bajnai
ORF / Stephan Mussil: P. Lendvai mit M. Németh
Privatarchiv des Autors: P. Lendvai mit J. Kádár; P. Lendvai und K. Grósz;
  P. Lendvai mit G. Horn; P. Lendvai und Á. Göncz; P. Lendvai mit
  V. Orbán; P. Lendvai und I. Pozsgay
Stiebitz / ullstein bild / picturedesk.com: Roma
Süddeutsche Zeitung Photo / picturedesk.com: Péter Boross
Géza Szebellédy / MTI / picturedesk.com: Taxifahrer-Streik
Zsolt Szigetváry / EPA / picturedesk.com: „Jobbik"-Führung; Angelobung
  Viktor Orbáns
Zsolt Szigetváry / MTI / picturedesk.com: V. Orbán, G. Széles und S. Lezsák
Szilard Voros / Rex Features / picturedesk.com: Sturm auf das TV-Zentrum
  Budapest

*

Vor- und Nachsatzkarte: Michael Floiger, Loipersbach

Ein Buch schreibt Geschichte.

Lendvai, Paul
„MEIN ÖSTERREICH.
50 JAHRE HINTER DEN
KULISSEN DER MACHT"
328 Seiten, EUR 23,60
ISBN: 978-3-902404-46-6

»*Eine herausragende Stimme der europäischen Publizistik.*«
Focus (München)

»*Geschichte kann sich in persönlicher Lebenserfahrung viel eindrucksvoller als in historischen Forschungsergebnissen spiegeln.*«
Hansjakob Stehle, Die Zeit

Ein zutiefst persönlicher und zugleich spannender Bericht: über die Komplexe und Ängste der Österreicher, das Zerrbild und die Mythen der Zweiten Republik, den Aufstieg und Fall ihrer prägenden Persönlichkeiten, das Erlebte im „guten Österreich" und die einzigartige Erfolgsbilanz eines halben Jahrhunderts. Im Spiegel der Begegnungen mit herausragenden Persönlichkeiten aus Politik, Wirtschaft und Medien (u.a. mit Josef Klaus, Bruno Kreisky, Kurt Waldheim, Rudolf Kirchschläger und Thomas Klestil) entsteht ein unverwechselbares Bild des neuen Österreichs. Persönliche Gespräche mit bekannten Politikern – von Androsch bis Vranitzky, von Busek bis Schüssel, von Haider bis Gusenbauer – über brisante Details der Wendezeiten ergänzen die persönlichen Erlebnisse des stets kritisch und wachsam gebliebenen Publizisten Paul Lendvai.

Spannend.

**Begegnungen,
Erinnerungen, Einsichten.**

Lendvai, Paul
„BEST OF PAUL LENDVAI"
208 Seiten, EUR 19,95
ISBN: 978-3-902404-66-4

»*Lendvai, das ist lebende, lebendige Zeitgeschichte; immer differenziert, schonungslos sich selbst gegenüber und gerade deswegen stets mit Gewinn zu lesen.*«

Falter

Journalismus sei die Chance, viele Leben zu leben. Diese Worte des deutschen
Schriftstellers Klaus Harpprecht prägen auch das Lebenswerk von Paul Lendvai, eines Österreichers aus Leidenschaft. In seinem nunmehr 14. Buch unter-
nimmt er einen aufregenden journalistischen Streifzug von Washington und
Moskau bis Budapest und Belgrad.

Reportagen, Artikel und Vortragstexte aus den letzten Jahren bieten persönliche Erlebnisse, ungewöhnliche Begegnungen, berührende Erinnerungen und
überraschende Einsichten.

von Magyaren bewohnte Gebiete 1918
heutige Staatsgrenzen

Tschechien
Brno
Slowakei
①
Linz
Donau
Wien
Bratislava
Pozsony
Österreich
Eisenstadt
Esztergom
Komárom
Sopron
Budapest
Burgenland
Raab
Graz
Mur
Ungarn
Balaton
Klagenfurt
④
Maribor
Szeged
Ljubljana
Donau
Slowenien
Pécs
Drau
Zagreb
③
Kroatien
Osijek
Eszék
Novi Sad
Újvidék
Save
Rijeka
Slawonien
Bosnien
UNGARN HEUTE
Sarajevo
Drina